HCMOS-
Taschenbuch

D1735738

4. Auflage

CIP-Kurztitelaufnahme der Deutschen Bibliothek

HCMOS-Taschenbuch – 4. Auflage –
unveränderter Nachdruck
Vaterstetten bei München: IWT, 1992

ISBN 3-88 322-137-6

ISBN 3-88 322-137-6

4. Auflage 1992, unveränderter Nachdruck

Printed in Western Germany
© Copyright 1985 by IWT-Verlag GmbH
Vaterstetten bei München

Vorwort

Das vorliegende Taschenbuch über HCMOS-Bausteine soll und kann die einschlägigen Firmen-Datenbücher nicht ersetzen. Es wurde jedoch versucht, die Beschreibung der Bausteine so ausführlich zu gestalten, daß die Informationen für die tägliche Arbeit, nämlich Schaltungsauswahl und rascher Zugriff zu den wichtigsten Daten ausreichen. Detaillierte Angaben finden Sie in den entsprechenden Datenbüchern oder Datenblättern der jeweiligen Hersteller.

In den Zeichnungen wurde der Innenaufbau wegen des begrenzten zur Verfügung stehenden Platzes möglichst einfach und übersichtlich gehalten, wodurch aber nicht immer normgerechte Schaltsymbole verwendet werden konnten.

Es wurden bei der Abfassung dieses Taschenbuches sowohl die lieferbaren wie auch alle vorangekündigten HCMOS-Bausteine erfaßt.

Inhalt

1. Numerisches Typenverzeichnis

'00	Vier NAND-Gatter mit je 2 Eingängen
'01	Vier NAND-Gatter mit je 2 Eingängen (o.D.)
'02	Vier NOR-Gatter mit je 2 Eingängen
'03	Vier NAND-Gatter mit je 2 Eingängen (o.D.)
'04	Sechs Inverter
'05	Sechs Inverter (o.D)
'07	Sechs Puffer (Treiber)
'08	Vier UND-Gatter mit je 2 Eingängen
'09	Vier UND-Gatter mit je 2 Eingängen (o.D.)
'10	Drei NAND-Gatter mit je 3 Eingängen
'11	Drei UND-Gatter mit je 3 Eingängen
'14	Sechs invertierende Schmitt-Trigger
'20	Zwei NAND-Gatter mit je 4 Eingängen
'21	Zwei UND-Gatter mit je 4 Eingängen
'27	Drei NOR-Gatter mit je 3 Eingängen
'30	NAND-Gatter mit 8 Eingängen
'32	Vier ODER-Gatter mit je 2 Eingängen
'34	Sechs Puffer, nicht invertierend
'36	Vier NOR-Gatter mit je 2 Eingängen
'42	BCD-zu-Dezimal-Decoder
'51	Zwei UND/NOR-Gatter mit je 2x2 bzw. 2x3 Eingängen
'58	Zwei UND/ODER-Gatter mit je 2x2 bzw. 2x3 Eingängen
'73	Zwei JK-Flipflops mit Löschen
'74	Zwei D-Flipflops mit Voreinstellung und Löschen
'75	4-Bit-D-Zwischenspeicher mit Freigabe
'76	Zwei JK-Flipflops mit Voreinstellung und Löschen
'77	4-Bit-Zwischenspeicher mit Freigabe
'78	Zwei JK-Flipflops mit Voreinstellung, gemeinsamem Löschen und gemeinsamem Takt
'80	1-Bit-Volladdierer
'82	2-Bit-Volladdierer
'83	4-Bit-Volladdierer
'85	4-Bit-Vergleicher
'86	Vier Exklusiv-ODER-Gatter mit je 2 Eingängen
'90	Dezimalzähler
'91	8-Bit-Schieberegister, seriell-ein/seriell-aus

'280	9-Bit-Paritätsgenerator/Prüfer
'283	4-Bit-Volladdierer
'292	Programmierbarer Frequenzteiler/Zeitgeber (bis 2^{31})
'294	Programmierbarer Frequenzteiler/Zeitgeber (bis 2^{15})
'297	Digitaler Phase-Locked-Loop-Baustein (PLL)

'298	Vier 2-zu-1-Datenselektoren/Multiplexer mit Speicher
'299	8-Bit-Universal-Schieberegister mit asynchronem Löschen, kaskadierbar (TS)
'322	8-Bit-Universal-Schieberegister mit asynchronem Löschen, kaskadierbar (TS)
'323	8-Bit-Universal-Schieberegister mit synchronem Löschen, kaskadierbar (TS)
'352	Zwei 1-aus-4-Datenselektoren/Multiplexer mit invertierenden Ausgängen

'353	Zwei 1-aus-4-Datenselektoren/Multiplexer mit invertierenden Ausgängen (TS)
'354	8-zu-1-Datenselektor mit Eingangs-Zwischenspeicher (TS)
'356	8-zu-1-Datenselektor mit Eingangs-Register (TS)
'365	Sechs Bus-Leitungstreiber, nicht invertierend, mit gemeinsamer Freigabe (TS)
'366	Sechs Bus-Leitungstreiber, invertierend, mit gemeinsamer Freigabe (TS)

'367	Sechs Bus-Leitungstreiber, nicht invertierend, mit zwei Freigabe-Eingängen (TS)
'368	Sechs Bus-Leitungstreiber, invertierend, mit zwei Freigabe-Eingängen (TS)
'373	8-Bit-D-Zwischenspeicher, nicht invertierend, mit Freigabe (TS)
'374	8-Bit-D-Register, flankengetriggert, nicht invertierend (TS)
'375	4-Bit-D-Zwischenspeicher mit Freigabe

'377	8-Bit-D-Register, flankengetriggert, mit Takt-Freigabe
'378	6-Bit-D-Register, flankengetriggert, mit Takt-Freigabe
'379	4-Bit-D-Register mit komplementären Ausgängen und Takt-Freigabe
'381	4-Bit-arithmetisch/logische Einheit, Funktionsgenerator
'382	4-Bit-arithmetisch/logische Einheit, Funktionsgenerator mit seriellem Übertrag

'384	8-Bit x 1-Bit-Multiplizierer
'386	Vier Exklusiv-ODER-Gatter mit je 2 Eingängen
'390	Zwei Dezimalzähler
'393	Zwei 4-Bit-Binärzähler
'423	Zwei retriggerbare Monoflops mit Löschen

'490	Zwei Dezimalzähler
'515	Programmierbarer Mapping-Decoder
'521	8-Bit-Vergleicher, Ausgang invertiert
'533	8-Bit-D-Zwischenspeicher, invertierend, mit Freigabe (TS)
'534	8-Bit-D-Register, flankengetriggert, invertierend (TS)

'540	Acht Bus-Leitungstreiber, invertierend (TS)
'541	Acht Bus-Leitungstreiber, nicht invertierend (TS)
'543	Bidirektionaler 8-Bit-Sende/Empfänger mit Speicher, nicht invertierend
'544	Bidirektionaler 8-Bit-Sende/Empfänger mit Speicher, invertierend
'545	Acht Bus-Leitungstreiber/Empfänger, invertierend (TS)

'550	Bidirektionaler 8-Bit-Sende/Empfänger mit Speicher und Status-Flags (TS)
'551	Bidirektionaler 8-Bit-Sende/Empfänger mit Speicher und Status-Flags, (invertierend) (TS)
'563	8-Bit-D-Zwischenspeicher, invertierend, mit Freigabe (TS)
'564	8-Bit-D-Zwischenspeicher, flankengetriggert, invertierend, mit Freigabe (TS)
'573	8-Bit-D-Zwischenspeicher, nicht invertierend (TS)
'574	8-Bit-D-Register, flankengetriggert, nicht invertierend (TS)
'589	8-Bit-Schieberegister mit Eingangs-Zwischenspeicher und seriellem Ausgang (TS)
'590	8-Bit-Binärzähler mit Ausgangs-Zwischenspeicher und Löschen (TS)
'592	8-Bit-Binärzähler mit Eingangs-Zwischenspeicher, Laden und Löschen
'593	8-Bit-Binärzähler mit Eingangs-Zwischenspeicher, Laden und Löschen (TS)
'594	8-stufiges Schieberegister mit Ausgangs-Zwischenspeicher
'595	8-stufiges Schieberegister mit Ausgangs-Zwischenspeicher (TS)
'597	8-stufiges Schieberegister mit Eingangs-Zwischenspeicher
'598	8-stufiges Schieberegister mit Eingangs-Zwischenspeicher (TS)
'604	Acht 2-zu-1-Multiplexer mit Zwischenspeicher (TS)
'620	8-Bit bidirektionaler Bus-Treiber/Empfänger mit Datenspeicherung, invertierend (TS)
'623	8-Bit bidirektionaler Bus-Treiber/Empfänger, mit Datenspeicherung, nicht invertierend (TS)
'630	16-Bit paralleler Fehler-Erkennungs- und Korrekturbaustein (TS)
'632	32-Bit Fehler-Erkennungs- und Korrekturbaustein (TS)
'640	8-Bit bidirektionaler Bus-Treiber/Empfänger, invertierend (TS)
'643	8-Bit bidirektionaler Bus-Treiber/Empfänger, invertierend/nicht invertierend (TS)
'645	8-Bit bidirektionaler Bus-Treiber/Empfänger, nicht invertierend (TS)
'646	8-Bit-Bus-Treiber/Empfänger mit bidirektionalen Zwischenspeichern (TS)
'648	8-Bit-Bus-Treiber/Empfänger mit bidirektionalen Zwischenspeichern, invertierend (TS)
'651	Bidirektionaler 8-Bit-Bus-Treiber/Empfänger mit Zwischenspeichern, invertierend (TS)
'652	Bidirektionaler 8-Bit-Bus-Treiber/Empfänger mit Zwischenspeicher, nicht invertierend (TS)
'658	Bidirektionaler 8-Bit-Sender/Empfänger mit Paritätsanzeige, invertierend
'659	Bidirektionaler 8-Bit-Sender/Empfänger mit Paritätsanzeige, nicht invertierend
'664	Bidirektionaler 8-Bit-Sender/Empfänger mit Paritätsanzeige, invertierend
'665	Bidirektionaler 8-Bit-Sender/Empfänger mit Paritätsanzeige, nicht invertierend

'670	16-Bit-Register-File (TS)
'673	16-Bit-Schieberegister mit parallelem Ausgangsregister (seriell-ein, seriell/parallel-aus)
'674	16-Bit-Schieberegister (parallel/seriell-ein, seriell-aus)
'677	16-Bit-Adressen-Vergleicher (16-zu-4), mit Freigabe
'678	16-Bit-Adressen-Vergleicher (16-zu-4), mit Zwischenspeicher
'679	12-Bit-Adressen-Vergleicher (12-zu-4), mit Freigabe
'680	12-Bit-Adressen-Vergleicher (12-zu-4), mit Zwischenspeicher
'682	8-Bit-Vergleicher mit internem 20 kΩ-Pull-up
'684	8-Bit-Vergleicher
'686	8-Bit-Vergleicher mit Ausgangs-Freigabe
'688	8-Bit-Vergleicher mit Ausgangs-Freigabe
'690	Synchroner programmierbarer Dezimalzähler mit Löschen, Register und gemultiplexten Ausgängen (TS)
'691	Synchroner programmierbarer Binärzähler mit Löschen, Register und gemultiplexten Ausgängen (TS)
'692	Synchroner programmierbarer Dezimalzähler mit synchronem Löschen, Register und gemultiplexten Ausgängen (TS)
'693	Synchroner programmierbarer Binärzähler mit synchronem Löschen, Register und gemultiplexten Ausgängen (TS)
'696	Synchroner programmierbarer Vorwärts/Rückwärts-Dezimalzähler mit Register, gemultiplexten Ausgängen und asynchronem Löschen (TS)
'697	Synchroner programmierbarer Vorwärts/Rückwärts-4-Bit-Binärzähler mit Register, gemultiplexten Ausgängen und asynchronem Löschen (TS)
'698	Synchroner programmierbarer Vorwärts/Rückwärts-Dezimalzähler mit Register, gemultiplexten Ausgängen und synchronem Löschen (TS)
'699	Synchroner programmierbarer Vorwärts/Rückwärts-4-Bit-Binärzähler mit Register, gemultiplexten Ausgängen und synchronem Löschen (TS)
'804	Sechs NAND-Treiber mit je 2 Eingängen
'805	Sechs NOR-Treiber mit je 2 Eingängen
'808	Sechs UND-Treiber mit je 2 Eingängen
'832	Vier ODER-Treiber mit je 2 Eingängen
'881	4-Bit-arithmetisch/logische Einheit (ALU)
'882	32-Bit-Übertragseinheit
'942	Modem, 300 Baud (±5V)
'943	Modem, 300 Baud (+5V)
'4002	Zwei NOR-Gatter mit je 4 Eingängen
'4015	Zwei 4-stufige Schieberegister (seriell-ein/parallel-aus)
'4016	Vier digitale oder analoge Schalter (4 x 1 Schließer)

'4017	Dezimalzähler mit 10 decodierten Ausgängen (synchron)
'4020	Binärzähler, 14-stufig (÷16348)
'4022	Oktalzähler mit 8 decodierten Ausgängen (synchron)
'4024	Binärzähler, 7-stufig (÷128), asynchron
'4028	BCD-zu-Dezimal-Decoder (1-aus-10)
'4040	Binärzähler, 12-stufig (÷ 4096), asynchron
'4046	Phase-Locked-Loop-Schaltung
'4049	Sechs invertierende Puffer und TTL-Treiber
'4050	Sechs nicht invertierende Puffer und TTL-Treiber
'4051	Multiplexer, 8 Kanäle, analog/digital
'4052	Multiplexer, 2 x 4 Kanäle, analog/digital
'4053	Multiplexer, 3 x 2 Kanäle, analog/digital
'4060	Binärzähler, 14-stufig (÷16348), asynchron (mit internem Oszillator)
'4061	Binärzähler, 14-stufig, asynchron, mit Oszillator
'4066	Vier digitale oder analoge Schalter (4 x 1 Schließer)
'4067	Multiplexer/Demultiplexer, 16 Kanäle, analog/digital
'4072	Zwei ODER-Gatter mit je 4 Eingängen
'4075	Drei ODER-Gatter mit je 3 Eingängen
'4078	ODER/NOR-Gatter mit 8 Eingängen
'4094	Schieberegister, 8-stufig, mit Zwischenspeicher (TS)
'4102	8-stufiger voreinstellbarer synchroner Abwärtszähler (2 BCD-Stellen)
'4103	8-stufiger voreinstellbarer synchroner Abwärtszähler (8-Bit-Binärzähler)
'4316	Vier digitale oder analoge Schalter (4 x 1 Schließer) mit Pegelwandler
'4351	Multiplexer, 8 Kanäle, analog/digital, mit Adressen-Zwischenspeicher
'4352	Multiplexer, 2 x 4 Kanäle, analog/digital, mit Adressen-Zwischenspeicher
'4353	Multiplexer, 3 x 2 Kanäle, analog/digital, mit Adressen-Zwischenspeicher
'4511	7-Segment-Decoder/Speicher/Treiber
'4514	1-aus-16-Decoder/Demultiplexer mit Eingangs-Speicher (High-Ausgang)
'4515	1-aus-16-Decoder/Demultiplexer mit Eingangs-Speicher (Low-Ausgang)
'4518	Zwei synchrone Dezimalzähler
'4520	Zwei synchrone Binärzähler (Teilung durch 16)
'4538	Zwei retriggerbare Präzisions-Monovibratoren
'4543	BCD-zu-7-Segment-Decoder/Speicher/Treiber für LC oder LED-Anzeigen
'4724	Adressierbarer 8-Bit-Zwischenspeicher
'7001	Vier UND-Gatter mit je 2 Schmitt-Trigger-Eingängen
'7002	Vier NOR-Gatter mit je 2 Schmitt-Trigger-Eingängen
'7003	Vier NAND-Gatter mit je 2 Schmitt-Trigger-Eingängen
'7006	Sechs Mehrfunktions-Gatter (NAND, NOR, NICHT)
'7022	Oktalzähler mit 8 decodierten Ausgängen und "power-up-reset"
'7032	Vier ODER-Gatter mit je 2 Schmitt-Trigger-Eingängen

'7074	Multifunktionsbaustein (NAND, NOR, NICHT, Flipflop)
'7266	Vier Exklusiv-NOR-Gatter mit je 2 Eingängen
'7340	8-Bit-Bus-Treiber mit bidirektionalem Register
'9510	16 x 16-Bit-Multiplizierer/Akkumulator
'40102	8-stufiger voreinstellbarer synchroner Abwärtszähler (2 BCD-Stellen)
'40103	8-stufiger voreinstellbarer synchroner Abwärtszähler (8-Bit-Binärzähler)
'40104	4-Bit-Rechts/Links-Schieberegister mit synchroner Parallel-Eingabe (TS)
'40105	FIFO-Register, 4 Bit x 16 Wort

2. Typenübersicht nach Funktionsgruppen

Analog-Schalter

'4016	Vier digitale oder analoge Schalter (4 x 1 Schließer)
'4066	Vier digitale oder analoge Schalter (4 x 1 Schließer)
'4316	Vier digitale oder analoge Schalter (4 x 1 Schließer) mit Pegelwandler

Arithmetische Funktionen

'80	1-Bit-Volladdierer
'82	2-Bit-Volladdierer
'83	4-Bit-Volladdierer
'181	4-Bit-arithmetisch/logische Einheit (ALU)
'182	Übertragseinheit für Rechen- und Zählschaltungen
'283	4-Bit-Volladdierer
'381	4-Bit-arithmetisch/logische Einheit, Funktionsgenerator
'382	4-Bit-arithmetisch/logische Einheit, Funktionsgenerator mit seriellem Übertrag
'384	8-Bit x 1-Bit-Multiplizierer
'881	4-Bit-arithmetisch/logische Einheit (ALU)
'882	32-Bit-Übertragseinheit
'9510	16x16-Bit-Multiplizierer/Akkumulator

Bus-Sender/Empfänger, Leitungstreiber

'125	Vier Bus-Leitungstreiber mit invertiertem Freigabe-Eingang (TS)
'126	Vier Bus-Leitungstreiber mit Freigabe-Eingang (TS)
'240	Acht Bus-Leitungstreiber, invertierend (TS)
'241	Acht Bus-Leitungstreiber, nicht invertierend (TS)
'242	Vier Bus-Treiber/Empfänger, invertierend (TS)
'243	Vier Bus-Treiber/Empfänger, nicht invertierend (TS)
'244	Acht Bus-Leitungstreiber, nicht invertierend (TS)
'245	Acht Bus-Leitungstreiber/Empfänger, nicht invertierend (TS)
'365	Sechs Bus-Leitungstreiber, nicht invertierend, mit gemeinsamer Freigabe (TS)
'366	Sechs Bus-Leitungstreiber, invertierend, mit gemeinsamer Freigabe (TS)
'367	Sechs Bus-Leitungstreiber, nicht invertierend, mit zwei Freigabe-Eingängen (TS)
'368	Sechs Bus-Leitungstreiber, invertierend, mit zwei Freigabe-Eingängen (TS)

'540	Acht Bus-Leitungstreiber, invertierend (TS)
'541	Acht Bus-Leitungstreiber, nicht invertierend (TS)
'543	Bidirektionaler 8-Bit-Sender/Empfänger mit Speicher, nicht invertierend
'544	Bidirektionaler 8-Bit-Sender/Empfänger mit Speicher, invertierend
'545	Acht Bus-Leitungstreiber/Empfänger, invertierend (TS)
'550	Bidirektionaler 8-Bit-Sender/Empfänger mit Speicher und Status-Flags (TS)
'551	Bidirektionaler 8-Bit-Sender/Empfänger mit Speicher und Status-Flags, invertierend (TS)
'620	8-Bit bidirektionaler Bus-Treiber/Empfänger mit Datenspeicherung, invertierend (TS)
'623	8-Bit bidirektionaler Bus-Treiber/Empfänger, mit Datenspeicherung, nicht invertierend (TS)
'640	8-Bit bidirektionaler Bus-Treiber/Empfänger, invertierend (TS)
'643	8-Bit bidirektionaler Bus-Treiber/Empfänger, invertierend/ nicht invertierend (TS)
'645	8-Bit bidirektionaler Bus-Treiber/Empfänger, nicht invertierend (TS)
'646	8-Bit-Bus-Treiber/Empfänger mit bidirektionalen Zwischenspeichern (TS)
'648	8-Bit-Bus-Treiber/Empfänger mit bidirektionalen Zwischenspeichern, invertierend (TS)
'651	Bidirektionaler 8-Bit-Bus-Treiber/Empfänger mit Zwischenspeichern, invertierend (TS)
'652	Bidirektionaler 8-Bit-Bus-Treiber/Empfänger mit Zwischenspeicher, nicht invertierend (TS)
'658	Bidirektionaler 8-Bit-Sender/Empfänger mit Paritätsanzeige, invertierend (TS)
'659	Bidirektionaler 8-Bit-Sender/Empfänger mit Paritätsanzeige, nicht invertierend (TS)
'664	Bidirektionaler 8-Bit-Sender/Empfänger mit Paritätsanzeige, invertierend
'665	Bidirektionaler 8-Bit-Sender/Empfänger mit Paritätsanzeige, nicht invertierend
'7340	8-Bit-Bus-Treiber mit bidirektionalem Register

Decoder

Allgemeine Decoder

'42	BCD-zu-Dezimal-Decoder
'131	3-Bit-Binärdecoder/Demultiplexer (3-zu-8) mit Adressen-Zwischenspeicher
'137	3-Bit-Binärdecoder/Demultiplexer (3-zu-8) mit Adressen-Zwischenspeicher (Ausgänge invertiert)
'138	3-Bit-Binärdecoder/Demultiplexer (3-zu-8) mit invertierten Ausgängen
'139	Zwei 2-Bit-Binärdecoder/Demultiplexer (2-zu-4) mit invertierten Ausgängen
'147	Dezimal-zu-BCD-Prioritätscodierer
'148	Binärer 8-zu-3-Prioritätscodierer
'149	Prioritätscodierer (8-zu-8)
'154	4-Bit-Binärdecoder/Demultiplexer (4-zu-16)

'155	Zwei 2-Bit-Binärdecoder/Demultiplexer
'237	3-Bit-Binärdecoder/Demultiplexer (3-zu-8) mit Adressen-Zwischenspeicher und nicht invertierten Ausgängen
'238	3-Bit-Binärdecoder/Demultiplexer (3-zu-8) mit Adressen-Zwischenspeicher und nicht invertierten Ausgängen
'239	Zwei 2-Bit-Binärdecoder/Demultiplexer (2-zu-4) mit nicht invertierten Ausgängen
'4028	BCD-zu-Dezimal-Decoder (1-aus-10)
'4514	1-aus-16-Decoder/Demultiplexer mit Eingangs-Speicher (High-Ausgang)
'4515	1-aus-16-Decoder/Demultiplexer mit Eingangs-Speicher (Low-Ausgang)

Anzeige-Decoder/Treiber

'4511	7-Segment-Decoder/Speicher/Treiber
'4543	BCD-zu-7-Segment-Decoder/Speicher/Treiber für LC- oder LED-Anzeigen

Flipflops

'73	Zwei JK-Flipflops mit Löschen
'74	Zwei D-Flipflops mit Voreinstellung und Löschen
'76	Zwei JK-Flipflops mit Voreinstellung und Löschen
'78	Zwei JK-Flipflops mit Voreinstellung, gemeinsamen Löschen und gemeinsamem Takt
'107	Zwei JK-Flipflops mit Löschen
'108	Zwei JK-Flipflops mit Voreinstellung, gemeinsamen Löschen und gemeinsamem Takt
'109	Zwei JK̄-Flipflops mit Voreinstellung und Löschen
'112	Zwei JK-Flipflops mit Voreinstellung und Löschen
'113	Zwei JK-Flipflops mit Voreinstellung
'114	Zwei JK-Flipflops mit Voreinstellung, gemeinsamem Löschen und gemeinsamem Takt

Frequenz-Teiler/Zeitgeber (siehe auch Zähler)

'97	Synchroner programmierbarer 6-Bit-Binärfrequenzteiler
'292	Programmierbarer Frequenzteiler/Zeitgeber (bis 2^{31})
'294	Programmierbarer Frequenzteiler/Zeitgeber (bis 2^{15})
'4060	Binärzähler, 14-stufig ($\div$16348), asynchron (mit internem Oszillator)
'4061	Binärzähler, 14-stufig, mit Oszillator

Gatter

Exklusiv-NOR

'7266	Vier Exklusiv-NOR-Gatter mit je 2 Eingängen

Exklusiv-ODER

'86	Vier Exklusiv-ODER-Gatter mit je 2 Eingängen
'266	Vier Exklusiv-ODER-Gatter mit je 2 Eingängen (o.D.)
'386	Vier Exklusiv-ODER-Gatter mit je 2 Eingängen

NAND

'00	Vier NAND-Gatter mit je 2 Eingängen
'01	Vier NAND-Gatter mit je 2 Eingängen (o.D)
'03	Vier NAND-Gatter mit je 2 Eingängen (o.D.)
'10	Drei NAND-Gatter mit je 3 Eingängen (o.D.)
'20	Zwei NAND-Gatter mit je 4 Eingängen
'30	NAND-Gatter mit 8 Eingängen
'132	Vier NAND-Schmitt-Trigger mit je 2 Eingängen
'133	NAND-Gatter mit 13 Eingängen
'804	Sechs NAND-Treiber mit je 2 Eingängen
'7003	Vier NAND-Gatter mit je 2 Schmitt-Trigger-Eingängen

NOR

'02	Vier NOR-Gatter mit je 2 Eingängen
'27	Drei NOR-Gatter mit je 3 Eingängen
'36	Vier NOR-Gatter mit je 2 Eingängen
'805	Sechs NOR-Treiber mit je 2 Eingängen
'4002	Zwei NOR-Gatter mit je 4 Eingängen
'7002	Vier NOR-Gatter mit je 2 Schmitt-Trigger-Eingängen

ODER

'32	Vier ODER-Gatter mit je 2 Eingängen
'832	Vier ODER-Treiber mit je 2 Eingängen
'4072	Zwei ODER-Gatter mit je 4 Eingängen
'4075	Drei ODER-Gatter mit je 3 Eingängen
'7032	Vier ODER-Gatter mit je 2 Schmitt-Trigger-Eingängen

UND

'08	Vier UND-Gatter mit je 2 Eingängen
'09	Vier UND-Gatter mit je 2 Eingängen (o.D.)
'11	Drei UND-Gatter mit je 3 Eingängen
'21	Zwei UND-Gatter mit je 4 Eingängen
'808	Sechs UND-Treiber mit je 2 Eingängen
'7001	Vier UND-Gatter mit je 2 Schmitt-Trigger-Eingängen

Sonstige Gatter

'51	Zwei UND/NOR-Gatter mit je 2x2 bzw. 2x3 Eingängen
'58	Zwei UND/ODER-Gatter mit je 2x2 bzw. 2x3 Eingängen
'4078	ODER/NOR-Gatter mit 8 Eingängen
'7006	Sechs Mehrfunktions-Gatter (NAND, NOR, NICHT)

Monovibratoren

'123	Zwei retriggerbare Monoflops mit Löschen
'221	Zwei Monoflops mit Schmitt-Trigger-Eingang und Löschen
'423	Zwei retriggerbare Monoflops mit Löschen
'4538	Zwei retriggerbare Präzisions-Monovibratoren

Multiplexer/Datenselektoren

'151	1-aus-8-Datenselektor/Multiplexer
'152	1-aus-8-Datenselektor/Multiplexer mit invertierendem Ausgang
'153	Zwei 1-aus-4-Datenselektoren/Multiplexer
'157	Vier 2-zu-1-Datenselektoren/Multiplexer
'158	Vier 2-zu-1-Datenselektoren/Multiplexer mit invertierenden Ausgängen
'251	1-aus-8-Datenselektor/Multiplexer (TS)
'253	Zwei 1-aus-4-Datenselektoren/Multiplexer (TS)
'257	Vier 2-zu-1-Datenselektoren/Multiplexer (TS)
'258	Vier 2-zu-1-Datenselektoren/Multiplexer (TS)
'298	Vier 2-zu-1-Datenselektoren/Multiplexer mit Speicher
'352	Zwei 1-aus-4-Datenselektoren/Multiplexer mit invertierenden Ausgängen
'353	Zwei 1-aus-4-Datenselektoren/Multiplexer mit invertierenden Ausgängen (TS)
'354	8-zu-1-Datenselektor mit Eingangs-Zwischenspeicher (TS)
'356	8-zu-1-Datenselektor mit Eingangs-Register (TS)
'604	Acht 2-zu-1-Multiplexer mit Zwischenspeicher (TS)
'4051	Multiplexer, 8 Kanäle, analog/digital
'4052	Multiplexer, 2x4 Kanäle, analog/digital
'4053	Multiplexer, 3x2 Kanäle, analog/digital
'4067	Multiplexer/Demultiplexer, 16 Kanäle, analog/digital
'4351	Multiplexer, 8 Kanäle, analog/digital, mit Adressen-Zwischenspeicher
'4352	Multiplexer, 2x4 Kanäle, analog/digital, mit Adressen-Zwischenspeicher
'4353	Multiplexer, 3x2 Kanäle, analog/digital, mit Adressen-Zwischenspeicher

Puffer/Treiber

nicht invertierend

'07	Sechs Puffer (Treiber)
'34	Sechs Puffer, nicht invertierend
'4050	Sechs nicht invertierende Puffer und TTL-Treiber

invertierend

'04	Sechs Inverter
'05	Sechs Inverter (o.D.)
'4049	Sechs invertierende Puffer und TTL-Treiber

Register (Zwischenspeicher)

'75	4-Bit-D-Zwischenspeicher mit Freigabe
'77	4-Bit-Zwischenspeicher mit Freigabe
'173	4-Bit-D-Register mit Freigabe und Löschen
'174	6-Bit-D-Register mit Löschen (TS)
'175	4-Bit-D-Register mit Löschen
'259	Adressierbarer 8-Bit-Zwischenspeicher mit Freigabe und Löschen
'273	8-Bit-D-Register mit Löschen
'279	Vier $\bar{R}\text{-}\bar{S}$-Zwischenspeicher
'373	8-Bit-D-Zwischenspeicher, nicht invertierend, mit Freigabe (TS)
'374	8-Bit-D-Register, flankengetriggert, nicht invertierend (TS)
'375	4-Bit-D-Zwischenspeicher mit Freigabe
'377	8-Bit-D-Register, flankengetriggert, mit Takt-Freigabe
'378	6-Bit-D-Register, flankengetriggert, mit Takt-Freigabe
'379	4-Bit-D-Register mit komplementären Ausgängen und Takt-Freigabe
'533	8-Bit-D-Zwischenspeicher, invertierte Ausgänge, mit Freigabe (TS)
'534	8-Bit-D-Register, flankengetriggert, invertierend (TS)
'563	8-Bit-D-Zwischenspeicher, invertierend, mit Freigabe (TS)
'564	8-Bit-D-Zwischenspeicher, flankengetriggert, invertierend, mit Freigabe (TS)
'573	8-Bit-D-Zwischenspeicher, nicht invertierend (TS)
'574	8-Bit-D-Register, flankengetriggert, nicht invertierend (TS)
'4724	Adressierbarer 8-Bit-Zwischenspeicher

Schieberegister

'91	8-Bit-Schieberegister, seriell-ein/seriell-aus
'164	8-Bit-Schieberegister mit Parallelausgabe und Löschen
'165	8-Bit-Schieberegister mit Paralleleingabe
'166	8-Bit-Schieberegister mit Paralleleingabe und Löschen

'194	4-Bit-Rechts/Links-Schieberegister mit synchroner Paralleleingabe und Löschen
'195	4-Bit-Schieberegister mit paralleler Ein- und Ausgabe und Löschen
'299	8-Bit-Universal-Schieberegister mit asynchronem Löschen, kaskadierbar (TS)
'322	8-Bit-Universal-Schieberegister mit asynchronem Löschen, kaskadierbar (TS)
'323	8-Bit-Universal-Schieberegister mit synchronem Löschen, kaskadierbar (TS)
'589	8-Bit-Schieberegister mit Eingangs-Zwischenspeicher und seriellem Ausgang (TS)
'594	8-stufiges Schieberegister mit Ausgangs-Zwischenspeicher
'595	8-stufiges Schieberegister mit Ausgangs-Zwischenspeicher (TS)
'597	8-stufiges Schieberegister mit Eingangs-Zwischenspeicher
'598	8-stufiges Schieberegister mit Eingangs-Zwischenspeicher (TS)
'673	16-Bit-Schieberegister mit parallelem Ausgangsregister (seriell-ein, seriell/parallel-aus)
'674	16-Bit-Schieberegister (parallel/seriell-ein, seriell-aus)
'4015	Zwei 4-stufige Schieberegister (seriell-ein/parallel-aus)
'4094	Schieberegister, 8-stufig, mit Zwischenspeicher (TS)
'40104	4-Bit-Rechts/Links-Schieberegister mit synchroner Paralleleingabe

Schmitt-Trigger

'14	Sechs invertierende Schmitt-Trigger
'132	Vier NAND-Schmitt-Trigger mit je 2 Eingängen
'7001	Vier UND-Gatter mit je 2 Schmitt-Trigger-Eingängen
'7002	Vier NOR-Gatter mit je 2 Schmitt-Trigger-Eingängen
'7003	Vier NAND-Gatter mit je 2 Schmitt-Trigger-Eingängen
'7032	Vier ODER-Gatter mit je 2 Schmitt-Trigger-Eingängen

Speicher und Speicher-Hilfsbausteine

'189	RAM, 64 Bit (16 x 4) (TS)
'219	RAM, 64 Bit (18 x 4) (TS)
'515	Programmierbarer Mapping-Decoder
'670	16-Bit-Register-File (TS)
'677	16-Bit-Adressen-Vergleicher (16-zu-4), mit Freigabe
'678	16-Bit-Adressen-Vergleicher (16-zu-4), mit Zwischenspeicher
'679	12-Bit-Adressen-Vergleicher (12-zu-4), mit Freigabe
'680	12-Bit-Adressen-Vergleicher (12-zu-4), mit Zwischenspeicher
'40105	FIFO-Register, 4 Bit x 16 Wort

Vergleicher (Komparatoren)

'85	4-Bit-Vergleicher
'521	8-Bit-Vergleicher, Ausgang invertiert
'682	8-Bit-Vergleicher mit internem 20kΩ-Pull-up
'684	8-Bit-Vergleicher
'686	8-Bit-Vergleicher mit Ausgangs-Freigabe
'688	8-Bit-Vergleicher mit Ausgangs-Freigabe

Zähler

Binärzähler

'93	4-Bit-Binärzähler
'393	Zwei 4-Bit-Binärzähler
'590	8-Bit-Binärzähler mit Ausgangs-Zwischenspeicher und Löschen (TS)
'592	8-Bit-Binärzähler mit Eingangs-Zwischenspeicher, Laden und Löschen
'593	8-Bit-Binärzähler mit Eingangs-Zwischenspeicher, Laden und Löschen (TS)
'4020	Binärzähler, 14-stufig ($\div 16348$)
'4022	Oktalzähler mit 8 decodierten Ausgängen (synchron)
'4024	Binärzähler, 7-stufig ($\div 128$), asynchron
'4040	Binärzähler, 12-stufig ($\div 4096$), asynchron
'4520	Zwei synchrone Binärzähler (Teilung durch 16)
'7022	Oktalzähler mit 8 decodierten Ausgängen und "power-up-reset"

Dezimalzähler

'90	Dezimalzähler
'390	Zwei Dezimalzähler
'490	Zwei Dezimalzähler
'4017	Dezimalzähler mit 10 decodierten Ausgängen (synchron)
'4518	Zwei synchrone Dezimalzähler

Programmierbare Binärzähler

'161	Synchroner programmierbarer 4-Bit-Binärzähler mit asynchronem Löschen
'163	Synchroner programmierbarer 4-Bit-Binärzähler mit synchronem Löschen
'169	Synchroner programmierbarer Vorwärts/Rückwärts-4-Bit-Binärzähler
'177	Programmierbarer 4-Bit-Binärzähler mit Löschen
'191	Synchroner programmierbarer Vorwärts/Rückwärts-4-Bit-Binärzähler
'193	Synchroner programmierbarer Vorwärts/Rückwärts-4-Bit-Binärzähler mit Löschen
'691	Synchroner programmierbarer Binärzähler mit Löschen, Register und gemultiplexten Ausgängen (TS)
'693	Synchroner programmierbarer Binärzähler mit synchronem Löschen und gemultiplexten Ausgängen (TS)

'697	Synchroner programmierbarer Vorwärts/Rückwärts-4-Bit-Binärzähler mit Register, gemultiplexten Ausgängen und asynchronem Löschen (TS)
'699	Synchroner programmierbarer Vorwärts/Rückwärts-4-Bit-Binärzähler mit Register, gemultiplexten Ausgängen und synchronem Löschen (TS)
'4103	8-stufiger voreinstellbarer synchroner Abwärtszähler (8-Bit-Binärzähler)
'40102	8-stufiger voreinstellbarer synchroner Abwärtszähler (2 BCD-Stellen)
'40103	8-stufiger voreinstellbarer synchroner Abwärtszähler (8-Bit-Binärzähler)

Programmierbare Dezimalzähler

'160	Synchroner programmierbarer Dezimalzähler mit asynchronem Löschen
'162	Synchroner programmierbarer Dezimalzähler mit synchronem Löschen
'167	Synchroner programmierbarer Dezimal-Frequenzteiler
'176	Programmierbarer Dezimalzähler mit Löschen
'190	Synchroner programmierbarer Vorwärts/Rückwärts-Dezimalzähler
'192	Synchroner programmierbarer Vorwärts/Rückwärts-Dezimalzähler mit Löschen
'690	Synchroner programmierbarer Dezimalzähler mit Löschen, Register und gemultiplexten Ausgängen (TS)
'692	Synchroner programmierbarer Dezimalzähler mit synchronem Löschen, Register und gemultiplexten Ausgängen
'696	Synchroner programmierbarer Vorwärts/Rückwärts-Dezimalzähler mit Register, gemultiplexten Ausgängen und asynchronem Löschen (TS)
'698	Synchroner programmierbarer Vorwärts/Rückwärts-Dezimalzähler mit Register, gemultiplexten Ausgängen und synchronem Löschen (TS)
'4102	8-stufiger voreinstellbarer synchroner Abwärtszähler (2 BCD-Stellen)

Verschiedene Bausteine

'180	9-Bit-Paritätsgenerator/8-Bit-Paritätsprüfer
'280	9-Bit-Paritätsgenerator/Prüfer
'297	Digitaler Phase-Locked-Loop-Baustein (PLL)
'630	16-Bit paralleler Fehler-Erkennungs- und Korrekturbaustein (TS)
'632	32-Bit-Fehler-Erkennungs- und Korrekturbaustein (TS)
'942	Modem, 300 Baud (±5 V)
'943	Modem, 300 Baud (+5 V)
'4046	Phase-Locked-Loop-Schaltung
'7074	Multifunktionsbaustein (NAND, NOR, NICHT, Flipflop)

3. Allgemeines über die HCMOS-Serie

Die neue "High-Speed"-CMOS-Logikreihe besitzt nicht nur die bewährten Vorzüge der bekannten integrierten CMOS-Bausteine, wie niedriger Leistungsverbrauch und hohe Störfestigkeit, sondern darüber hinaus eine Reihe von positiven Eigenschaften. Diese sind insbesondere die hohe Schaltgeschwindigkeit, Pin- und Funktionskompatibilität mit den gängigsten TTL-Schaltungen, sowie höhere Ausgangsströme. Inzwischen sind jedoch auch Typen auf dem Markt erschienen, die mit den wichtigsten CMOS-Bausteinen der Serie 4000 pin- und funktionskompatibel sind.

Im wesentlichen werden von den meisten HCMOS-Bausteinen zwei Varianten gefertigt: Die Serie HC mit einem Betriebsspannungsbereich von 2 bis 6 Volt, sowie die Serie HCT, mit einer Betriebsspannung von +5V (±10%), die mit den Schaltpegeln der TTL-Serien kompatibel ist ("T" weist hier auf TTL-Kompatibilität hin).

1. Leistungsverbrauch:

Bild 1 zeigt die Ruheverlustleistung von HCMOS-Schaltungen im Vergleich zu LSTTL-Bausteinen. Man sieht, daß die Leistungsaufnahme der HCMOS-Schaltungen um mehr als 5 Zehnerpotenzen niedriger ist, als die von vergleichbaren LSTTL-Schaltungen. Die Ruheverlustleistung eines HCMOS-Gatters liegt bei etwa 10nW.

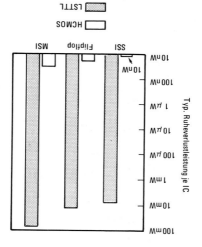

Bild 1. Ruheverlustleistung für HCMOS und LSTTL.

Es gilt jedoch auch hier, daß häufig die Stromaufnahme bei steigender Arbeitsfrequenz unterschätzt wird. Bild 2 zeigt, wie rasch die Leistungsaufnahme eines HCMOS-Bausteines ansteigt und sogar die Leistungsaufnahme von ECL-Bausteinen übersteigen kann, die für ihre hohe Stromaufnahme bekannt sind.

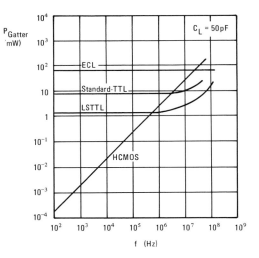

Bild 2. Typischer Leistungsverbrauch je Gatter in Abhängigkeit von der Frequenz bei verschiedenen Logik-Familien.

Glücklicherweise arbeiten in den meisten HCMOS-Systemen nur einige wenige Bausteine mit höheren Frequenzen (insbesondere Eingangsstufen), so daß der größte Strombedarf durch diese Stufen entsteht.
Der dynamische Leistungsverbrauch für HCMOS und LSTTL ist in Bild 3 nochmals genauer dargestellt.

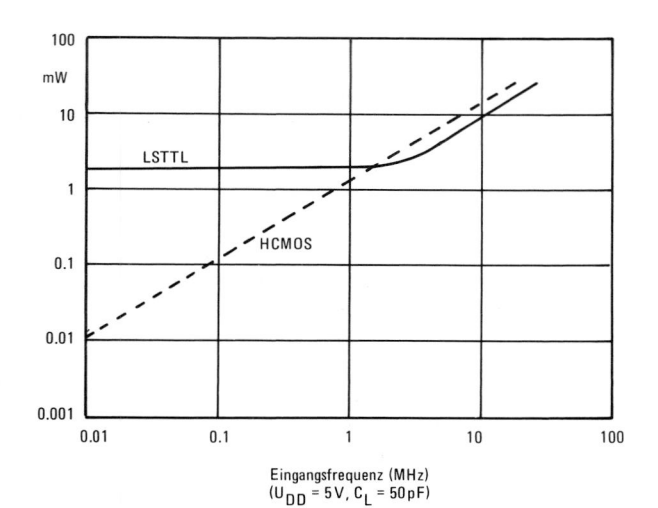

Bild 3. Leistungsverbrauch in Abhängikgeit von der Eingangsfrequenz für Gatter in HCMOS und LSTTL.

Hieraus läßt sich der Leistungsverbrauch von HCMOS-Gattern für verschiedene
Arbeitsfrequenzen abschätzen. Bei ICs, die mehrere Elemente, wie Flipflops o.ä.
enthalten, gilt dieser Leistungsanstieg nur für die Eingangsstufen. Bei einem Teiler,
der beispielsweise aus 4 Flipflops besteht, verbraucht jedes Flipflop nur die Hälfte
der Leistung des vorhergehenden Flipflops. Ein LSTTL-Teiler aus 4 Flipflops verbraucht natürlich für alle Stufen bereits eine beträchtliche Ruheverlustleistung, so
daß der Vorteil der HCMOS-Schaltungen in dieser Hinsicht um so größer wird, je
komplexer der Baustein ist.

2. Geschwindigkeit:

Die typische Durchlauf-Verzögerungszeit für HCMOS liegt bei ca. 10ns, und ist damit nahezu identisch mit der von LSTTL-Schaltungen. Dank der hohen Ausgangsströme besteht im Gegensatz zu den Metal-Gate (CD-Typen) und Si-Gate-Ausführungen (HEF-Typen) der 4000-CMOS-Serie eine nur sehr geringe Abhängigkeit der Durchlauf-Verzögerung von der Lastkapazität. So beträgt beispielsweise die typische Verzögerungszeit eines HCMOS-Gatters etwa 8ns bei 10pF, 10ns bei 50pF und 11.5ns bei 100pF Lastkapazität.

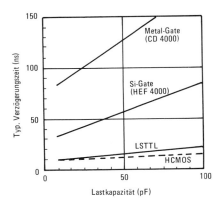

Bild 4. Abhängigkeit der Durchlauf-Verzögerung
von der Lastkapazität.

Fig. 5 illustrates the variation of propagation delay with supply voltages from 2 to 6 V for the HC variant.

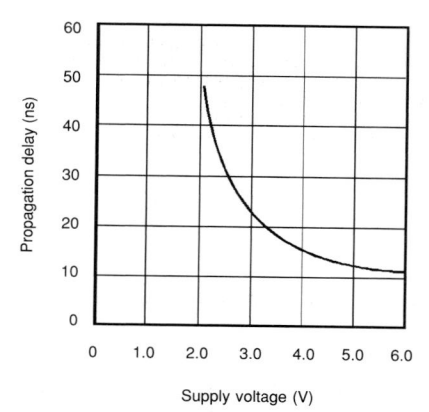

Fig. 5. Variation of propagation delay with supply voltage.

3. Inputs:

Fig. 6 illustrates that the low and high input levels of the HC versions are within the usual range of standard CMOS circuits. Noise margins are considerably better than those for the LSTTL series.

This, however, causes difficulties in that the HC devices cannot be driven directly by LSTTL circuits. The HCT version overcomes this problem by a different input circuit. For the HCT series the input levels are 0.8 V max. for a low and 2.0 V min. for high (for a supply voltage between 4.5 and 5.5 V).

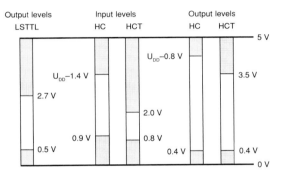

Fig. 6. Input and output levels for LSTTL, HC and HCT logic.

4. Outputs:

All HCMOS devices have standardised output buffers, their symmetrical structure results in equal rise and fall times. HC devices have an output current capability of 4 mA, and can therefore drive up to 10 LSTTL inputs. HC bus driver outputs having an output capacity of 6 mA can drive up to 15 LSTTL inputs.

Some manufacturers offer bus drivers having enhanced output current capabilities of up to 24 mA and occasionally up to 80 mA.

5. Eingangs-Schutzschaltungen:

Die Schutzschaltungen für die Eingänge der HCMOS-Ausführungen wurden gegenüber den CMOS-Ausführungen noch weiter verbessert. Bild 7 zeigt eine derartige Eingangs-Schutzschaltung, die einen Vorwiderstand aus Polysilizium enthält, der die Ströme durch die Schutzdioden begrenzt und die Anstiegsgeschwindigkeit dieser Ströme verringert. Außerdem sind die Schutzdioden noch kräftiger dimensioniert.

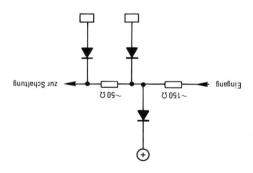

Bild 7. Eingangs-Schutzschaltung.

Aber auch hier ist es empfehlenswert, die wichtigsten Regeln für die Anwendung von CMOS-Schaltungen zu beachten:

● **Alle Eingänge müssen irgendwo angeschlossen sein.** Eine ordnungsgemäße Verbindung zu einem Eingangssignal, zu +U$_{DD}$ oder an Masse muß für alle Eingänge vorgesehen sein, speziell bei Versuchsaufbauten.

● **Schützen Sie die Schutzschaltung.** Vermeiden Sie unter allen Umständen, daß die Eingangs-Schutzdioden leiten. Müssen Sie trotzdem Diodenstrom verwenden, so begrenzen Sie diesen Strom auf 10mA oder weniger. Beachten Sie die Einflüsse der Dioden auf Zeitkonstanten und Impulsformer-Schaltungen.

- **Verwenden Sie Test-Eingänge mit hoher Impedanz.** Wenn Sie die Stromversorgung entfernen, ohne "hohe" Eingangssignale abzutrennen, können Sie die Eingangs-Schutzschaltung beschädigen oder ein "Latch up" (unerwünschtes Sperren) des Bausteins verursachen.
- **Vermeiden Sie statische Aufladungen während der Arbeit mit dem Baustein.** Bewahren Sie die ICs in leitendem Schaumstoff oder auf einer metallischen Unterlage auf.
- **Bereiten Sie alle Eingangssignale, die zu einer getakteten Logik gehen, entsprechend auf.** Drucktasten, Schalter und Tastaturkontakte müssen entprellt sein.
- **Verwenden Sie kurze Anstiegs- und Abfallzeiten für den Takt.** Die Anstiegs- und Abfallzeiten an den Takteingängen der getakteten Logikschaltungen müssen kürzer als 5 µs sein. Andernfalls könnte sich eine falsche Arbeitsweise ergeben.

Die gemeinsamen elektrischen Daten der HCMOS-Serie sind:

Absolute Grenzwerte:

Max. Bereich der Betriebsspannung:	U_{DD}	=	−0.5 ... +7.5 V
Max. Eingangsspannung	U_I	=	0.5 ... $(U_{DD}$ +0.5) V
Max. Ausgangsspannung	U_O	=	0.5 ... $(U_{DD}$ +0.5) V
Max. Eingangsstrom	I_I	=	±20 mA
Max. Ausgangsstrom			
Standard-Ausgänge	I_O	=	±25 mA
Bustreiber-Ausgänge	I_O	=	±35 mA
Max. Gesamtverlust-Leistung			
Plastik- und Keramik-DIL	P_{tot}	=	500 mW
Plastik-Mini-Gehäuse (SO)	P_{tot}	=	200 mW

Empfohlene Betriebswerte:

Betriebsspannungen: HC-Typen	U_{DD}	=	+2.0 ... +6.0 V
HCT-Typen	U_{DD}	=	+5 V (±10%)
Eingangs-Anstiegs- und Abfallzeiten			
(außer für Schmitt-Trigger-Eingänge)			
min:	t_r, t_f	=	6 ns
max: U_{DD} = 2.0 V	t_r, t_f	=	1000 ns
U_{DD} = 4.5 V	t_r, t_f	=	500 ns
U_{DD} = 6 V	t_r, t_f	=	400 ns
Max. Bereich der Umgebungstemperatur	T_U	=	−40 ... +85°C

4. Marking of HCMOS components

In the Numerical Index, Functional Index and the individual descriptions, the HCMOS devices are identified only by their generic type numbers, comprising a group of 2 to 5 digits which starts with an apostrophe (').

The common markings always have the formats 74 HC XXXX or 74 HCT XXXX. This applies both to TTL-equivalent and to CMOS-equivalent components. Each manufacturer may identify its products by additional letter prefixes, which are detailed below.

GEC-Plessey (GEC) uses the prefix letters MV (e.g. MV 74 HC (T) XXXX).

Goldstar (GLD) uses the prefix letters GD (e.g. GD 74 HC (T) XXXX).

Harris Semiconductor (HRS) uses the prefix letters CD (e.g. CD 74 HC (T) XXXX).

Hitachi (HIT) uses the prefix letters HD (e.g. HD 74 HC (T) XXXX).

Matsushita (MAT) uses the prefix letters MN (e.g. MN 74 HC (T) XXXX).

Mitsubishi (MIT) uses the prefix letter M (e.g. M 74 HC (T) XXXX).

Motorola (MOT) uses the prefix letters MC (e.g. MC 74 HC (T) XXXX).

National Semiconductor (NAT) uses the prefix letters MM (e.g. MM 74 HC (T) XXXX).

NEC Corporation (NEC) uses the prefix letters UPD (e.g. UPD 74 HC (T) XXXX).

Philips (PLP) either does not use a prefix or uses the prefix letters PCF (e.g. PCF 74 HC (T) XXXX).

Rohm (ROM) uses the prefix letters BU (e.g. BU 74 HC (T) XXXX).

Sanyo (SAN) uses the prefix letters LC (e.g. LC 74 HC (T) XXXX).

Sharp (SHP) uses the prefix letters LR (e.g. LR 74 HC (T) XXXX).

SGS-Thomson (STM) uses the prefix letter M (e.g. M 74 HC (T) XXXX).

Supertex (SUP) uses no prefix letters (e.g. 74 HC (T) XXXX).

Texas Instruments (TXS) uses the prefix letters SN (e.g. SN 74 HC (T) XXXX).

Toshiba (TOS) uses the prefix letters TC (e.g. TC 74 HC (T) XXXX).

Universal (UNV) uses the prefix letters US (e.g. US 74 HC (T) XXXX).

5. Index of manufacturers

Below are listed the headquarters of the manufacturers. Unfortunately space does not permit the listing of distributors or agents. Details are available from manufacturers' data books and other sources.

GEC-Plessey Semiconductors Ltd.
Unit 1, Crompton Road,
Grounwell Ind. Est., Swindon,
Wiltshire, SN2 5AY, U.K.

Goldstar
20, Yoido-Dong
Yeong Deund Po-Gu
Seoul, Korea 150

Harris Semiconductor
P O Box 883,Melbourne,
FL32901, USA

Hitachi
6-2, Otemachi, 2-Chome
Chyoda-Ku, Tokyo, 100
Japan

Matsushita Electronics
1 Kotari-Yakemachi
Nagaokakyo, Kyoto 617
Japan

Mitsubishi Electric Corporation
Kita-Itami Works, 4-1, Mizuhara
Itami-shi, Hyogo-ken 664
Japan

Motorola Semiconductor Products Inc.
3501 Ed Bluestein Boulevard
Austin, Tx 78721, USA

National Semiconductor Corp.
2900 Semiconductor Drive, P.O. Box 58090
Santa Clara, CA 95052-8090, USA

NEC Corporation
33-1 Shiba 5-Chome
Minato-ku, Tokyo
Japan

Panasonic, see Matsushita

Philips Electronic Components and Materials
Elcoma Division, Eindhoven
Netherlands

RCA now a division of Harris.

ROHM
PO Box 103, Central Kyoto
Japan

Sanyo Electric
Oizumimachi Oragun
Gumma, Japan

SGS-Thomson Micro
Northern European Headquarters
Planar House, Globe Park
Marlow, Bucks. U.K.

Sharp Corporation
Yamato-Koriyama,
Nara, Japan

Signetics, see Philips

Supertex Inc.
1350 Bordeaux Drive,
Sunnyvale, CA 94088, USA

Texas Instruments Inc.
P.O. Box 401560, Dallas,
TX 752400, USA

Toshiba Corporation
Microelectronics Center
1 Komukai, Toshiba s/o Sai
Kawasaki 210, Japan

Universal Semiconductor
1925 Zanker Road, San Jose,
CA 95112, USA

Valvo, see Philips

6. Zeichenerklärung

Alle Angaben beziehen sich auf integrierte HCMOS-Schaltungen im Dual-In-Line-Gehäuse (Plastik), die für den industriellen Temperaturbereich von 0o bis 70oC spezifiziert sind. Für die integrierten Bausteine mit anderen Gehäuseformen und für andere Temperaturbereiche sind die Daten den Unterlagen der jeweiligen Hersteller zu entnehmen.

Die Anschlußbelegung der Bausteine sind in der *Draufsicht* zu verstehen.

Pegelbezeichnungen

H = High (High level): Bedeutet eine Spannung, die positiver als jene Spannung ist, die mit Low bezeichnet wird (= logisch 1 bei positiver Logik).

L = Low (Low level): Bedeutet eine Spannung, die negativer als jene Spannung ist, die mit High bezeichnet wird (= logisch 0 bei positiver Logik).

LH-Übergang: Ein Übergang des Pegels von Low auf High (positive oder ansteigende Flanke eines Impulses).

HL-Übergang: Ein Übergang eines Pegels von High auf Low (negative oder abfallende Flanke eines Impulses).

Symbole und Abkürzungen

⊥	=	Masse
⊕	=	positive Betriebsspannung
NC	=	dieser Pin ist nicht intern verbunden (Not Connected) und kann daher als Lötpunkt verwendet werden.
A	=	Adressen-Eingang
C	=	Übertrag (Carry)
CI	=	Übertrags-Eingang (Carry Input)
CO	=	Übertrags-Ausgang (Carry Output)
Clear	=	Löschen
Clock	=	Takt
EN, G	=	Freigabe (Enable)
J,K,D	=	Dateneingänge für speichernde Elemente
Load	=	Lade-Eingang
OE	=	Ausgangs-Freigabe (Output Enable)
P	=	Parallele Daten
Preset	=	Voreinstell-Eingang
Q	=	Ausgang
Reset	=	Rücksetzen
Shift	=	Schiebe-Eingang
TS	=	Tristate (hochohmiger Zustand)
Y	=	Ausgang (meist bei Gattern)

Die übrigen Anschluß-Bezeichnungen entnehmen Sie bitte dem zugehörigen Text. Trotz einer gewissen Vereinheitlichung der Anschluß-Bezeichnungen wurde so weit wie möglich auf die vom jeweiligen Hersteller verwendeten Bezeichnungen Rücksicht genommen. Dann ist bei einem eventuellen Nachschlagen in den zugehörigen Datenbüchern kein kompliziertes Umdenken erforderlich.

Wahrheitstabellen

L	=	Low
H	=	High
X	=	beliebig
Z	=	hochohmig (Tristate)
⌐	=	LH-Übergang (positive Flanke)
⌐	=	HL-Übergang (negative Flanke)
⊓	=	positiver Impuls (L →H →L)
⊔	=	negativer Impuls (H →L →H)

7. Component descriptions

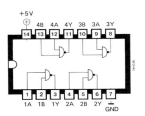

Description:
This package contains four separate 2-input NAND gates.

Operation:
All four NAND gates can be used independently.
For each gate, the output is high if either one or both inputs are low. If both inputs are high, the output will be low.

Inputs		Output
A	**B**	**Y**
L	X	H
X	L	H
H	H	L

Application:
Implementation of NAND, AND and Inverter functions.

Data:
Propagation delay   8   ns

Quadruple 2-input NAND GATE

'00

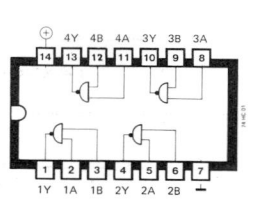

| | 4Y | 4B | 4A | 3Y | 3B | 3A |
| 14 | 13 | 12 | 11 | 10 | 9 | 8 |

| 1 | 2 | 3 | 4 | 5 | 6 | 7 |
| 1Y | 1A | 1B | 2Y | 2A | 2B | |

Beschreibung:
Dieser Baustein enthält vier NAND-Gatter mit je 2 Eingängen und einem Ausgang mit offenem Drain.

Betrieb:
Wenn einer der beiden Eingänge eines Gatters Low ist, oder beide Eingänge Low sind, geht der Ausgang in einen hochohmigen Zustand.
Sind beide Eingänge High, so geht der Ausgang auf Low.
Einen Ausgang mit High erhält man, wenn der entsprechende Ausgang über einen externen Widerstand an die positive Betriebsspannung gelegt wird.
Damit ist eine verdrahtete UND-Funktion (Wired-AND) realisierbar. Ferner ist ein direktes Ansteuern einer LED möglich (max. 4 mA).
Beachten Sie die andere Anschlußbelegung gegenüber dem '00.

Eingänge		Ausgang
A	B	Y
L	X	H
X	L	H
H	H	L

Anwendung:
Realisierung von NAND-, UND- und Inverter-Funktionen

Daten:
Durchlauf-Verzögerung	9	ns

Vier NAND-Gatter mit je 2 Eingängen (o. D.)

'01

36

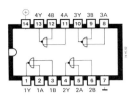

Beschreibung:
Der Baustein enthält vier getrennte NOR-Gatter mit je 2 Eingängen.

Betrieb:
Alle vier NOR-Gatter können unabhängig voneinander verwendet werden.
Bei jedem Gatter wird der Ausgang Low sein, wenn einer oder beide Eingänge High sind.
Sind beide Eingänge Low, so ist der Ausgang High.
Der Baustein ist mit dem '36 funktionsmäßig identisch, besitzt jedoch eine andere Anschlußbelegung.

Eingänge		Ausgang
A	B	Y
H	X	L
X	H	L
L	L	H

Anwendung:
Realisierung von NOR-Funktionen

Daten:
Durchlauf-Verzögerung   8   ns

Vier NOR-Gatter mit je 2 Eingängen

'02

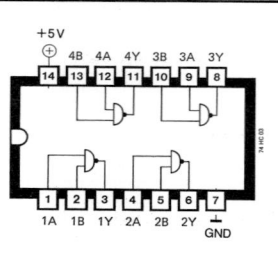

Description:

The package contains four separate 2-input NAND gates with open-drain outputs.

Operation:

All four NAND gates can be used independently.

For each gate, the output is high, if either one or both inputs are low. If both inputs are high, the output will be low.

A high-level output can only be obtained if an external resistor is connected from the output to the positive supply voltage.

This allows a wired-AND function to be obtained. Also, LEDs can be directly driven (max. 4 mA).

Inputs		Output
A	B	Y
L	X	H
X	L	H
H	H	L

Application:

Implementation of NAND, AND and inverter functions.

Data:

Max. output voltage	6	V
Max. output sink current	25	mA
Propagation delay	7	ns

Quadruple 2-input NAND GATE (open-drain)

'03

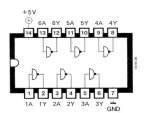

Description:
This package contains six separate inverters.

Operation:
All six inverters can be used independently.
For each inverter, a low input gives a high output and vice versa.
The 74HCU04 is an unbuffered version, which is intended for use as oscillators, Schmitt-triggers etc.
This device is pin-compatible with the 4069.

Application:
Logical inversion, pulse shaping, oscillators.

Data:

Propagation delay	10	ns
Max. output current	25	mA

Hex INVERTER

'04

'05

Sechs Inverter (o.D.)

Daten:
Durchlauf-Verzögerung   9   ns

Anwendung:
Logische Inversion, Pulsformung, Oszillatoren

Beschreibung:
Dieser Baustein enthält 6 getrennte Inverter mit offenem Drain.

Betrieb:
Alle Inverter können unabhängig voneinander verwendet werden.
Bei jedem Inverter ergibt ein Eingang Low einen Ausgang High, und umgekehrt.
Einen Ausgang mit High erhält man jedoch nur, wenn ein externer Widerstand, gewöhnlich 1 kΩ, vom Ausgang an +5V gelegt wird.
Durch den externen Widerstand läßt sich eine Wired-NOR-Funktion realisieren.
Dieser Baustein ist pinkompatibel mit dem 4069.

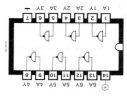

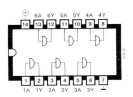

Beschreibung:

Dieser Baustein enthält 6 getrennte nicht-invertierende Treiber mit offenem Drain.

Betrieb:

Alle Treiber können unabhängig voneinander verwendet werden.

Bei jedem Treiber ergibt ein Eingang Low einen Ausgang Low. Ein Eingang mit High ergibt einen hochohmigen Ausgang. Im Low-Zustand kann der Ausgang bis zu 6 mA aufnehmen.

Einen Ausgang mit High erhält man nur, wenn ein externer Widerstand vom Ausgang an +5 V gelegt wird.

Anwendung:

Pulsformung, Oszillatoren, Ansteuerung von Bausteinen

Daten:

Durchlauf-Verzögerung	10	ns
Maximale Stromaufnahme (Low)	6	mA

Sechs Treiber

'07

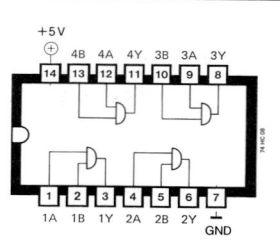

Description:
This package contains four separate 2-input AND gates.

Operation:
All four AND gates can be used independently.
For each gate, the output is low if either one or both inputs are low. If both inputs are high, the output will be high.

Inputs		Output
A	B	Y
L	X	L
X	L	L
H	H	H

Application:
Implementation of the AND function, non-inverting buffers.

Data:

Propagation delay	9	ns

Quadruple 2-input AND GATE

'08

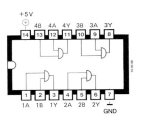

Description:
This package contains four separate 2-input AND gates with open-drain outputs.

Operation:
All four AND gates can be used independently.

For each gate, the output is low if either one or both inputs are low. If both inputs are high, the output will be high provided that an external resistor (typically 1 kΩ) is connected between the output and the positive supply voltage.

Inputs		Output
A	**B**	**Y**
L	X	L
X	L	L
H	H	Z (H)

Application:
Implementation of the AND function, non-inverting buffers.

Data:

Propagation delay	13	ns

Quadruple 2-input AND GATE (open-drain)

'09

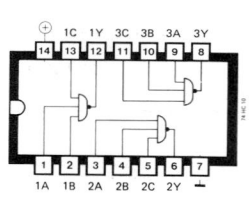

1C 1Y 3C 3B 3A 3Y
14 13 12 11 10 9 8

1 2 3 4 5 6 7
1A 1B 2A 2B 2C 2Y

Beschreibung:
Dieser Baustein enthält drei getrennte NAND-Gatter mit je 3 Eingängen.

Betrieb:
Alle drei NAND-Gatter können unabhängig voneinander verwendet werden.
Bei jedem Gatter wird mit einem oder zwei Eingängen auf Low der Ausgang High sein.
Mit allen Eingängen High wird der Ausgang Low.

Eingänge			Ausgang
A	B	C	Y
L	X	X	H
X	L	X	H
X	X	L	H
H	H	H	L

Anwendung:
Realisierung von NAND-, UND- und Inverter-Funktionen

Daten:
Durchlauf-Verzögerung   10   ns

Drei NAND-Gatter mit je 3 Eingängen

'10

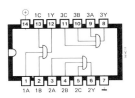

Beschreibung:
Dieser Baustein enthält drei getrennte UND-Gatter mit je 3 Eingängen.

Betrieb:
Alle drei UND-Gatter können unabhängig voneinander verwendet werden.
Bei jedem Gatter geht mit einem oder mehreren Eingängen auf Low der Ausgang auf Low. Sind alle drei Eingänge High, geht der Ausgang auf High.

Eingänge			Ausgang
A	B	C	Y
L	X	X	L
X	L	X	L
X	X	L	L
H	H	H	H

Anwendung:
Realisierung von UND-Funktionen

Daten:
Durchlauf-Verzögerung	12	ns
Ruhestromaufnahme	20	µA

Drei UND-Gatter mit je 3 Eingängen

'11

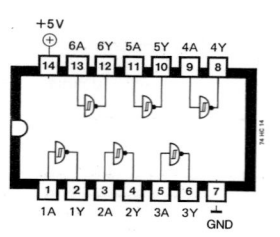

Description:
This package contains six separate Schmitt-trigger inverters.

Operation:
Each of the six inverters can be used independently.

For each inverter, if an input is low, the output will be high and vice versa. Although this device may be used as a conventional inverter, the internal hysteresis makes it ideal for noisy or slowly changing input signals. It is also suitable for debouncing or conditioning inputs from switch contacts and for astable or monostable circuits. If the input signal is rising in a positive direction, the output will change at 2.8 V. If the input signal is falling in the negative direction, the output will change at 1.7 V. Thus, the hysteresis or "deadband" is 1.1 V. This is internally temperature-compensated.

The pinout is compatible with the '04.

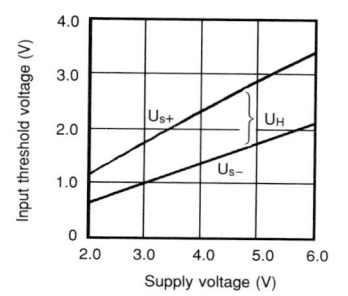

Application:
Level detection and pulse shaping, use in sytems with noisy signals, monostable and astable multivibrators, implementation of inverter functions.

Data:

Propagation delay	12	ns
Hysteresis (for 5 V supply voltage)	1.1	V

Hex Schmitt-trigger INVERTER

'14

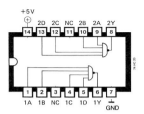

Description:
This package contains two separate 4-input NAND gates.

Operation:
Each of the NAND gates can be used independently.
For each gate, the output will be high if any one or more inputs are low. If all four inputs are high, the output will be low.

| Inputs | | | | Output |
A	B	C	D	Y
L	X	X	X	H
X	L	X	X	H
X	X	L	X	H
X	X	X	L	H
H	H	H	H	L

Application:
Implementation of NAND, AND and inverter functions.

Data:
Propagation delay   10   ns

Dual 4-input NAND GATE

'20

Zwei UND-Gatter mit je 4 Eingängen

Anwendung:

Realisierung von UND-Funktionen, nicht invertierende Puffer

Daten:

Durchlauf-Verzögerung   14   ns

Eingänge				Ausgang
A	B	C	D	Y
L	X	X	X	L
X	L	X	X	L
X	X	L	X	L
X	X	X	L	L
H	H	H	H	H

Beschreibung:

Dieser Baustein enthält zwei getrennte UND-Gatter mit je 4 Eingängen.

Betrieb:

Beide UND-Gatter können unabhängig voneinander verwendet werden.
Bei jedem Gatter geht mit einem, mehreren oder allen Eingängen auf Low der Ausgang
auf Low. Sind alle vier Eingänge High, so geht der Ausgang auf High.

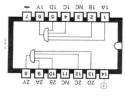

1A 1B NC 1C 1D 1Y ⊥
1 2 3 4 5 6 7

14 13 12 11 10 9 8
2D 2C NC 2B 2A 2Y ⊕

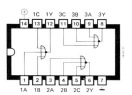

Beschreibung:
Dieser Baustein enthält drei getrennte NOR-Gatter mit je 3 Eingängen.

Betrieb:
Alle drei NOR-Gatter können unabhängig voneinander verwendet werden.
Bei jedem Gatter wird mit einem oder zwei Eingängen auf High der Ausgang Low. Sind
alle drei Eingänge Low, so ist der Ausgang High.

Eingänge			Ausgang
A	B	C	Y
H	X	X	L
X	H	X	L
X	X	H	L
L	L	L	H

Anwendung:
Realisierung von NOR-, ODER- oder Inverter-Funktionen

Daten:
Durchlauf-Verzögerung   10   ns

Drei NOR-Gatter mit je 3 Eingängen

'27

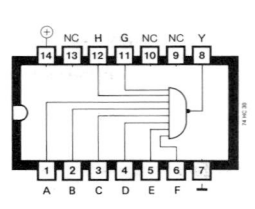

Beschreibung:
Dieser Baustein enthält ein einzelnes NAND-Gatter mit 8 Eingängen.

Betrieb:
Wenn ein oder mehrere Eingänge Low sind, wird der Ausgang High sein. Wenn alle 8 Eingänge High sind, geht der Ausgang auf Low.

Eingänge	Ausgang
Ein oder mehrere Eingänge L	H
Alle Eingänge H	L

Anwendung:
Realisierung von NAND-Funktionen

Daten:
Durchlauf-Verzögerung   15   ns

NAND-Gatter mit 8 Eingängen

'30

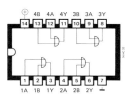

Beschreibung:
Dieser Baustein enthält vier getrennte ODER-Gatter mit je 2 Eingängen.

Betrieb:
Alle vier ODER-Gatter können unabhängig voneinander verwendet werden.
Bei jedem Gatter wird mit einem oder beiden Eingängen auf High der Ausgang High sein.
Sind beide Eingänge Low, wird der Ausgang Low sein.

Eingänge		Ausgang
A	B	Y
H	X	H
X	H	H
L	L	L

Anwendung:
Realisierung von ODER-Funktionen

Daten:
Durchlauf-Verzögerung   10   ns

Vier ODER-Gatter mit je 2 Eingängen

'32

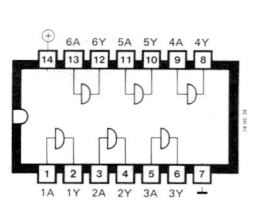

1A 1Y 2A 2Y 3A 3Y ⏚

Beschreibung:
Dieser Baustein enthält 6 nicht invertierende Puffer.

Betrieb:
Alle sechs Puffer können unabhängig voneinander verwendet werden. Bei jedem Puffer ergibt ein Eingang mit Low auch einen Ausgang mit Low. Ein High am Eingang ergibt ein High am Ausgang.
Die Ausgänge können bis zu 10 LSTTL-Lasten treiben. Ein ähnlicher pinkompatibler Baustein, dessen Ausgänge jedoch einen offenen Drain besitzen, ist der '07.

Anwendung:
Pulsformung, Oszillatoren, Ansteuerung von diversen Bausteinen

Daten:
Durchlauf-Verzögerung   8   ns

Sechs Puffer, nicht invertierend

'34

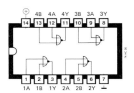

Beschreibung:
Dieser Baustein enthält vier getrennte NOR-Gatter mit je 2 Eingängen.

Betrieb:
Alle vier NOR-Gatter mit positiver Logik können unabhängig voneinander verwendet werden. Bei jedem Gatter wird der Ausgang auf Low sein, wenn einer oder beide Eingänge High sind. Sind beide Eingänge Low, so ist der Ausgang High.
Der Baustein ist funktionsmäßig mit dem '02 identisch, besitzt jedoch eine andere Anschlußbelegung.

Eingänge		Ausgang
A	B	Y
H	X	L
X	H	L
L	L	H

Anwendung:
Realisierung von NOR-Funktionen

Daten:
Durchlauf-Verzögerung 10 ns

Vier NOR-Gatter mit je 2 Eingängen

'36

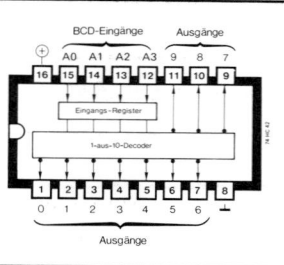

BCD-Eingänge / Ausgänge

Beschreibung:
Dieser Baustein wird einen Standard-BCD-Code mit 4 Bits in eine Dezimalzahl von 0 bis 9 decodieren. Er kann auch jeden 3-Bit-Code in 1-aus-8-Ausgänge umwandeln.

Betrieb:
Der BCD-Code wird an den Anschlüssen 12 bis 15 eingegeben, mit dem niedrigstwertigen Bit 2^0 = 1 an A0, dem Bit 2^1 = 2 an A1, dem Bit 2^2 = 4 an A2 und dem Bit 2^3 = 8 an A3. Für ein gegebenes Eingangssignal geht der entsprechende Ausgang auf Low, die anderen Ausgänge verbleiben auf High.
Wenn beispielsweise A0=1, A1=1, A2=1 und A3=0 ist, geht der Ausgang 7 (Pin 9) auf Low, der Rest verbleibt auf High. Alle Ausgänge bleiben auf High, wenn ein ungültiger BCD-Code (größer als 1001) zugeführt wird.
Wird der Baustein als 1-aus-8-Decoder verwendet, so wird der Eingang A3 (Pin 12) an Masse gelegt.

Zahl	Eingänge				Ausgänge									
	A3	A2	A1	A0	0	1	2	3	4	5	6	7	8	9
0	L	L	L	L	L	H	H	H	H	H	H	H	H	H
1	L	L	L	H	H	L	H	H	H	H	H	H	H	H
2	L	L	H	L	H	H	L	H	H	H	H	H	H	H
3	L	L	H	H	H	H	H	L	H	H	H	H	H	H
4	L	H	L	L	H	H	H	H	L	H	H	H	H	H
5	L	H	L	H	H	H	H	H	H	L	H	H	H	H
6	L	H	H	L	H	H	H	H	H	H	L	H	H	H
7	L	H	H	H	H	H	H	H	H	H	H	L	H	H
8	H	L	L	L	H	H	H	H	H	H	H	H	L	H
9	H	L	L	H	H	H	H	H	H	H	H	H	H	L
ungültig (10-15)	H	L	H	L	H	H	H	H	H	H	H	H	H	H
	H	L	H	H	H	H	H	H	H	H	H	H	H	H
	H	H	L	L	H	H	H	H	H	H	H	H	H	H
	H	H	L	H	H	H	H	H	H	H	H	H	H	H
	H	H	H	L	H	H	H	H	H	H	H	H	H	H
	H	H	H	H	H	H	H	H	H	H	H	H	H	H

Anwendung:
Code-Umwandlung, Adressen-Decodierung, Speicher-Auswahlsteuerung

Daten:
Durchlauf-Verzögerung   15   ns

BCD-zu-Dezimal-Decoder

'42

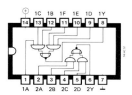

Beschreibung:
Dieser Baustein enthält zwei getrennte UND/NOR-Gatter.

Betrieb:
Beide Gatter können unabhängig voneinander verwendet werden.
Jedes der Gatter besteht aus jeweils zwei UND-Gattern, einmal mit je 3 Eingängen und einmal mit je 2 Eingängen, die beide wiederum je ein NOR-Gatter mit 2 Eingängen steuern.
Beim Gatter Nr. 1 gilt, daß der Ausgang 1Y nur dann auf Low geht, wenn entweder die drei Eingänge 1A und 1B und 1C, oder die drei Eingänge 1D und 1E und 1F auf High gelegt werden:

$$\overline{1Y} = (1A \cdot 1B \cdot 1C) + (1D \cdot 1E \cdot 1F)$$

Beim Gatter Nr.2 geht der Ausgang 2Y nur dann auf Low, wenn entweder die beiden Eingänge 2A und 2B, oder die beiden Eingänge 2C und 2D auf High gelegt werden:

$$\overline{2Y} = (2A \cdot 2B) + (2C \cdot 2D)$$

Dieser Baustein ist mit dem '58 identisch, der jedoch das Ausgangssignal invertiert.

Eingänge						Ausgang
1A	1B	1C	1D	1E	1F	1Y
H	H	H	X	X	X	L
X	X	X	H	H	H	L
Alle anderen Kombinationen						H

Eingänge				Ausgang
2A	2B	2C	2D	2Y
H	H	X	X	L
X	X	H	H	L
Alle anderen Kombin.				H

Anwendung:
Realisierung von NAND- und NOR-Funktionen

Daten:
Durchlauf-Verzögerung   15   ns

Zwei UND/NOR-Gatter mit je 2x2 bzw. 2x3 Eingängen

'51

Zwei UND/ODER-Gatter mit je 2x2 bzw. 2x3 Eingängen

Daten:

Durchlauf-Verzögerung	15	ns

Anwendung:

Realisierung von UND- und ODER-Funktionen

Eingänge						Ausgang
1A	1B	1C	1D	1E	1F	1Y
H	H	H	X	X	X	H
X	X	X	H	H	H	H
Alle anderen Kombinationen						L

Eingänge				Ausgang
2A	2B	2C	2D	2Y
H	H	X	X	H
X	X	H	H	H
Alle anderen Kombin.				L

Dieser Baustein ist identisch mit dem '51, der jedoch das Ausgangssignal invertiert.

$$2Y = (2A \cdot 2B) + (2C \cdot 2D)$$

Beim Gatter Nr. 2 geht der Ausgang 2Y nur dann auf High, wenn entweder die beiden Eingänge 2A und 2B, oder die beiden Eingänge 2C und 2D auf High gelegt werden:

$$1Y = (1A \cdot 1B \cdot 1C) + (1D \cdot 1E \cdot 1F)$$

Beim Gatter Nr. 1 gilt, daß der Ausgang 1Y nur dann auf High geht, wenn entweder die 3 Eingänge 1A und 1B und 1C, oder die 3 Eingänge 1D und 1E und 1F auf High gelegt werden:

Jedes der Gatter besteht aus jeweils zwei UND-Gattern, einmal mit je 3 Eingängen und einmal mit je 2 Eingängen, die beide wiederum je ein ODER-Gatter mit 2 Eingängen steuern.

Die beiden Gatter können unabhängig voneinander verwendet werden.

Betrieb:

Dieser Baustein enthält zwei getrennte UND/ODER-Gatter.

Beschreibung:

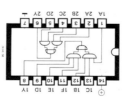

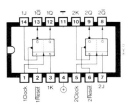

Beschreibung:
Dieser Baustein enthält zwei getrennte JK-Flipflops mit separaten Takt- und Lösch-Eingängen. Die Triggerung erfolgt bei der negativen Taktflanke.

Betrieb:
Ein Low am Reset-Eingang löscht das Flipflop, d.h. Q auf Low und Q̄ auf High, unabhängig vom logischen Zustand aller übrigen Eingänge.
Bei inaktivem Reset (High) werden die an den J- und K-Eingängen liegenden Daten bei der negativen Flanke (HL-Übergang) des Taktes zu den Ausgängen transferiert. Anschließend (unter Berücksichtigung der hold-time) haben Änderungen an den J- und K-Eingängen keinen Einfluß mehr auf den logischen Zustand der Ausgänge.
Legt man J und K auf Low, so bewirkt das Takten keine Änderung der Ausgänge. Mit J und K auf High wechselt das Takten abwechselnd die Zustände von Q und Q̄ (toggle), womit eine binäre Teilung möglich ist.

	Eingänge			Ausgänge	
Reset	Clock	J	K	Q	Q̄
L	X	X	X	L	H
H	⌐L	L	L	keine Änderung	
H	⌐L	L	H	L	H
H	⌐L	H	L	H	L
H	⌐L	H	H	toggle	
H	L	X	X	keine Änderung	
H	H	X	X	keine Änderung	
H	⌐	X	X	keine Änderung	

Anwendung:
Register, Zähler, Teiler, Steuerschaltungen

Daten:
Max. Taktfrequenz   27   MHz

Zwei JK-Flipflops mit Löschen

'73

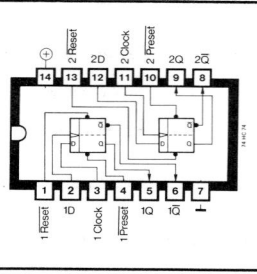

Beschreibung:

Dieser Baustein enthält zwei getrennte D-Flipflops mit Triggerung an der positiven Flanke des Taktes und separaten Stell- und Rückstell-Eingängen.

Betrieb:

Beide Flipflops können unabhängig voneinander verwendet werden.

Die am D-Eingang liegende Information wird jedesmal zum Ausgang Q (und invertiert zum Ausgang $\overline{Q}$) weitergeleitet, wenn sich der Pegel am Takteingang von Low auf High ändert. Ohne diese positive Anstiegsflanke am Takteingang werden keinerlei Änderungen am D-Eingang zum Ausgang weitergeleitet.

Wenn D High ist, geht beim Takten Q auf High und $\overline{Q}$ auf Low.

Ist D Low, geht beim Takten Q auf Low und $\overline{Q}$ auf High.

Die Informationen am D-Eingang können zu jeder Zeit geändert werden. Was zählt, ist nur sein Wert in dem Moment, in dem der Takt von Low auf High geht. Dieser Wert wird in das Flipflop übertragen.

Bei normalem Betrieb sollte der Preset- und der Reset-Eingang auf High gehalten werden. Wird der $\overline{\text{Reset}}$-Eingang auf Masse gelegt, geht das Flipflop sofort mit Q auf Low und Q auf High. Wird der Preset-Eingang auf Low gebracht, geht sofort Q auf High und Q auf Low. Diese beiden Eingänge sollten niemals gleichzeitig auf Low liegen, da sich sonst ein nicht stabiler Zustand ergibt, der nicht erhalten bleibt, wenn $\overline{\text{Preset}}$ und $\overline{\text{Reset}}$ inaktiv (High) werden.

Eingänge				Ausgänge	
$\overline{\text{Preset}}$	$\overline{\text{Reset}}$	Clock	D	Q	$\overline{Q}$
L	H	X	X	H	L
H	L	X	X	L	H
L	L	X	X	H*	H*
H	H	⌐	H	H	L
H	H	⌐	L	L	H
H	H	L	X	keine Änderung	
H	H	H	X	keine Änderung	
H	H	⌐	X	keine Änderung	

*instabiler Zustand

Anwendung:

Register, Zähler, Steuerschaltungen

Daten:

Max. Taktfrequenz	31	MHz
(Valvo	60	MHz)

Zwei D-Flipflops mit Voreinstellung und Löschen

'74

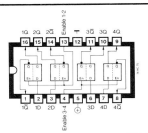

Beschreibung:
Dieser Baustein enthält vier bistabile Speicherelemente.

Betrieb:
Die vier Speicher werden paarweise mit den entsprechenden Freigabe- (Enable)Eingängen gesteuert. Wenn diese Anschlüsse (Pin 4 und 13) auf High liegen, folgen die Ausgänge Q (und deren Komplement $\overline{Q}$) den Pegeln an den Eingängen, d.h. ein Low am D-Eingang erscheint als ein Low an Q und als ein High an $\overline{Q}$.
Werden die Freigabe-Anschlüsse auf Low gelegt, so wird der vorhergehende Wert an D im entsprechenden Speicher aufbewahrt, und zwar so lange, bis die Enable-Anschlüsse wieder auf High gehen.
Beachten Sie, daß es sich nicht um ein getaktetes System handelt, und der Baustein daher nicht als Schieberegister-Element verwendet werden kann. Die Stufen können nicht kaskadiert werden.
Beachten Sie ferner die ungewöhnliche Zuführung der Betriebsspannung.

Eingänge		Ausgänge	
D	Enable	Q	$\overline{Q}$
L	H	L	H
H	H	H	L
X	L	Q_0	$\overline{Q}_0$

Q_0 = gespeicherte Daten

Anwendung:
Zwischenspeicherung von Daten

Daten:

Durchlauf-Verzögerung	15	ns

4-Bit-D-Zwischenspeicher mit Freigabe

'75

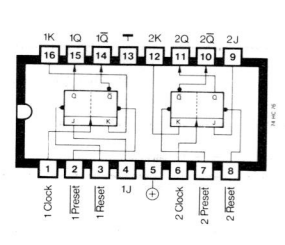

	1K	1Q	1Q̄	⊤	2K	2Q	2Q̄	2J
	16	15	14	13	12	11	10	9

	1	2	3	4	5	6	7	8
	1 Clock	1 Preset	1 Reset	1J	⊕	2 Clock	2 Preset	2 Reset

Beschreibung:
Dieser Baustein enthält zwei getrennte JK-Flipflops mit separaten Eingängen für Takt, Voreinstellen und Löschen. Die Triggerung erfolgt mit der negativen Taktflanke.

Betrieb:
Ein Low am Preset-Eingang bringt den Ausgang Q auf High und Q̄ auf Low. Ein Low am Reset-Eingang löscht dagegen das Flipflop, d.h. Q auf Low und Q̄ auf High.
Bei inaktivem Preset und Reset (High) werden die an den J- und K-Eingängen liegenden Daten bei der negativen Flanke (HL-Übergang) des Taktes zu den Ausgängen transferiert. Anschließend (unter Berücksichtigung der hold-time) haben Änderungen an den J- und K-Eingängen keinen Einfluß mehr auf den logischen Zustand der Ausgänge.
Legt man J und K auf Low, so bewirkt das Takten keine Änderung der Ausgänge. Mit J und K auf High wechselt das Takten abwechselnd die Zustände von Q und Q̄ (toggle), womit eine binäre Teilung möglich ist.
Dieser Baustein ist mit dem '112 funktionsmäßig identisch, der jedoch eine andere Anschlußbelegung besitzt.

Eingänge					Ausgänge	
Preset	Reset	Clock	J	K	Q	Q̄
L	H	X	X	X	H	L
H	L	X	X	X	L	H
L	L	X	X	X	L*	L*
H	H	⌐_	L	L	keine Änderung	
H	H	⌐_	L	H	L	H
H	H	⌐_	H	L	H	L
H	H	⌐_	H	H	toggle	
H	H	L	X	X	keine Änderung	
H	H	H	X	X	keine Änderung	
H	H	_⌐	X	X	keine Änderung	

*instabiler Zustand

Anwendung:
Register, Zähler, Teiler, Steuerschaltungen

Daten:
Max. Taktfrequenz   41   MHz

Zwei JK-Flipflops mit Voreinstellung und Löschen

'76

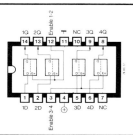

Beschreibung:
Dieser Baustein enthält vier bistabile Speicherelemente.

Betrieb:
Die vier Speicher werden paarweise mit den entsprechenden Freigabe- (Enable)Eingängen gesteuert. Wenn diese Anschlüsse (Pin 3 und 12) auf High liegen, folgen die Ausgänge Q den Pegeln an den Eingängen, d.h., ein Low am D-Eingang erscheint als Low an Q und ein High an D als High an Q.
Werden die Freigabe-Anschlüsse auf Low gelegt, so wird der vorhergehende Wert an D im entsprechenden Speicher aufbewahrt, und zwar so lange, bis die Enable-Anschlüsse wieder auf High gehen.
Beachten Sie, daß es sich nicht um ein getaktetes System handelt und der Baustein daher nicht als Schieberegister-Element verwendet werden kann. Die Stufen können nicht kaskadiert werden.
Beachten Sie ferner die ungewöhnliche Zuführung der Betriebsspannung.
Der '75 ist ein ähnlicher Baustein, der jedoch noch die Komplementär-Ausgänge $\bar{Q}$ in einem 16-poligen Gehäuse besitzt.

	Eingänge	Ausgang
D	Enable	Q
L	H	L
H	H	H
X	L	Q_0

Q_0 = gespeicherte Daten

Anwendung:
Zwischenspeicherung von Daten

Daten:
Durchlauf-Verzögerung   20   ns

4-Bit-Zwischenspeicher mit Freigabe

'77

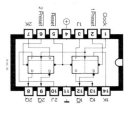

78

Zwei JK-Flipflops mit Voreinstellung, gemeinsamem Löschen und gemeinsamem Takt

Daten:

Max. Taktfrequenz	21	MHz

Anwendung:

Register, Zähler, Steuerschaltungen

Eingänge					Ausgänge	
Preset	Reset	Clock	J	K	Q	Q̄
L	H	X	X	X	H	L
H	L	X	X	X	L	H
L	L	X	X	X	L*	L*
H	H	⊓	L	L	keine Änderung	
H	H	⊓	H	L	H	L
H	H	⊓	L	H	L	H
H	H	⊓	H	H	toggle	
H	H	L	X	X	keine Änderung	
H	H	H	X	X	keine Änderung	
H	H	⌐	X	X	keine Änderung	

*instabiler Zustand

Beschreibung:

Dieser Baustein enthält zwei JK-Flipflops mit gemeinsamem Takt und Löschen und getrennten Eingängen für Voreinstellung. Die Triggerung erfolgt mit der negativen Taktflanke.

Betrieb:

Ein Low am Preset-Eingang bringt den Ausgang Q auf High und Q̄ auf Low. Ein Low am Reset-Eingang löscht dagegen das Flipflop, d.h., Q auf Low und Q̄ auf High.

Bei inaktivem Preset und Reset (High) werden die an den J- und K-Eingängen liegenden Daten bei der negativen Flanke (HL-Übergang) des Taktes zu den Ausgängen transferiert. Anschließend (unter Berücksichtigung der hold-time) haben Änderungen an den J- und K-Eingängen keinen Einfluß mehr auf den logischen Zustand der Ausgänge.

Legt man J und K auf Low, so bewirkt das Takten keine Änderung der Ausgänge. Mit J und K auf High wechselt das Takten abwechselnd die Zustände von Q und Q̄ (toggle), womit eine binäre Teilung möglich ist.

Dieser Baustein ist mit dem '114 funktionsmäßig identisch, besitzt jedoch eine andere Anschlußbelegung.

62

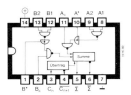

Beschreibung:
Dieser Baustein enthält einen 1-Bit-Volladdierer mit komplementären Ein- und Ausgängen.

Betrieb:
Dieser schnelle binäre Volladdierer besitzt die Operanden-Eingänge A1, A2, B1 und B2, die invertierten Operanden-Eingänge A^* und B^*, die Steuereingänge A_C und B_C, sowie den Übertrags- (Carry) Eingang C_n.
Die Summe liegt am Ausgang Σ und invertiert an $\overline{\Sigma}$, der Übertrag ist nur invertiert am Ausgang $\overline{C_{n+1}}$ verfügbar.
Das logische Verhalten ist der nachstehenden Tabelle zu entnehmen:

Eingänge			Ausgänge		
C_n	B	A	$\overline{C_{n+1}}$	$\overline{\Sigma}$	Σ
L	L	L	H	H	L
L	L	H	H	L	H
L	H	L	H	L	H
L	H	H	L	H	L
H	L	L	H	L	H
H	L	H	L	H	L
H	H	L	L	H	L
H	H	H	L	L	H

Anmerkung:
1. $A = \overline{A^* \cdot A_C}$, $B = \overline{B^* \cdot B_C}$, wobei
   $A^* = \overline{A1 \cdot A2}$, $B^* = \overline{B1 \cdot B2}$
2. Wenn A^* oder B^* als Eingang verwendet wird, so muß A1 und A2, bzw. B1 und B2 an Masse gelegt werden.
3. Werden die Eingänge A1 und A2, oder B1 und B2 benützt, dann muß A^* bzw. B^* offen bleiben oder in wired- AND betrieben werden.

Anwendung:
Mittlere und schnelle parallele Addier-Operationen.

Daten:
Typ. Additionszeit   30   ns

1-Bit-Volladdierer

'80

'82

2-Bit-Volladdierer

Daten:

Typ. Additionszeit 30 ns

Anwendung. Mittlere und schnelle parallele Addier-Operationen.

Eingänge				Ausgänge					
				$C_{in} = 0$			$C_{in} = 1$		
A_1	B_1	A_2	B_2	Z_1	Z_2	C_2	Z_1	Z_2	C_2
L	L	L	L	L	L	L	H	L	L
L	L	L	H	L	H	L	H	H	L
L	L	H	L	L	H	L	H	H	L
L	L	H	H	L	L	H	H	L	H
L	H	L	L	H	L	L	L	H	L
L	H	L	H	H	H	L	L	L	H
L	H	H	L	H	H	L	L	L	H
L	H	H	H	H	L	H	L	H	H
H	L	L	L	H	L	L	L	H	L
H	L	L	H	H	H	L	L	L	H
H	L	H	L	H	H	L	L	L	H
H	L	H	H	H	L	H	L	H	H
H	H	L	L	L	H	L	H	H	L
H	H	L	H	L	L	H	H	L	H
H	H	H	L	L	L	H	H	L	H
H	H	H	H	L	H	H	H	H	H

Das logische Verhalten ist der nachstehenden Tabelle zu entnehmen.

Betrieb:

Dieser Baustein führt eine schnelle Addition von zwei 2-Bit-Binärzahlen aus. Die Operanden-Eingänge für Bit 1 sind A_1 und B_1, für Bit 2 dienen A_2 und B_2. Der Übertrags-Eingang für Bit 1 ist C_{in}. Die Summe für Bit 1 steht dann an Z_1, und für Bit 2 an Z_2. Der Übertrags-Ausgang für Bit 2 ist C_2.

Beschreibung:

Dieser Baustein enthält einen Volladdierer für 2×2 Bits, mit Übertrag für das 2. Bit.

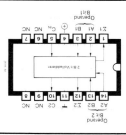

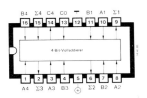

B4 Σ4 C4 C0 — B1 A1 Σ1
16 15 14 13 12 11 10 9

4-Bit-Volladdierer

1 2 3 4 5 6 7 8
A4 Σ3 A3 B3 ⊕ Σ2 B2 A2

Beschreibung:
Dieser Baustein enthält einen Volladdierer, der die Summe zweier 4-Bit-Binärzahlen mit Übertrag liefert.

Betrieb:
Die Zahl A wird als der eine Eingang verwendet und folgendermaßen gewichtet. A1 = 1, A2 = 2, A3 = 4 und A4 = 8.
Die Zahl B wird als der andere Eingang verwendet und folgendermaßen gewichtet: B1 = 1, B2 = 2, B3 = 4 und B4 = 8.
Die Summe der beiden Zahlen steht dann an den Σ-Ausgängen, ebenfalls gewichtet Σ1 = 1, Σ2 = 2, Σ3 = 4, Σ4 = 8.
Wenn das Ergebnis dezimal 15 (binär 1111) überschreitet, erscheint eine 1 am Übertrags-Ausgang (Carry Output) an Anschluß C4.
Der Übertrags-Eingang C0 sollte an Masse gelegt werden, wenn nur 4-Bit-Zahlen verwendet werden.
Wenn es sich um die oberen 4 Bits einer 8-Bit-Zahl handelt, wird der Eingang C0 mit dem Ausgang C4 der vorhergehenden (niedrigstwertigen) Stufe verbunden.

Anwendung:
Schnelle Binär-Additionen.

Daten:

Typ. Additionszeit (für 8 Bits)	30	ns

4-Bit-Volladdierer

'83

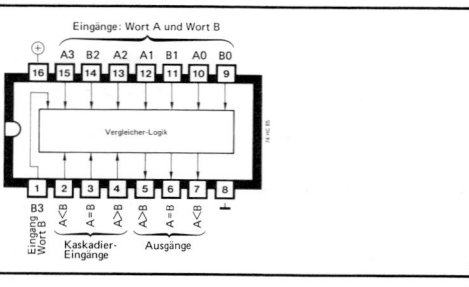

Eingänge: Wort A und Wort B

Pins (top): 16 (+), 15 A3, 14 B2, 13 A2, 12 A1, 11 B1, 10 A0, 9 B0

Pins (bottom): 1 B3 Eingang Wort B, 2 A<B / 3 A=B / 4 A>B (Kaskadier-Eingänge), 5 A>B / 6 A=B / 7 A<B (Ausgänge), 8 ⏚

Vergleicher-Logik

Beschreibung:
Dieser Baustein vergleicht zwei 4-Bit-Binärworte und liefert Ausgangssignale welche anzeigen, ob sie gleich sind oder welches größer ist.

Betrieb:
Bei normalem Betrieb werden Pin 2 und 4 auf Low und Pin 3 auf High gelegt. Das Wort A wird den Eingängen A0—A3 und das Wort B den Eingängen B0—B3 zugeführt, unter Verwendung positiver Logik. Wenn A = B, so geht Pin 6 auf High und Pin 4 und 7 verbleiben auf Low.

Um mehrere Bits kaskadieren zu können, werden die drei Ausgänge des ersten Bausteins mit den drei entsprechenden Eingängen des nächsten Bausteins verbunden, usw. Der erste Baustein stellt dann die niedrigstwertigen Bits des ersten Wortes dar.

Eingänge							Ausgänge		
Vergleichen				Kaskadieren					
A3, B3	A2, B2	A1, B1	A0, B0	A < B	A = B	A > B	A < B	A = B	A > B
A3 > B3	X	X	X	X	X	X	L	L	H
A3 = B3	A2 > B2	X	X	X	X	X	L	L	H
A3 = B3	A2 = B2	A1 > B1	X	X	X	X	L	L	H
A3 = B3	A2 = B2	A1 = B1	A0 > B0	X	X	X	L	L	H
A3 = B3	A2 = B2	A1 = B1	A0 = B0	L	L	H	L	L	H
A3 = B3	A2 = B2	A1 = B1	A0 = B0	L	H	L	L	H	L
A3 = B3	A2 = B2	A1 = B1	A0 = B0	H	L	L	H	L	L
A3 = B3	A2 = B2	A1 = B1	A0 < B0	X	X	X	H	L	L
A3 = B3	A2 = B2	A1 < B1	X	X	X	X	H	L	L
A3 = B3	A2 < B2	X	X	X	X	X	H	L	L
A3 < B3	X	X	X	X	X	X	H	L	L

Anwendung:
Steuerung von Servo-Motoren, Prozeß-Steuerungen

Daten:
Vergleichszeit   26   ns

4-Bit-Vergleicher

'85

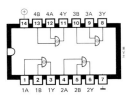

Beschreibung:
Dieser Baustein enthält vier getrennte Exclusiv-ODER-Gatter mit je 2 Eingängen.

Betrieb:
Alle vier Exklusiv-ODER-Gatter können unabhängig voneinander verwendet werden.
Bei jedem Gatter ist, wenn ein Eingang, jedoch nicht beide High sind, der Ausgang High.
Wenn beide Eingänge High oder beide Eingänge Low sind, wird der Ausgang Low sein.
Das Gatter kann als ein Komparator verwendet werden, der bei identischen Eingangs-
signalen einen Ausgang mit Low ergibt, und bei unterschiedlichen Eingangssignalen einen
Ausgang mit High. Er kann auch als steuerbarer Inverter verwendet werden, indem ein
Low an einem Eingang durchläßt, was immer am zweiten Eingang liegt. Ein High dagegen
wird immer komplementieren, was am anderen Eingang liegt.

$$Y = A \oplus B = \overline{A}B \oplus A\overline{B}$$

Eingänge		Ausgang
A	B	Y
L	L	L
L	H	H
H	L	H
H	H	L

Anwendung:
Realisierung von Exklusiv-ODER-Funktionen, Erzeugung und Prüfung von gerader und
ungerader Parität, Addierer/Subtrahierer, logische Komparatoren

Daten:

Durchlauf-Verzögerung	12	ns

Vier Exklusiv-ODER-Gatter mit je 2 Eingängen

'86

'90

Dezimalzähler

Daten:
Min. garantierte Taktfrequenz   30 MHz

Anwendung:
Zähler und Teiler 2:1, 5:1 und 10:1

Reset/Set-Eingänge				Ausgänge			
MR1	MR2	MS1	MS2	Q0	Q1	Q2	Q3
H	H	L	X	L	L	L	L
H	H	X	L	L	L	L	L
X	X	H	H	H	L	L	H
L	X	L	X	Zählung			
X	L	X	L	Zählung			
L	X	X	L	Zählung			
X	L	L	X	Zählung			

Beschreibung:
Dieser Baustein enthält einen zweifachen und einen fünffachen Teiler.

Betrieb:
Der Baustein besteht aus 4 Flipflops, die intern derart verbunden sind, daß ein Zähler bis 2 und ein Zähler bis 5 entsteht.
Alle Flipflops besitzen eine gemeinsame Reset-Leitung, über die sie jederzeit gelöscht werden können.
Das 1. Flipflop ist intern nicht mit den übrigen Stufen verbunden, wodurch verschiedene Zählfolgen möglich sind:

a) Zählen bis 10: Hierfür wird der Ausgang Q0 mit dem Takteingang "Clock 1" verbunden. Die Eingangsspannung wird dem Anschluß "Clock 0" zugeführt und die Ausgangsspannung an Q3 entnommen. Der Baustein zählt im Binärcode bis 9 und fällt beim 10. Impuls in den Zustand Null zurück. Die Pins 2, 3 und 6, 7 müssen hierbei auf Masse liegen.

b) Zählen bis 2 und Zählen bis 5: Hierbei wird das 1. Flipflop als Teiler 2:1, und die Flipflops 2, 3 und 4 werden als Teiler 5:1 verwendet.

c) Symmetrischer biquinärer Teiler 10:1: Q3 wird mit dem Eingang Clock 0 verbunden. Als Takteingang wird Clock 1 verwendet. Am Ausgang Q0 ist dann eine symmetrische Rechteckspannung mit 1/10 der Eingangsfrequenz erhältlich.

Die Triggerung erfolgt immer an der negativen Flanke des Taktimpulses. Über die Anschlüsse MS1 und MS2 ist eine Voreinstellung auf 9 möglich.

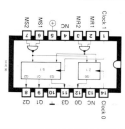

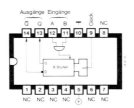

Beschreibung:
Dieser Baustein enthält ein 8-stufiges Schieberegister, bei dem die Daten seriell eingeschoben und seriell ausgeschoben werden.

Betrieb:
Der Baustein enthält acht RS-Master/Slave-Flipflops. Die seriellen Daten werden über ein
UND-Gatter mit 2 Eingängen A und B eingegeben. Ein High kann somit nur dann in das
Schieberegister gelangen, wenn beide Eingänge zur selben Zeit High sind.
Bei jeder positiven Flanke (LH-Übergang) des Taktes an Pin 9 werden die Daten um eine
Stufe nach rechts weitergeschoben. 8 Taktimpulse später stehen die Daten am Ausgang Q
und invertiert an Ausgang $\overline{Q}$.
Da dieser Baustein keine Reset-Möglichkeit besitzt, müssen für eine Initialisierung wenig-
stens acht bekannte Datenbits eingeschoben werden.
Sobald das Register voll geladen ist, folgt der Q-Ausgang dem seriellen Eingang mit einer
Verzögerung von 8 Taktimpulsen.

Anwendung:
Serielle Schieberegister, Frequenz-Teiler, Zeitverzögerungs-Schaltungen

Daten:

Max. garantierte Schiebefrequenz	10	MHz

8-Bit-Schieberegister, seriell-ein/seriell-aus

'91

4-Bit-Binärzähler

Daten:

Min. garantierte Zählfrequenz   30 MHz

Anwendung:

Zähler und Teiler 2:1, 8:1 und 16:1

Reset-Eingänge		Ausgänge			
MR1	MR2	Q0	Q1	Q2	Q3
H	H	L	L	L	L
H	L	Zählung			
L	H	Zählung			
L	L	Zählung			

Für normalen Zählbetrieb muß wenigstens einer der beiden Reset-Anschlüsse MR1 oder MR2 an Masse gelegt werden.

Beschreibung:

Dieser Baustein enthält einen zweifachen und einen achtfachen Teiler.

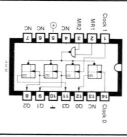

Betrieb:

Der Baustein besteht aus 4 Flipflops, die intern derart verbunden sind, daß ein Zähler bis 2 und ein Zähler bis 8 entsteht.

Alle Flipflops besitzen eine gemeinsame Reset-Leitung, über die sie jederzeit gelöscht werden können (Pin 2 und Pin 3 = H).

Das 1. Flipflop ist intern nicht mit den übrigen Stufen verbunden, wodurch verschiedene Zählfolgen möglich sind:

a) Zählen bis 16: Hierzu wird der Ausgang Q0 mit dem Takteingang "Clock 1" verbunden. Die Eingangsfrequenz wird dem Anschluß "Clock 0" zugeführt und die Ausgangsfrequenz an Q3 entnommen. Der Baustein zählt im Binärcode bis 16 (0-15) und fällt beim 16. Impuls in den Zustand Null zurück.

b) Zählen bis 2 und Zählen bis 8: Hierbei wird das 1. Flipflop als Teiler 2:1 und das 2., 3. und 4. Flipflop als Teiler 8:1 verwendet.

Die Triggerung erfolgt immer an der negativen Flanke des Taktimpulses.

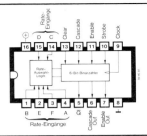

Beschreibung:
Dieser Baustein enthält einen programmierbaren 6-Bit-Frequenzteiler, häufig auch als Bit Rate Multiplier (Modulo 64) bezeichnet.

Betrieb:
Dieser Baustein gibt für jeweils 64 Eingangs-Impulse eine vorprogrammierte Anzahl von 1 bis 63 Ausgangs-Impulsen ab.
Das Teilungsverhältnis f_{aus}/f_{ein} kann an den Eingängen A bis F vorgewählt werden:

$$f_{aus} = f_{ein} \cdot \frac{M}{64}, \text{ wobei } M = F \cdot 2^5 + E \cdot 2^4 + D \cdot 2^3 + C \cdot 2^2 + B \cdot 2^1 + A \cdot 2^0$$

Für normalen Betrieb sind die Anschlüsse Strobe (Austasten), Clear (Löschen) und Enable (Freigabe) an Masse zu legen, der Cascade-Input an High. Dann legt man eine Rechteck-Spannung an den Takt-Eingang (Clock). Am Enable-Ausgang erhält man dann eine 1-aus-64-Decodierung des Eingangstaktes, d.h. 1 Impuls für je 64 Eingangs-Impulse.
Am normalen Ausgang Q (Pin 5) erhält man so viele Impulse je 64 Eingangs-Taktzyklen, wie man durch die Eingänge A bis F auswählt. Will man beispielsweise 37 Ausgangs-Impulse für je 64 Eingangs-Impulse, so programmiert man: (dezimal 37 = binär 100101) F = High, E = Low, D = Low, C = High, B = Low, A = High.
Im allgemeinen sind die Ausgangs-Impulse nicht exakt gleich weit voneinander entfernt. Daher enthält ein Rate-Multiplier-System meist etwas Jitter, was jedoch ohne praktische Bedeutung ist.
Macht man "Clear" kurzzeitig High, so wird der interne Zähler auf Null gesetzt. Macht man "Strobe" High, so wird der Zähler zwar arbeiten, jedoch keine Impulse an Pin 5 oder 6 ausgeben. Pin 6 ist das Komplement von Pin 5 und wird direkt durch den "Cascade"-Eingang getort. Cascade-Eingang auf Low sperrt den Ausgang an Pin 6.

Anwendung:
Rechenoperationen, Division, Analog-Digital- oder Digital-Analog-Umwandlungen.

Daten:

Min. garantierte Teilerfrequenz	MHz

Synchroner programmierbarer 6-Bit-Binärfrequenzteiler

'97

Zwei JK-Flipflops mit Löschen

Anwendung:
Register, Zähler, Steuerschaltungen

Daten:
Max. Taktfrequenz   58   MHz

Eingänge				Ausgänge	
$\overline{\text{Reset}}$	Clock	J	K	Q	$\overline{Q}$
L	X	X	X	L	H
H	⌐⌐	L	L	keine Änderung	
H	⌐⌐	H	L	H	L
H	⌐⌐	L	H	L	H
H	⌐⌐	H	H	toggle	
H	L	X	X	keine Änderung	
H	H	X	X	keine Änderung	
H	⌐	X	X	keine Änderung	

Betrieb:
Wenn bei einem der beiden Flipflops der Takt auf High geht, werden die Eingänge freige-
geben und die Daten angenommen. Während des High-Zustandes des Taktes können die
Daten an den Eingängen geändert werden. Die Eingangsdaten werden zu den Ausgängen
beim HL-Übergang (negative Flanke) des Taktes transferiert.
Mit J und K gleichzeitig auf High kippt das Flipflop bei jeder negativen Flanke des Taktes
von einem Zustand in den anderen, wodurch eine binäre Frequenzteilung möglich ist. Der
Reset-Eingang arbeitet asynchron, d.h. unabhängig von allen anderen Eingängen. Wird
Reset auf Low gelegt, so geht der entsprechende Q-Ausgang auf Low.

Beschreibung:
Dieser Baustein enthält zwei getrennte JK-Flipflops mit separaten Takt- und Lösch-Eingängen.

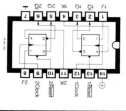

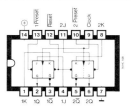

Beschreibung:
Dieser Baustein enthält zwei getrennte JK-Flipflops mit Voreinstellen, gemeinsamem Löschen und gemeinsamem Takt.

Betrieb:
Wenn der Takt (Clock) auf High geht, werden bei beiden Flipflops die Eingänge freigegeben und die Daten angenommen. Während des High-Zustandes des Taktes können die Daten an den Eingängen geändert werden. Die Eingangsdaten werden zu den Ausgängen beim HL-Übergang (negative Flanke) des Taktes transferiert.

Mit J und K gleichzeitig auf High kippen die Flipflops bei jeder negativen Flanke des Taktes von einem Zustand in den anderen, wodurch eine binäre Frequenzteilung möglich ist. Die Voreinstell- (Preset)Eingänge und der gemeinsame Lösch- (Reset)Eingang arbeiten asynchron, d.h. unabhängig von allen anderen Eingängen. Wird ein Preset-Eingang auf Low gelegt, so geht der zugehörige Q-Ausgang auf High. Wird Reset auf Low gelegt, gehen beide Q-Ausgänge auf Low.

	Eingänge					Ausgänge	
$\overline{\text{Preset}}$	$\overline{\text{Reset}}$	Clock	J	K		Q	$\overline{\text{Q}}$
L	H	X	X	X		H	L
H	L	X	X	X		L	H
L	L	X	X	X		H*	H*
H	H	⌐_	L	L		keine Änderung	
H	H	⌐_	L	H		L	H
H	H	⌐_	H	L		H	L
H	H	⌐_	H	H		toggle	
H	H	L	X	X		keine Änderung	
H	H	H	X	X		keine Änderung	
H	H	_⌐	X	X		keine Änderung	

*instabiler Zustand

Anwendung:
Register, Zähler, Steuerschaltungen

Daten:

Max. Taktfrequenz	30	MHz

Zwei JK-Flipflops mit Voreinstellen, gemeinsamem Löschen und gemeinsamem Takt

'108

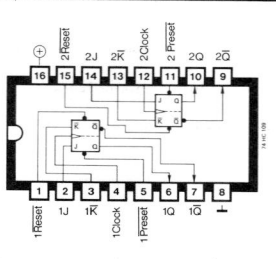

Beschreibung:
Dieser Baustein enthält zwei getrennte JK̄-Flipflops mit Voreinstellung und Löschen.

Betrieb:
Die Eingangsdaten eines Flipflops werden beim LH-Übergang (positive Flanke) des Taktimpulses an die Ausgänge übertragen.

Liegt J auf High und K̄ auf Low, so kippt das entsprechende Flipflop bei jeder positiven Flanke des Taktes von einem Zustand in den anderen, wodurch eine binäre Frequenzteilung möglich ist.

Das Takten ist unabhängig von der Anstiegs- oder Abfallzeit des Taktes, da der Takteingang pegel-sensitiv ist.

Die Invertierung des K-Eingangs (K̄) gestattet eine Verwendung dieses Bausteins als D-Flipflop, indem einfach die beiden Eingänge J und K̄ miteinander verbunden werden.

Die Voreinstell- (P̄r̄ēsēt̄) und Lösch- (R̄ēsēt̄)Eingänge arbeiten asynchron, d.h. unabhängig von allen anderen Eingängen. Wird ein P̄r̄ēsēt̄-Eingang auf Low gelegt, so geht der zugehörige Q-Ausgang auf High. Wird ein R̄ēsēt̄-Eingang auf Low gelegt, geht der zugehörige Q-Ausgang auf Low.

	Eingänge				Ausgänge	
Preset	R̄eset	Clock	J	K̄	Q	Q̄
L	H	X	X	X	H	L
H	L	X	X	X	L	H
L	L	X	X	X	H*	H*
H	H	⎍	L	L	L	H
H	H	⎍	H	L	toggle	
H	H	⎍	L	H	keine Änderung	
H	H	⎍	H	H	H	L
H	H	L	X	X	keine Änderung	

* = instabiler Zustand

Anwendung:
Register, Zähler, Steuerschaltungen

Daten:
Max. Taktfrequenz   50   MHz

Zwei JK̄-Flipflops mit Voreinstellung und Löschen

'109

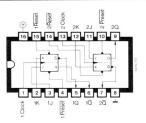

Pin labels top (left to right): (+) 16, 1 Reset 15, 2 Reset 14, 2 Clock 13, 2K 12, 2J 11, 2 Preset 10, 2Q 9

Pin labels bottom (left to right): 1 Clock 1, 1K 2, 1J 3, 1 Preset 4, 1Q 5, 1Q̄ 6, 2Q̄ 7, ⏚ 8

Beschreibung:
Dieser Baustein enthält zwei getrennte JK-Flipflops mit Voreinstellung und Löschen. Die Triggerung erfolgt an der negativen Flanke des Taktes.

Betrieb:
Ein Low am $\overline{\text{Preset}}$-Eingang bringt den Ausgang Q auf High und $\overline{\text{Q}}$ auf Low. Ein Low am $\overline{\text{Reset}}$-Eingang löscht dagegen das Flipflop, d.h. Q auf Low und $\overline{\text{Q}}$ auf High.
Bei inaktivem $\overline{\text{Set}}$- und $\overline{\text{Reset}}$ (High) werden die an den J- und K-Eingängen liegenden Daten bei der negativen Flanke (HL-Übergang) des Taktes zu den Ausgängen transferiert. Anschließend (unter Berücksichtigung der hold-time) haben Änderungen an den J- und K-Eingängen keinen Einfluß mehr auf den logischen Zustand der Ausgänge.
Legt man J und K auf Low, so bewirkt das Takten keine Änderung der Ausgänge. Mit J und K auf High wechselt das Takten abwechselnd die Zustände von Q und $\overline{\text{Q}}$ (toggle), womit eine binäre Teilung möglich ist.
Dieser Baustein ist mit dem '76 funktionsmäßig identisch, der jedoch eine andere Anschlußbelegung besitzt.

Eingänge					Ausgänge	
$\overline{\text{Preset}}$	$\overline{\text{Reset}}$	Clock	J	K	Q	$\overline{\text{Q}}$
L	H	X	X	X	H	L
H	L	X	X	X	L	H
L	L	X	X	X	L*	L*
H	H	⎍	L	L	keine Änderung	
H	H	⎍	L	H	L	H
H	H	⎍	H	L	H	L
H	H	⎍	H	H	toggle	
H	H	L	X	X	keine Änderung	
H	H	H	X	X	keine Änderung	
H	H	⎍	X	X	keine Änderung	

*instabiler Zustand

Anwendung:
Register, Zähler, Steuerschaltungen

Daten:
Max. Taktfrequenz   25   MHz

Zwei JK-Flipflops mit Voreinstellung und Löschen

'112

Zwei JK-Flipflops mit Voreinstellung

Daten:
Max. Taktfrequenz   50   MHz

Anwendung:
Register, Zähler, Steuerschaltungen

Eingänge				Ausgänge	
Preset	Clock	J	K	Q	Q̄
L	X	X	X	H	L
H	⊓_	L	L	Keine Änderung	
H	⊓_	H	L	L	H
H	⊓_	L	H	H	L
H	⊓_	H	H	toggle	
H	H	X	X	Keine Änderung	
H	L	X	X	Keine Änderung	
H	_⊓	X	X	Keine Änderung	

Betrieb:
Die Eingangsdaten eines Flipflops werden beim HL-Übergang (negative Flanke) des Takt-impulses an die Ausgänge übertragen.
Mit J und K gleichzeitig auf High kippt das Flipflop bei jeder negativen Flanke des Takt-impulses von einem Zustand in den anderen, wodurch eine binäre Frequenzteilung mög-lich ist.
Während der Takteingang High ist, können die Signale am J- und K-Eingang verändert werden und haben keinen Einfluß mehr auf den Zustand des Flipflops.
Der Vorstell- (Preset) Eingang arbeitet asynchron, d.h. unabhängig von allen anderen Eingängen. Wird Preset auf Low gelegt, geht Q auf High (und Q̄ auf Low).

Beschreibung:
Dieser Baustein enthält zwei getrennte JK-Flipflops mit Voreinstellung. Die Triggerung er-folgt bei der negativen Flanke des Taktimpulses.

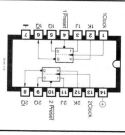

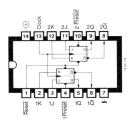

Beschreibung:

Dieser Baustein enthält zwei JK-Flipflops mit gemeinsamem Takt und Löschen und getrennten Eingängen für Voreinstellung. Die Triggerung erfolgt mit der negativen Taktflanke.

Betrieb:

Ein Low am Preset-Eingang bringt den Ausgang Q auf High und $\overline{Q}$ auf Low. Ein Low am Reset-Eingang löscht dagegen das Flipflop, d.h., Q auf Low und $\overline{Q}$ auf High.

Bei inaktivem Preset und Reset (High) werden die an den J- und K-Eingängen liegenden Daten bei der negativen Flanke (HL-Übergang) des Taktes zu den Ausgängen transferiert. Anschließend (unter Berücksichtigung der hold-time) haben Änderungen an den J- und K-Eingängen keinen Einfluß mehr auf den logischen Zustand der Ausgänge.

Legt man J und K auf Low, so bewirkt das Takten keine Änderung der Ausgänge. Mit J und K auf High wechselt das Takten abwechselnd die Zustände von Q und $\overline{Q}$ (toggle), womit eine binäre Teilung möglich ist.

Dieser Baustein ist mit dem '78 funktionsmäßig identisch, besitzt jedoch eine andere Anschlußbelegung.

	Eingänge				Ausgänge	
Preset	$\overline{Reset}$	Clock	J	K	Q	$\overline{Q}$
L	H	X	X	X	H	L
H	L	X	X	X	L	H
L	L	X	X	X	H*	H*
H	H	⌐_	L	L	keine Änderung	
H	H	⌐_	H	L	H	L
H	H	⌐_	L	H	L	H
H	H	⌐_	H	H	toggle	
H	H	L	X	X	keine Änderung	
H	H	H	X	X	keine Änderung	
H	H	_⌐	X	X	keine Änderung	

*instabiler Zustand

Anwendung:

Register, Zähler, Steuerschaltungen

Daten:

Max. Taktfrequenz	25	MHz

Zwei JK-Flipflops mit Voreinstellung, gemeinsamem Löschen und gemeinsamem Takt

'114

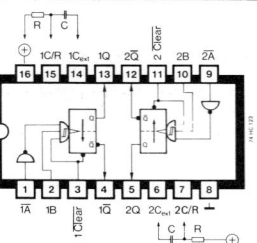

Beschreibung:
Dieser Baustein enthält zwei retriggerbare Monovibratoren mit komplementären Ausgängen und Lösch-Eingängen.

Betrieb:
Die Dauer des abgegebenen Impulses hängt von der Zeitkonstanten RxC ab:
t = CxR. R sollte bei +5V Betriebsspannung nicht unter ca. 1 kΩ liegen.
Am Eingang A wird der Monovibrator mit der negativen Flanke des Eingangssignals getriggert. Der B-Eingang muß hierbei auf High liegen.
An Eingang B kann mit der positiven Flanke (LH-Übergang) des Eingangssignals getriggert werden. Der A-Eingang muß hierbei auf Low liegen.
Der Baustein kann in bereits getriggertem Zustand jederzeit erneut getriggert werden. Beide Eingänge besitzen eine Schmitt-Trigger-Funktion, so daß auch mit langsam ansteigenden Signalen getriggert werden kann.
Der Lösch- (Clear)Eingang liegt normalerweise auf High. Wird er auf Low gelegt, so sperrt er die Triggerung und bringt die Schaltung in einen Zustand mit Q = Low und Q̄ = High.

Eingänge			Ausgänge	
Clear	A	B	Q	Q̄
L	X	X	L	H
X	H	X	L	H
X	X	L	L	H
H	L	⎍	⎍	⎚
H	⎍	H	⎍	⎚
⎍	L	H	⎍	⎚

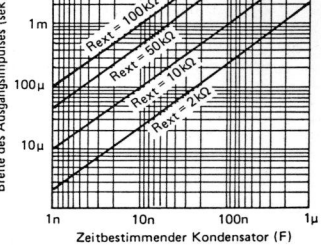

Breite des Ausgangsimpulses (sek)

Zeitbestimmender Kondensator (F)

Anwendung:
Impuls-Verzögerung und Zeitgeber, Impuls-Formung

Daten:
Min. Dauer des Ausgangsimpulses	400	ns
Durchlauf-Verzögerung (von A oder B)	40	ns

Zwei retriggerbare Monoflops mit Löschen

'123

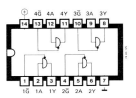

4G̅ 4A 4Y 3G̅ 3A 3Y

1G̅ 1A 1Y 2G̅ 2A 2Y

Beschreibung:
Dieser Baustein enthält vier getrennte nicht-invertierende Bus-Leitungstreiber mit Tristate-Ausgängen.

Betrieb:
Dieser Baustein dient als Leitungstreiber und kann bis zu 15 LSTTL-Lasten treiben. Mit Hilfe der zusätzlichen Freigabe-Eingänge (G̅ = aktiv Low) lassen sich die Ausgänge hochohmig machen, wenn man den entsprechenden G-Eingang an die positive Betriebsspannung legt.
Diese Bausteine ermöglichen es, auf einfache Weise den normalen Ausgang eines ICs mit einem Tristate-Ausgang zu versehen, indem man einen derartigen Treiber an den Ausgang des entsprechenden ICs hängt.
Ein pinkompatibler Baustein, mit Steuereingängen G = Low für hochohmige Ausgänge, ist der '126.

Eingänge		Ausgang
G̅	A	Y
L	H	H
L	L	L
H	X	Z

Anwendung:
Treiber für Busleitungen

Daten:
Durchlauf-Verzögerung   14   ns

Vier Bus-Leitungstreiber, mit invertiertem Freigabe-Eingang (TS)

'125

'126

Vier Bus-Leitungstreiber, mit Freigabe-Eingang (TS)

Anwendung:
Treiber für Busleitungen

Daten:
Durchlauf-Verzögerung   14   ns

Eingänge		Ausgang
G	A	Y
H	H	L
H	L	L
L	X	Z

Beschreibung:
Dieser Baustein enthält vier getrennte nicht-invertierende Bus-Leitungstreiber mit Tristate-Ausgängen.

Betrieb:
Dieser Baustein dient als Leitungstreiber bei normalen TTL-Pegeln. Mit Hilfe der zusätzlichen Freigabe-Eingänge (G = aktiv High) lassen sich die Ausgänge hochohmig machen, wenn man den entsprechenden G-Eingang an Masse legt.
Diese Bausteine ermöglichen es, auf einfache Weise den normalen Ausgang eines ICs mit einem Tristate-Ausgang zu versehen, indem man einen derartigen Treiber an den Ausgang des entsprechenden ICs hängt.
Ein pinkompatibler Baustein mit Steuereingängen G = High für hochohmige Ausgänge ist der '125.

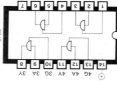

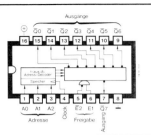

Ausgänge

Q̄0 Q̄1 Q̄2 Q̄3 Q̄4 Q̄5 Q̄6

16 15 14 13 12 11 10 9

1-aus-8-Adress-Decoder / Speicher

1 2 3 4 5 6 7 8

A0 A1 A2 | Clock | Ē2 E1 | Ausgang Q̄7 | —

Adresse | | Freigabe

Beschreibung:
Dieser Baustein enthält einen schnellen 3-zu-8-Decoder/Demultiplexer mit Adressen-Zwischenspeicher.

Betrieb:
Dieser Baustein arbeitet ähnlich wie der '137.
Wenn der Takteingang (Clock) von Low auf High geht (positive Flanke), so werden die an den Adressen-Eingängen (A0, A1 und A2) binär gewichteten Daten in den Adressenspeicher übernommen.
Der dem gespeicherten Adressencode entsprechende Ausgang Q̄ geht auf Low, während die übrigen Ausgänge High bleiben.
Die Freigabe-Eingänge E1 und Ē2 steuern den Zustand der Ausgänge unabhängig vom Inhalt des Adressen-Zwischenspeichers. Alle Ausgänge sind High, wenn E1 Low oder Ē2 High ist.

Eingänge						Ausgänge							
	Enable		Adresse										
Clock	E1	Ē2	A2	A1	A0	Q0	Q1	Q2	Q3	Q4	Q5	Q6	Q7
X	X	H	X	X	X	H	H	H	H	H	H	H	H
X	L	X	X	X	X	H	H	H	H	H	H	H	H
⌐	H	L	L	L	L	L	H	H	H	H	H	H	H
⌐	H	L	L	L	H	H	L	H	H	H	H	H	H
⌐	H	L	L	H	L	H	H	L	H	H	H	H	H
⌐	H	L	L	H	H	H	H	H	L	H	H	H	H
⌐	H	L	H	L	L	H	H	H	H	L	H	H	H
⌐	H	L	H	L	H	H	H	H	H	H	L	H	H
⌐	H	L	H	H	L	H	H	H	H	H	H	L	H
⌐	H	L	H	H	H	H	H	H	H	H	H	H	L
L	H	L	X	X	X	Ausgänge sind entsprechend der gespeicherten Adresse L, alle übrigen H							

Anwendung:
Digitales Demultiplexen, Adressen-Decodierung in bus-orientierten Systemen, Steuerungs-Decodierung

Daten:
Durchlauf-Verzögerung   10   ns

3-Bit-Binärdecoder/Demultiplexer (3-zu-8) mit Adressen-Zwischenspeicher

'131

'132

Vier NAND-Schmitt-Trigger mit je 2 Eingängen

Daten:

Durchlauf-Verzögerung   13   ns

Anwendung:

NAND-Gatter bei verrauschten oder sich langsam ändernden Eingangspegeln, Impuls-former, astabile und monostabile Multivibratoren, Schwellwert-Detektor.

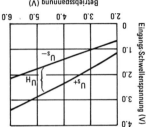

Eingänge		Ausgang
A	B	Y
L	X	H
X	L	H
H	H	L

Die Anschlußbelegung entspricht dem '00.

Beschreibung:

Dieser Baustein enthält vier NAND-Gatter mit je 2 Eingängen und Schmitt-Trigger-Funktion.

Betrieb:

Alle vier NAND-Gatter können unabhängig voneinander verwendet werden.

Sind beide Eingänge High, geht der Ausgang auf Low.

Bei jedem Gatter wird mit einem oder beiden Eingängen auf Low der Ausgang High sein.

Wenn auch dieser Baustein als gewöhnliches NAND-Gatter verwendet werden kann, so macht doch eine interne Hysteresis an den Eingängen den Baustein ideal für verrauschte oder sich langsam ändernde Eingangs-Pegel.

Bei einer in positive Richtung ansteigenden Eingangsspannung wird sich der Ausgang bei ca. 2,7 V ändern. In negativer Richtung erfolgt die Änderung der Ausgangsspannung dagegen bei einer Eingangsspannung von ca. 1,5V. Daher beträgt die Hysterese, oder das "Tot-Band" 1,2V (dies gilt für eine Betriebsspannung von +4,5V). Infolgedessen können die Bausteine durch sehr flache Eingangsflanken und durch Gleichspannung getriggert werden, wobei sie ein sauberes Ausgangssignal abgeben.

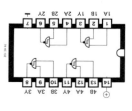

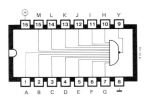

Beschreibung:
Dieser Baustein enthält ein einziges NAND-Gatter mit 13 Eingängen.

Betrieb:
Wenn ein oder mehrere Eingänge Low sind, geht der Ausgang auf High. Wenn alle 13 Eingänge High sind, geht der Ausgang auf Low.

Eingänge	Ausgang
Ein oder mehrere Eingänge L	H
Alle Eingänge H	L

Anwendung:
Realisierung von NAND-Funktionen

Daten:
Durchlauf-Verzögerung   17   ns

NAND-Gatter mit 13 Eingängen

'133

'137

3-Bit-Binärdecoder/Demultiplexer (3-zu-8) mit Adressen-Zwischenspeicher (Ausgänge invertiert)

Daten:

Durchlauf-Verzögerung	25	ns

Anwendung:

Digitales Demultiplexen, Adressen-Decodierung, Steuerungs-Decodierung

Eingänge						Ausgänge							
Freigabe		Adresse											
LE	E2	E1	A2	A1	A0	Q0	Q1	Q2	Q3	Q4	Q5	Q6	Q7
X	L	X	X	X	X	H	H	H	H	H	H	H	H
X	X	H	X	X	X	H	H	H	H	H	H	H	H
L	H	L	L	L	L	L	H	H	H	H	H	H	H
L	H	L	L	L	H	H	L	H	H	H	H	H	H
L	H	L	L	H	L	H	H	L	H	H	H	H	H
L	H	L	L	H	H	H	H	H	L	H	H	H	H
L	H	L	H	L	L	H	H	H	H	L	H	H	H
L	H	L	H	L	H	H	H	H	H	H	L	H	H
L	H	L	H	H	L	H	H	H	H	H	H	L	H
L	H	L	H	H	H	H	H	H	H	H	H	H	L
H	H	L	X	X	X	Ausgang entsprechend der gespeicherten Adresse L, alle übrigen H.							

Beschreibung:

Dieser Baustein enthält einen schnellen 3-zu-8-Decoder/Demultiplexer mit Adressen-Zwischenspeicher mit invertierten Ausgängen.

Betrieb:

Dieser Baustein entspricht im wesentlichen dem 1-aus-8-Decoder '138, enthält jedoch einen zusätzlichen 3-Bit-Zwischenspeicher für die Adresse.

Wenn der Speicher freigegeben ist (LE = Latch Enable = Low), arbeitet der Baustein als 1-aus-8-Decoder. Wenn also den drei binär gewichteten Adressen-Eingängen (A0, A1 und A2) ein 3-Bit-Code zugeführt wird, geht der bei diesem Code entsprechende Ausgang Q auf Low, während die übrigen Ausgänge High bleiben.

Geht LE von Low auf High, so werden die letzten an den Adressen-Eingängen liegenden Daten gespeichert und alle weiteren Daten an den Adressen-Eingängen ignoriert, solange LE auf High bleibt.

Die Freigabe-Eingänge E1 und E2 steuern den Zustand der Ausgänge unabhängig von den Adressen-Eingängen oder dem Adressen-Zwischenspeicher. Alle Ausgänge sind High, wenn E2 High oder E1 Low ist.

Ein ähnlicher Baustein mit nicht invertierenden Ausgängen ist der '237.

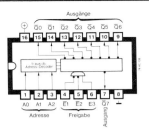

Ausgänge
Q̄0 Q̄1 Q̄2 Q̄3 Q̄4 Q̄5 Q̄6

16 15 14 13 12 11 10 9

1-aus-8-
Adress-Decoder

1 2 3 4 5 6 7 8

A0 A1 A2 | E̅1 E̅2 E3 | Q̄7 | ⏚

Adresse | Freigabe | Ausgang

Beschreibung:
Dieser Baustein enthält einen schnellen 3-zu-8-Decoder/Demultiplexer mit 3 Freigabe-Eingängen.

Betrieb:
Wenn den drei binär gewichteten Adressen-Eingängen (A0, A1 und A2) ein 3-Bit-Code zu-geführt wird, geht der diesem Code entsprechende Ausgang Q̄ auf Low, während die übri-gen Ausgänge High bleiben.
Dies trifft jedoch nur zu, wenn die Freigabe- (Enable)Eingänge E̅1 und E̅2 Low und E3 High sind.
Diese mehrfache Freigabe-Möglichkeit gestattet eine einfache parallele Erweiterung des Bausteins auf einen 1-aus-32-Decoder mit nur vier derartigen Bausteinen ('138) und einem Inverter.
Dieser Baustein kann auch als Demultiplexer mit 8 Ausgängen dienen, indem einer der E̅1- oder E̅2-Eingänge (mit aktiv Low) als Dateneingang und die anderen Freigabe-Ein-gänge als Austast- (Strobe)Eingänge verwendet werden. Die nicht verwendeten Freigabe-Eingänge müssen hierbei ständig an ihre entsprechenden Pegel mit aktiv High oder aktiv Low gelegt werden.
Ein ähnlicher Baustein mit nicht-invertierten Ausgängen ist der '238.

Freigabe-Eingänge			Adressen-Eingänge			Ausgänge							
E3	E̅2	E̅1	A2	A1	A0	Q̄0	Q̄1	Q̄2	Q̄3	Q̄4	Q̄5	Q̄6	Q̄7
X	H	X	X	X	X	H	H	H	H	H	H	H	H
X	X	H	X	X	X	H	H	H	H	H	H	H	H
L	X	X	X	X	X	H	H	H	H	H	H	H	H
H	L	L	L	L	L	L	H	H	H	H	H	H	H
H	L	L	L	L	H	H	L	H	H	H	H	H	H
H	L	L	L	H	L	H	H	L	H	H	H	H	H
H	L	L	L	H	H	H	H	H	L	H	H	H	H
H	L	L	H	L	L	H	H	H	H	L	H	H	H
H	L	L	H	L	H	H	H	H	H	H	L	H	H
H	L	L	H	H	L	H	H	H	H	H	H	L	H
H	L	L	H	H	H	H	H	H	H	H	H	H	L

Anwendung:
Digitales Demultiplexen, Adressen-Decodierung, Steuerungs-Decodierung

Daten:
Durchlauf-Verzögerung   20   ns

3-Bit-Binärdecoder/Demultiplexer (3-zu-8) mit invertierten Ausgängen

'138

'139

Zwei 2-Bit-Binärdecoder/Demultiplexer (2-zu-4) mit invertierten Ausgängen

Daten:

Durchlauf-Verzögerung   14   ns

Anwendung:

Decodierung, Code-Umwandlung, Demultiplexen (wobei der Freigabe-Eingang als Daten-Eingang verwendet wird), Speicherchip-Auswahl-Logik, Funktionsauswahl

Eingänge			Ausgänge			
Freigabe	Adresse					
E	A1	A0	Q0	Q1	Q2	Q3
H	X	X	H	H	H	H
L	L	L	L	H	H	H
L	L	H	H	L	H	H
L	H	L	H	H	L	H
L	H	H	H	H	H	L

Ein ähnlicher Baustein mit nicht invertierten Ausgängen ist der '239.

Der Freigabe-Eingang kann auch verwendet werden, um einen 1-aus-8-Verteiler oder Decoder zu bilden, indem eine Seite von einem neuen Eingang A2 (gewichtet A2 = 4) gesteuert wird und die andere von seinem Komplement.

Der Freigabe-Eingang kann auch als Daten-Eingang für Verteilerzwecke verwendet werden. Eine 1 am Freigabe-Eingang liefert eine 1 am gewählten Ausgang und umgekehrt.

Macht man einen Freigabe-Eingang (E) High, so gehen alle zugehörigen Ausgänge auf High, unabhängig vom Zustand der Adressen-Eingänge A0 und A1.

Beachten Sie, daß beide Schaltungshälften getrennte Auswahl- und Freigabe-Eingänge besitzen.

Betrieb:

Im Normalbetrieb liegen die Pins 1 und 15 (E = Enable = Freigabe) auf Masse.

Wenn ein Auswahlcode, gewichtet A0 und A1 den Eingängen zugeführt wird, geht der zugehörige Ausgang auf Low, die übrigen Ausgänge bleiben auf High. Beispielsweise geht mit A0 = High und A1 = High und der Ausgang Q̄1 auf Low.

Beschreibung:

Dieser Baustein enthält zwei getrennte 1-aus-4 (oder 2-zu-4) Decoder, die entweder als Decoder oder Verteiler verwendet werden können. Mit einem externen Inverter können sie auch als ein 1-zu-8-Decoder oder Verteiler eingesetzt werden.

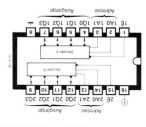

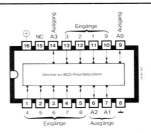

Beschreibung:

Es handelt sich hier um einen speziellen Baustein, mit dem man 10 Eingangssignale in der Reihenfolge ihrer Wichtigkeit (Priorität) anordnen kann. Er dient auch als Tastatur-Codierer oder sonstiger Dezimal-zu-BCD-Codierer.

Betrieb:

Es gibt 9 Eingänge (1 bis 9) und vier binär gewichtete Ausgänge (A0 bis A3).

Ein- und Ausgänge sind aktiv-Low. Liegt kein Eingangssignal vor, verbleiben alle Eingänge auf High (entspricht der dezimalen 0). Wenn nur einer der Eingänge auf Low geht, so nehmen die Ausgänge den Binärcode für diesen Eingang an. Z.B. wird ein Low auf der Leitung 6 (Pin 3) folgenden Ausgang ergeben: A0 =1, A1=0, A2=0, A3=1 (6 in BCD = 0110, *mit aktiv Low = 1001*).

Wenn zwei oder mehr Eingänge gleichzeitig auf Low gehen, wird der eine mit der höchsten Zahl (der höchsten Priorität) als Ausgangssignal codiert, und die anderen Eingänge werden ignoriert. Z.B. geben die Eingänge 4 und 6 gleichzeitig auf Low ein 1001 aus, während 4 und 7 ein 1000 ausgeben. Wenn Eingänge mit höherer Priorität auf High zurückgehen, so stellt sich der Ausgangscode zurück zum Eingang mit der nächstniedrigeren Priorität, bis schließlich alle Ausgänge auf High gehen.

Der Betrieb erfolgt ungetaktet. Der Baustein besitzt keinen internen Speicher. Zu jedem Zeitpunkt erscheint der als höchster bewertete Eingang mit seinem binären Äquivalent (aktiv Low) an den Ausgängen.

Eingänge									Ausgänge			
1	2	3	4	5	6	7	8	9	A3	A2	A1	A0
H	H	H	H	H	H	H	H	H	H	H	H	H
X	X	X	X	X	X	X	X	L	L	H	H	L
X	X	X	X	X	X	X	L	H	L	H	H	H
X	X	X	X	X	X	L	H	H	H	L	L	L
X	X	X	X	X	L	H	H	H	H	L	L	H
X	X	X	X	L	H	H	H	H	H	L	H	L
X	X	X	L	H	H	H	H	H	H	L	H	H
X	X	L	H	H	H	H	H	H	H	H	L	L
X	L	H	H	H	H	H	H	H	H	H	L	H
L	H	H	H	H	H	H	H	H	H	H	H	L

Anwendung:

Prioritäts-Codierer, Tastatur-Codierer

Daten:

Durchlauf-Verzögerung 25 ns

Dezimal-zu-BCD-Prioritätscodierer

'147

'148

Binärer 8-zu-3-Prioritätcodierer

Daten:

Durchlauf-Verzögerung   23 ns

Anwendung:

n-Bit-Codierung, Code-Umsetzer und Code-Generatoren

Beschreibung:

Es handelt sich hier um einen speziellen Baustein, mit dem man 8 Eingangssignale in der Reihenfolge ihrer Wichtigkeit (Priorität) anordnen kann. Es sind mehrere Bausteine kaskadierbar.

Betrieb:

Es gibt 8 Signaleingänge (0—7) und drei binär gewichtete Ausgänge (A0—A2).

Ein- und Ausgänge sind aktiv-Low. Liegt kein Eingangssignal vor, oder ein Low am Eingang 0 (Pin 10), verbleiben alle Eingänge auf High. Wenn nur einer der Eingänge auf Low geht, nehmen die Ausgänge den Binärcode für diesen Eingang an. Z.B. wird ein Low auf der Leitung 6 (Pin 3) folgenden Ausgang ergeben: $A0=1$, $A1=0$, $A2=0$ (6 in binär = 110, mit aktiv Low = 001).

Wenn zwei oder mehr Eingänge gleichzeitig auf Low gehen, wird der eine mit der höchsten Zahl (der höchsten Priorität) als Ausgangssignal codiert, und die anderen Eingänge werden ignoriert. Z.B. geben die Eingänge 4 und 6 gleichzeitig auf Low ein 001 aus, während 4 und 7 ein 000 ausgeben. Wenn Eingänge mit höherer Priorität auf High zurückgehen, so stellt sich der Ausgangscode zurück zum Eingang mit der nächstniedrigeren Priorität, bis schließlich alle Ausgänge auf High gehen.

Außer den drei Daten-Ausgängen gibt es noch einen Gruppensignal-Ausgang ($\overline{GS}$) und einen Freigabe-Ausgang ($\overline{EO}$). $\overline{GS}$ ist (aktiv) Low, wenn irgend ein Eingang Low ist. Dies zeigt an, daß ein Eingang aktiv ist. $\overline{EO}$ ist (aktiv) Low, wenn alle Eingänge High sind.

Durch die Verwendung der Freigabe-Ein- und Ausgänge ist eine Kaskadierung von n Eingangssignalen möglich. Sowohl $\overline{EO}$ wie $\overline{GS}$ sind High, wenn der Freigabe-Eingang High ist. EI muß im Normalbetrieb Low sein.

Der Betrieb erfolgt ebenso wie beim '147 ungetaktet und der Baustein besitzt keinen internen Speicher.

Eingänge										Ausgänge				
EI	0	1	2	3	4	5	6	7		A2	A1	A0	GS	EO
H	X	X	X	X	X	X	X	X		H	H	H	H	H
L	H	H	H	H	H	H	H	H		H	H	H	H	L
L	X	X	X	X	X	X	X	L		L	L	L	L	H
L	X	X	X	X	X	X	L	H		L	L	H	L	H
L	X	X	X	X	X	L	H	H		L	H	L	L	H
L	X	X	X	X	L	H	H	H		L	H	H	L	H
L	X	X	X	L	H	H	H	H		H	L	L	L	H
L	X	X	L	H	H	H	H	H		H	L	H	L	H
L	X	L	H	H	H	H	H	H		H	H	L	L	H
L	L	H	H	H	H	H	H	H		H	H	H	L	H

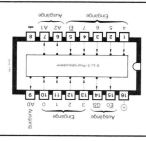

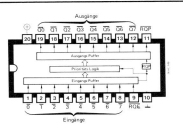

Beschreibung:
Es handelt sich hier um einen speziellen Baustein, mit dem man 8 Eingangsignale in der Reihenfolge ihrer Wichtigkeit (Priorität) anordnen kann.

Betrieb:
Dieser Prioritätscodierer besitzt 8 Eingangsleitungen $\overline{0}-\overline{7}$ und 8 Ausgangsleitungen $\overline{Q0}-\overline{Q7}$. Dieser Baustein stellt praktisch eine Kombination des Prioritätscodierers '148 mit dem 3-Bit-Binärdecoder (3-zu-8) '138 dar. Infolgedessen kann nur jeweils ein einziger Ausgang Low sein. Der Ausgang, der gerade auf Low liegt, hängt von dem Prioritätseingang ab, der sich auf Low befindet. Eingang 7 besitzt die höchste, und Eingang 0 die niedrigste Priorität.
Der Freigabe-Eingang $\overline{RQE}$ auf High bringt alle Ausgänge auf High. Der Request-Ausgang $\overline{RQP}$ geht auf Low, wenn $\overline{RQP}$ aktiv (Low) ist.

Eingänge									Ausgänge								
$\overline{0}$	$\overline{1}$	$\overline{2}$	$\overline{3}$	$\overline{4}$	$\overline{5}$	$\overline{6}$	$\overline{7}$	$\overline{RQE}$	$\overline{Q0}$	$\overline{Q1}$	$\overline{Q2}$	$\overline{Q3}$	$\overline{Q4}$	$\overline{Q5}$	$\overline{Q6}$	$\overline{Q7}$	$\overline{RQP}$
X	X	X	X	X	X	X	X	H	H	H	H	H	H	H	H	H	H
H	H	H	H	H	H	H	H	L	H	H	H	H	H	H	H	H	H
X	X	X	X	X	X	X	L	L	H	H	H	H	H	H	H	L	L
X	X	X	X	X	X	L	H	L	H	H	H	H	H	H	L	H	L
X	X	X	X	X	L	H	H	L	H	H	H	H	H	L	H	H	L
X	X	X	X	L	H	H	H	L	H	H	H	H	L	H	H	H	L
X	X	X	L	H	H	H	H	L	H	H	H	L	H	H	H	H	L
X	X	L	H	H	H	H	H	L	H	H	L	H	H	H	H	H	L
X	L	H	H	H	H	H	H	L	H	L	H	H	H	H	H	H	L
L	H	H	H	H	H	H	H	L	L	H	H	H	H	H	H	H	L

Anwendung:
Prioritäts-Codierer, Code-Umsetzer

Daten:
Durchlauf-Verzögerung   22   ns

Prioritäts-Codierer (8-zu-8)

'149

'151

1-aus-8-Datenselektor/Multiplexer

Daten:

Durchlauf-Verzögerung   33   ns

Anwendung:
Multiplexen, Adressen-Decodierung, serielle Datenübertragung, Funktionsgenerator

Eingänge				Ausgänge	
Adresse			Ausgangs-Freigabe		
A2	A1	A0	OE	Q	Q̄
X	X	X	H	L	H
L	L	L	L	D0*	D̄0
L	L	H	L	D1	D̄1
L	H	L	L	D2	D̄2
L	H	H	L	D3	D̄3
H	L	L	L	D4	D̄4
H	L	H	L	D5	D̄5
H	H	L	L	D6	D̄6
H	H	H	L	D7	D̄7

* = Pegel der entsprechenden Eingänge

Beschreibung:
Dieser Baustein enthält einen Datenselektor, der eines aus 8 Eingangssignalen mittels eines 3-Bit-Binärcodes auswählt.

Betrieb:
Der gewünschte Eingang (D0–D7) wird mittels der Binäradresse an den Adressen-Eingängen (A0–A2) ausgewählt. Das Signal am ausgewählten Eingang erscheint am Ausgang Q und invertiert an Ausgang Q̄.

Im Normalbetrieb wird der Freigabe-Eingang OE = Output Enable auf Low gelegt. Macht man OE High, so geht der Ausgang Q auf Low und der Ausgang Q̄ auf High, unabhängig vom Zustand der anderen Eingänge.

Der Baustein läßt sich auch als Funktionsgenerator mit bis zu 4 Variablen einsetzen, so-wie bei der seriellen Datenübertragung.

Ein ähnlicher Baustein, bei dem jedoch mit OE = High die beiden Ausgänge Q und Q̄ in den hochohmigen Zustand gehen, ist der '251.

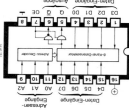

Daten-Eingänge   Ausgänge

Adressen-Eingänge   Daten-Eingänge

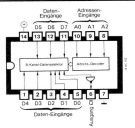

Beschreibung:
Dieser Baustein enthält einen Datenselektor, der eines aus 8 Eingangssignalen mittels eines 3-Bit-Binärcodes auswählt.

Betrieb:
Der gewünschte Eingang (D0—D7) wird mittels der Binäradresse an den Adressen-Eingängen (A0—A2) ausgewählt. Das Signal am angewählten Eingang erscheint invertiert am Ausgang $\overline{Q}$.
Der Baustein läßt sich auch als Funktionsgenerator mit bis zu 4 Variablen einsetzen, sowie bei der seriellen Datenübertragung.

Adreß-Eingänge			Ausgang
A2	A1	A0	$\overline{Q}$
L	L	L	$\overline{D0}$
L	L	H	$\overline{D1}$
L	H	L	$\overline{D2}$
L	H	H	$\overline{D3}$
H	L	L	$\overline{D4}$
H	L	H	$\overline{D5}$
H	H	L	$\overline{D6}$
H	H	H	$\overline{D7}$

* = Pegel der entsprechenden Eingänge

Anwendung:
Multiplexen, Adressen-Decodierung, serielle Datenübertragung, Funktionsgenerator

Daten:
Durchlauf-Verzögerung   18   ns

**1-aus-8-Datenselektor/Multiplexer
mit invertierendem Ausgang**

'152

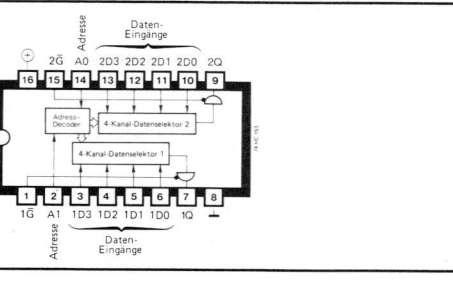

Beschreibung:

Dieser Baustein enthält zwei 1-aus-4-Datenselektoren mit gemeinsamen Adressen-Eingängen, jedoch getrennten Freigabe-Eingängen.

Betrieb:

Die Auswahl des gewünschten Eingangs erfolgt bei beiden Datenselektoren über die gemeinsamen Adressen-Eingänge A0 und A1 im Binärcode. Das Signal am angewählten Eingang erscheint am jeweiligen Ausgang 1Q und 2Q in nicht invertierter Form.

Die Freigabe-Eingänge (Pin 1 und 15) arbeiten dagegen unabhängig voneinander. Die Freigabe-Eingänge liegen im Normalbetrieb auf Low. Legt man einen dieser Eingänge auf High, so geht der zugehörige Ausgang 1Q oder 2Q auf Low, unabhängig vom Zustand der übrigen Eingänge.

Adressen-Eingänge		Daten-Eingänge				Freigabe	Ausgang
A1	A0	D0	D1	D2	D3	$\overline{G}$	Q
X	X	X	X	X	X	H	L
L	L	L	X	X	X	L	L
L	L	H	X	X	X	L	H
L	H	X	L	X	X	L	L
L	H	X	H	X	X	L	H
H	L	X	X	L	X	L	L
H	L	X	X	H	X	L	H
H	H	X	X	X	L	L	L
H	H	X	X	X	H	L	H

Anwendung:

Multiplexen, Adressen-Decodierung, serielle Datenübertragung

Daten:

Durchlauf-Verzögerung   21   ns

Zwei 1-aus-4-Datenselektoren/Multiplexer

'153

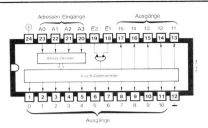

Beschreibung:

Dieser Baustein nimmt einen 4-Bit-Binärcode auf und steuert damit einen von 16 Ausgängen auf Low.

Betrieb:

Wenn man an den Adressen-Eingängen (A0–A3) einen 4-Bit-Binärcode anlegt, geht der entsprechende Ausgang auf Low, die übrigen Eingänge verbleiben auf High.

Dies trifft jedoch nur zu, wenn *beide* Freigabe- (Enable-) Eingänge auf Low liegen. Legt man einen oder beide Freigabe-Eingänge auf High, so gehen alle Ausgänge auf High.

Legt man einen Freigabe-Eingang auf Low, und betrachtet den anderen Freigabe-Eingang als Daten-Eingang, so folgt der über die Adressen-Eingänge ausgewählte Ausgang dem logischen Zustand dieses zweiten Freigabe-Einganges. Damit ist der Baustein als Demultiplexer oder Datenverteiler verwendbar.

EINGÄNGE						AUSGÄNGE															
E1	E2	A3	A2	A1	A0	0	1	2	3	4	5	6	7	8	9	10	11	12	13	14	15
L	L	L	L	L	L	L	H	H	H	H	H	H	H	H	H	H	H	H	H	H	H
L	L	L	L	L	H	H	L	H	H	H	H	H	H	H	H	H	H	H	H	H	H
L	L	L	L	H	L	H	H	L	H	H	H	H	H	H	H	H	H	H	H	H	H
L	L	L	L	H	H	H	H	H	L	H	H	H	H	H	H	H	H	H	H	H	H
L	L	L	H	L	L	H	H	H	H	L	H	H	H	H	H	H	H	H	H	H	H
L	L	L	H	L	H	H	H	H	H	H	L	H	H	H	H	H	H	H	H	H	H
L	L	L	H	H	L	H	H	H	H	H	H	L	H	H	H	H	H	H	H	H	H
L	L	L	H	H	H	H	H	H	H	H	H	H	L	H	H	H	H	H	H	H	H
L	L	H	L	L	L	H	H	H	H	H	H	H	H	L	H	H	H	H	H	H	H
L	L	H	L	L	H	H	H	H	H	H	H	H	H	H	L	H	H	H	H	H	H
L	L	H	L	H	L	H	H	H	H	H	H	H	H	H	H	L	H	H	H	H	H
L	L	H	L	H	H	H	H	H	H	H	H	H	H	H	H	H	L	H	H	H	H
L	L	H	H	L	L	H	H	H	H	H	H	H	H	H	H	H	H	L	H	H	H
L	L	H	H	L	H	H	H	H	H	H	H	H	H	H	H	H	H	H	L	H	H
L	L	H	H	H	L	H	H	H	H	H	H	H	H	H	H	H	H	H	H	L	H
L	L	H	H	H	H	H	H	H	H	H	H	H	H	H	H	H	H	H	H	H	L
L	H	X	X	X	X	H	H	H	H	H	H	H	H	H	H	H	H	H	H	H	H
H	L	X	X	X	X	H	H	H	H	H	H	H	H	H	H	H	H	H	H	H	H
H	H	X	X	X	X	H	H	H	H	H	H	H	H	H	H	H	H	H	H	H	H

Anwendung:

Demultiplexer, Datenverteiler, 4-Bit-Binärdecoder

Daten:

Durchlauf-Verzögerung   24   ns

                                          (Valvo   12   ns)

4-Bit-Binärdecoder/Demultiplexer (4 zu 16)

'154

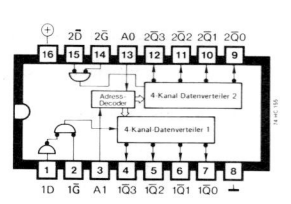

2D̄ 2Ḡ A0 2Q̄3 2Q̄2 2Q̄1 2Q̄0

16 15 14 13 12 11 10 9

Adress-Decoder | 4-Kanal-Datenverteiler 2

4-Kanal-Datenverteiler 1

1 2 3 4 5 6 7 8

1D 1Ḡ A1 1Q̄3 1Q̄2 1Q̄1 1Q̄0 ⊥

Beschreibung:
Dieser Baustein enthält zwei 2-Bit-Datenverteiler mit gemeinsamer Adressierung.

Betrieb:
Die Auswahl des gewünschten Ausgangs erfolgt bei beiden Datenverteilern über die gemeinsamen Adressen-Eingänge A0 und A1 im Binärcode.

Wenn beim Schaltungsteil Nr.1 der Dateneingang 1D (Pin 1) High gemacht und der Strobe-Eingang 1Ḡ (Pin 2) Low gemacht wird, geht der über die Adressen-Eingänge angewählte Ausgang auf Low, die übrigen bleiben auf High.

Beim Schaltungsteil Nr.2 wird mit dem Dateneingang 2D̄ (Pin 15) auf Low und dem Strobe-Eingang 2Ḡ (Pin 14) auf Low der angewählte Ausgang auf Low gehen.

Wird bei der Schaltung Nr.1 der Strobe-Eingang Low gemacht, erscheint am angewählten Ausgang das Komplement der Eingangsdaten. Wird bei der Schaltung Nr.2 der Strobe-Eingang Low gemacht, erscheinen die Daten am gewählten Ausgang nicht invertiert.

Beachten Sie, daß die beiden Hälften der Schaltung nicht identisch sind: Die Seite Nr.1 invertiert die Daten, Seite 2 dagegen nicht.

Man kann die Schaltung als 1-aus-8-Datenverteiler verwenden, wenn die beiden Datenleitungen miteinander verbunden werden und man sie als zusätzlichen Adressen-Eingang A2 verwendet. Werden sodann die beiden Strobe-Eingänge ebenfalls miteinander verbunden und auf Low gelegt, geht der angewählte 1-aus-8-Ausgang auf Low (A2, A1, A0 = 000 ergibt 2Q̄0 = Low bis A2, A1, A0 = 111 ergibt 1Q̄3 = Low). Steuert man die beiden parallel geschalteten Strobe-Eingänge mit Daten, werden sie zum angewählten Ausgang geführt.

Eingänge				Ausgänge			
A1	A0	1Ḡ	1D	1Q̄0	1Q̄1	1Q̄2	1Q̄3
X	X	H	X	H	H	H	H
L	L	L	H	L	H	H	H
L	H	L	H	H	L	H	H
H	L	L	H	H	H	L	H
H	H	L	H	H	H	H	L
X	X	X	L	H	H	H	H

Eingänge				Ausgänge			
A1	A0	2Ḡ	2D̄	2Q̄0	2Q̄1	2Q̄2	2Q̄3
X	X	H	X	H	H	H	H
L	L	L	L	L	H	H	H
L	H	L	L	H	L	H	H
H	L	L	L	H	H	L	H
H	H	L	L	H	H	H	L
X	X	X	H	H	H	H	H

Anwendung:
Zwei 2-Bit-Binärdecoder, 3-Bit-Binärdecoder, zweifacher Demultiplexer, 1-zu-8-Demultiplexer, Serien-Parallel-Umsetzer

Daten:
Durchlauf-Verzögerung   22   ns

Zwei 2-Bit-Binärdecoder/Demultiplexer

'155

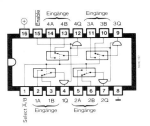

Beschreibung:
Dieser Baustein enthält vier 1-aus-2-Datenselektoren.

Betrieb:
Mit diesem Baustein kann man aus vier Datenpaaren 1A/1B bis 4A/4B jeweils eine Information auswählen und an den entsprechenden Ausgang 1Q—4Q weiterleiten.

Der Freigabe- (Enable-) Eingang gestattet ein Abschalten der Ausgänge, unabhängig vom Select- (Auswahl-) Eingang. Wird der Enable-Eingang auf High gelegt, gehen alle Ausgänge auf Low unabhängig vom Zustand aller übrigen Eingänge. Legt man ihn auf Low, reagieren die Ausgänge auf den Select-Eingang.

Ist der Select-Eingang Low, so folgen die Ausgänge den A-Eingängen, ist er dagegen High, so geben die Ausgänge den logischen Pegel der B-Eingänge wieder.

Es handelt sich hier um einen Daten-Selektor und nicht um einen Daten-Verteiler. Es können Daten von jeweils zwei verschiedenen Quellen ausgewählt und weitergeleitet werden. Beachten Sie, daß dieser Baustein zwar einem zweipoligen Umschalter entspricht, jedoch nur digitale und nicht analoge Signale geschaltet werden können.

Der '158 ist ein ähnlicher Baustein mit invertierenden Ausgängen.

Eingänge		Daten		Ausgang
Enable	Select A̅/B	A	B	Q
H	X	X	X	L
L	L	L	X	L
L	L	H	X	H
L	H	X	L	L
L	H	X	H	H

Anwendung:
Multiplexen, Datenwähler

Daten:
Durchlauf-Verzögerung   13   ns

Vier 2-zu-1-Datenselektoren/Multiplexer

'157

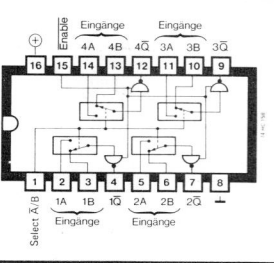

Beschreibung:
Dieser Baustein enthält vier 1-aus-2-Datenselektoren mit invertierenden Ausgängen.

Betrieb:
Dieser Baustein ist pin- und funktions-kompatibel mit dem '157 (siehe dort), mit Ausnahme, daß die Ausgänge 1Q—4Q invertiert sind.

Eingänge		Daten		Ausgang
$\overline{\text{Enable}}$	Select $\overline{\text{A}}$/B	A	B	$\overline{\text{Q}}$
H	X	X	X	H
L	L	L	X	H
L	L	H	X	L
L	H	X	L	H
L	H	X	H	L

Anwendung:
Multiplexen, Datenwähler

Daten:
Durchlauf-Verzögerung   13   ns

Vier 2-zu-1-Datenselektoren/Multiplexer mit invertierenden Ausgängen

'158

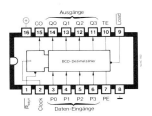

Beschreibung:
Es handelt sich bei diesem Baustein um einen programmierbaren synchronen, dekadischen Zähler, der im BCD-Code aufwärts zählt und asynchron zurückgesetzt wird.

Betrieb:
Für normalen Zählbetrieb werden Pin 1 ($\overline{R_{asyn}}$), die Pins PE (P-Enable) und TE (T-Enable), sowie der Load-Eingang High gemacht.
Der Zähler schreitet um eine Zählung synchron bei einem LH-Übergang des Taktes fort. Die Schaltung triggert also an den positiven Flanken des Taktimpulses. Die Ausgänge Q0, Q1, Q2 und Q3 folgen dem BCD-Code.
Zur Rückstellung des Zählers wird der Anschluß 1 ($\overline{R_{asyn}}$) kurzzeitig auf Masse gelegt. Diese Rückstell-Funktion ist asynchron und setzt alle vier Ausgänge auf Low, unabhängig vom Zustand der anderen Eingänge.
Wenn der Eingang Load auf Low ist, so wird bei der nächsten positiven Flanke des Taktimpulses der an den Anschlüssen P0 bis P3 liegende Code in den Zähler geladen.
Für synchrones Zählen mit mehreren Dekaden ohne externe Gatter dienen die beiden Eingänge für die Zähler-Freigabe PE und TE, sowie der Anschluß CO (Carry Out). Die Verbindung geschieht folgendermaßen:
1. Dekade (niedrigstwertige): PE = TE = High, CO wird mit PE und TE der zweiten Dekade, und mit PE der dritten (usw) Dekade verbunden.
2. Dekade: CO der zweiten Dekade wird mit TE der dritten Dekade verbunden usw.
Alle Stufen werden synchron vom Eingangstakt gesteuert, indem die Takteingänge aller Stufen miteinander verbunden werden. Ebenso werden alle Rückstell-Eingänge parallel geschaltet.
Dieser Baustein ist pin-kompatibel mit dem CMOS 4160 und 40160.

Load	PE	TE	Betriebsart
L	X	X	Voreinstellen
H	L	X	keine Änderung
H	X	L	keine Änderung
H	H	H	Zählung

Anwendung:
Programmierbare Zähler, Zähler- und Zeitgeber-Steuerung, Frequenzteiler.

Daten:

Max. Zählfrequenz	40	MHz

Synchroner programmierbarer Dezimalzähler
mit asynchronem Löschen

'160

'161

Synchroner programmierbarer 4-Bit-Binärzähler mit asynchronem Löschen

Daten:

Max. Zählfrequenz	40	MHz

Anwendung:

Programmierbare Zähler, Zähler- und Zeitgeber-Steuerung, Frequenzteiler

Betriebsart	Load	PE	TE
Voreinstellen	L	X	X
keine Änderung	H	L	X
keine Änderung	H	X	L
Zählung	H	H	H

Beschreibung:

Es handelt sich bei diesem Baustein um einen programmierbaren synchronen 4-Bit-Binärzähler, der im Binärcode zählt und asynchron zurückgesetzt wird.

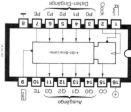

Betrieb:

Für normalen Zählbetrieb werden Pin 1 ($\overline{R}_{asyn}$), die Pins PE (P-Enable) und TE (T-Enable), sowie der Load-Eingang High gemacht.
Der Zähler schreitet um eine Zählung synchron mit einem LH-Übergang des Taktes fort.
Die Schaltung triggert also an den positiven Flanken des Taktimpulses. Die Ausgänge Q0, Q1, Q2 und Q3 folgen dem Binärcode.
Zur Rückstellung des Zählers wird der Anschluß 1 ($\overline{R}_{asyn}$) kurzzeitig auf Masse gelegt.
Diese Rückstell-Funktion ist asynchron und setzt alle vier Ausgänge auf Low, unabhängig vom Zustand der anderen Eingänge.
Wenn der Eingang Load auf Low ist, so wird bei der nächsten positiven Flanke des Taktimpulses der an den Anschlüssen P0 bis P3 liegende Code in den Zähler geladen.
Für synchrones Zählen mit mehreren Stellen ohne externe Gatter dienen die beiden Eingänge für die Zähler-Freigabe PE und TE, sowie der Anschluß CO (Carry Out).Die Verbindung geschieht folgendermaßen:
1. Dekade (niedrigstwertige): PE = TE = High, CO wird mit PE und TE der zweiten Dekade, und mit PE der dritten Dekade (usw) verbunden.
2. Dekade: CO der zweiten Dekade wird mit TE der dritten Dekade verbunden usw.
Alle Stufen werden synchron vom Eingangstakt gesteuert, indem die Takteingänge aller Stufen miteinander verbunden werden. Ebenso werden alle Rückstell-Eingänge parallel geschaltet.
Der Baustein ist pinkompatibel mit dem CMOS 4161 und 40161.

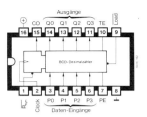

Beschreibung:

Es handelt sich bei diesem Baustein um einen programmierbaren synchronen, dekadischen Zähler, der im BCD-Code aufwärts zählt und synchron zurückgestellt wird.

Betrieb:

Für normalen Zählbetrieb werden Pin 1 ($\overline{R_{syn}}$), die Pins PE (P-Enable) und TE (T-Enable), sowie der $\overline{Load}$-Eingang High gemacht.

Der Zähler schreitet um eine Zählung synchron beim LH-Übergang des Taktes fort. Die Schaltung triggert also an den positiven Flanken des Taktimpulses. Die Ausgänge Q0, Q1, Q2 und Q3 folgen dem BCD-Code.

Zur Rückstellung des Zählers wird der Anschluß 1 ($\overline{R_{syn}}$) auf Low gelegt. Die Rückstellung erfolgt dann bei der nächsten positiven Taktflanke und setzt alle Ausgänge auf Low. Wenn der Eingang $\overline{Load}$ auf Low ist, so wird bei der nächsten positiven Flanke des Taktimpulses der an den Anschlüssen P0 bis P3 liegende Code in den Zähler geladen.

Für synchrones Zählen mit mehreren Dekaden ohne externe Gatter dienen die beiden Eingänge für die Zähler-Freigabe PE und TE, sowie der Anschluß CO (Carry Out). Die Verbindung geschieht folgendermaßen:

1. Dekade (niedrigstwertige): PE = TE = High, CO wird mit PE und TE der zweiten Dekade, und mit PE der dritten Dekade (usw) verbunden.

2. Dekade: CO der zweiten Dekade wird mit TE der dritten Dekade verbunden (usw).

Alle Stufen werden synchron vom Eingangstakt gesteuert, indem die Takteingänge aller Stufen miteinander verbunden werden. Ebenso werden alle Rückstell-Eingänge parallel geschaltet.

Dieser Baustein ist pin-kompatibel mit dem CMOS 4162 und 40162.

$\overline{Rsyn}$	$\overline{Load}$	PE	TE	Betriebsart
H	L	X	X	Voreinstellen
H	H	L	X	keine Änderung
H	H	X	L	keine Änderung
H	H	H	H	Zählung
L	X	X	X	Rückstellen

Anwendung:

Programmierbare Zähler, Zähler- und Zeitgeber-Steuerung, Frequenzteiler

Daten:

Max. Zählfrequenz   40   MHz

Synchroner programmierbarer Dezimalzähler mit synchronem Löschen

'162

'163

Synchroner programmierbarer 4-Bit-Binärzähler mit synchronem Löschen

Daten:

Max. Zählfrequenz 40 MHz

Anwendung:

Programmierbare Zähler, Zähler- und Zeitgeber-Steuerung, Frequenzteiler

Betriebsart	$\overline{\text{Rsyn}}$	$\overline{\text{Load}}$	PE	TE
Voreinstellen	H	H	X	X
keine Änderung	H	H	L	X
keine Änderung	H	H	X	L
Zählung	H	H	H	H
Rückstellen	L	X	X	X

Dieser Baustein ist pin-kompatibel mit dem CMOS 4161 und 40163.

Beschreibung:

Es handelt sich bei diesem Baustein um einen programmierbaren synchronen 4-Bit-Zähler, der im Binärcode aufwärts zählt und synchron zurücksetzt.

Betrieb:

Für normalen Zählbetrieb wird Pin 1 ($\overline{\text{Rsyn}}$), die Pins PE (P-Enable) und TE (T-Enable), sowie der Load-Eingang High gemacht.

Der Zähler schreitet um eine Zählung synchron beim LH-Übergang des Taktes fort. Die Schaltung triggert also an den positiven Flanken des Taktimpulses. Die Ausgänge Q0, Q1, Q2 und Q3 folgen dem Binärcode.

Zur Rückstellung des Zählers wird der Anschluß 1 ($\overline{\text{Rsyn}}$) auf Low gelegt. Die Rückstellung erfolgt dann bei der nächsten positiven Taktflanke und setzt alle Ausgänge auf Low. Wenn der Eingang Load auf Low ist, so wird bei der nächsten positiven Flanke des Taktimpulses der an den Anschlüssen P0 bis P3 liegende Code in den Zähler geladen.

Für synchrones Zählen mit mehreren Stellen ohne externe Gatter dienen die beiden Eingänge für die Zähler-Freigabe PE und TE, sowie der Anschluß CO (Carry Out). Die Verbindung geschieht folgendermaßen:

1. Dekade (niedrigstwertige): PE = TE = High, CO wird mit PE und TE der zweiten Dekade, und mit PE der dritten Dekade verbunden.

2. Dekade: CO der zweiten Dekade wird mit TE der dritten Dekade (usw) verbunden.

Alle Stufen werden synchron vom Eingangstakt gesteuert, indem die Takteingänge aller Stufen miteinander verbunden werden. Ebenso werden alle Rückstell-Eingänge parallel geschaltet.

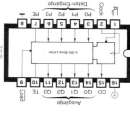

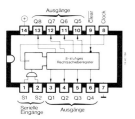

Beschreibung:
Dieser Baustein enthält ein schnelles 8-stufiges Schieberegister mit serieller Eingabe und paralleler oder serieller Ausgabe, sowie Löschmöglichkeit.

Betrieb:
Für Normalbetrieb wird der Lösch- (Clear-) Eingang und einer der beiden seriellen Dateneingänge (S1 oder S2) auf High gehalten. Die Daten werden dem zweiten seriellen Dateneingang zugeführt. Dann werden bei jedem LH-Übergang (positive Flanke) des Taktes am Clock-Anschluß die Daten um eine Stufe nach rechts geschoben. Die Information erscheint dann bei der ersten Taktflanke an Q1, ein bereits vorhandener Inhalt in Q1 geht nach Q2 usw, der Inhalt von Q7 geht nach Q8, und der Inhalt von Q8 gelangt in ein gegebenenfalls angeschlossenes weiteres Schieberegister oder geht verloren.
Der Inhalt des Registers kann gelöscht werden, wenn man Clear kurzzeitig auf Low bringt. Dann gehen alle Ausgänge Q1 bis Q7 auf Low. Das Löschen ist unabhängig vom Zustand des Takteinganges.
Um ein High in das Register einzuschieben, müssen beide seriellen Eingänge S1 und S2 auf High liegen. Legt man einen der beiden seriellen Eingänge auf Low, so gelangt beim nachfolgenden Taktimpuls ein Low in das Register.

Eingänge				Ausgänge		
Clear	Clock	S1	S2	Q1	Q2 ...	Q8
L	X	X	X	L	L	L
H	$\sqcap$	X	X	keine Änderung		
H	$\sqcup\!\!\!\!\_$	L	X	L	Q_{1n} ...	Q_{7n}
H	$\sqcup\!\!\!\!\_$	X	L	L	Q_{1n} ...	Q_{7n}
H	$\sqcup\!\!\!\!\_$	H	H	H	Q_{1n} ...	Q_{7n}

$Q_{1n} \ldots Q_{7n}$ = Daten, die von der vorausgehenden Stufe bei der positiven Flanke des Taktes verschoben werden.

Anwendung:
Speichern und Registrieren von Daten, Serien-Parallel-Umsetzung

Daten:
Max. Taktfrequenz   54   MHz

8-Bit-Schieberegister mit Parallelausgabe und Löschen

'164

'165

8-Bit-Schieberegister mit Paralleleingabe

Daten:
Min. garantierte Schiebefrequenz   50   MHz

Anwendung:
Parallel-Serien-Umwandlung, Zwischenspeichern von Daten

Eingänge			Funktion
Shift/Load	Clock	Enable	
L	X	X	Paralleles Laden
H	H	X	keine Änderung
H	X	H	keine Änderung
H	L	⌐‾	Verschiebung
H	‾⌐	L	Verschiebung

Ein ähnlicher Baustein mit einer zusätzlichen Löschfunktion ist der '166.

Das Schieberegister kann mit parallelen Daten an P1 bis P8 geladen werden, wenn man den Load-Eingang kurzzeitig auf Low legt. Dieser Ladevorgang ist unabhängig vom Takt. Am seriellen Eingang (Pin 10) liegende Daten werden bei jeder positiven Flanke des Taktes vom Register aufgenommen, (das jedoch nur für ein High-Signal an Pin 10 gilt).
Die Ausgabe erfolgt seriell am Ausgang Q8 und invertiert an Q8.
Das Takten kann man sperren, indem man den Freigabe- (Enable-) Eingang auf High legt. Infolge der ODER-Verknüpfung der Eingänge Clock und Enable können die beiden Eingänge auch vertauscht werden.

Betrieb:
Bei Normalbetrieb wird der Freigabe- (Enable-) Eingang auf Low gehalten. Jeder LH-Übergang (positive Flanke) des Taktes am Clock-Eingang schiebt die Daten um eine Stufe nach rechts.

Beschreibung:
Dieser Baustein enthält ein 8-stufiges Rechts-Schieberegister mit serieller oder paralleler Eingabe und serieller Ausgabe.

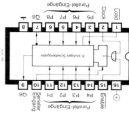

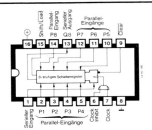

Beschreibung:

Dieser Baustein enthält ein 8-stufiges Schieberegister mit paralleler oder serieller Eingabe und serieller Ausgabe, sowie Lösch- und Taktsperr-Eingängen.

Betrieb:

Bei Normalbetrieb wird der Taktsperr- (Clock Inhibit-) Eingang auf Low gehalten. Jeder LH-Übergang (positive Flanke) des Taktes am Clock-Eingang schiebt die Daten um eine Stufe nach rechts.

Das Schieberegister kann mit parallelen Daten an P1 bis P8 geladen werden, wenn man den Load-Eingang kurzzeitig auf Low legt. Dieser Ladevorgang ist unabhängig vom Takt. Am Eingang für serielle Daten liegende Informationen werden bei jeder positiven Flanke des Taktes vom Register übernommen.

Die Ausgabe erfolgt seriell am Ausgang Q8 in nicht invertierter Form.

Das Takten kann man sperren, indem man Pin 6 (Clock Inhibit) auf High legt. Infolge der ODER-Verknüpfung der Eingänge Clock und Clock-Inhibit können die beiden Eingänge auch vertauscht werden.

Wird der Eingang Clear kurzzeitig auf Low gelegt, so werden alle Stufen des Registers intern gelöscht und der Ausgang Q8 geht ebenfalls auf Low. Die Löschfunktion ist unabhängig vom Takteingang.

Ein ähnlicher Baustein, jedoch ohne Löschfunktion, dafür mit einem zusätzlichen invertierenden seriellen Ausgang, ist der '165.

Clear	Shift/Load	Clock Inhibit	Clock	Serieller Eingang	Parallel-Eing. P1 ... P8	Ausgang Q8	Funktion
L	X	X	X	X	X	L	Asynchrones Löschen
H	L	L	X	X	D1 ... D8 1)	D8	Asynchrones paralleles Laden
H	H	L	⌐	H	X	2)	Serielles Schieben
H	H	L	⌐	L	X	2)	Serielles Schieben
H	X	H	⌐	X	X		keine Änderung

1) D1 ... D8 = Daten an den Parallel-Eingängen P1—P8
2) Daten, die von der vorhergehenden internen Stufe geschoben werden

Anwendung:

Parallel-Serien-Umwandlung, Zwischenspeichern von Daten

Daten:

Min. garantierte Schiebefrequenz	36	MHz

8-Bit-Schieberegister mit Paralleleingabe und Löschen

'166

Synchroner programmierbarer Dezimal-Frequenzteiler

Daten:

Min garantierte Taktfrequenz | MHz

Anwendung:

Rechenoperationen, Division, Analog-Digital oder Digital-Analog-Umwandlungen

Beschreibung:

Dieser Baustein enthält einen programmierbaren dezimalen Frequenzteiler, der häufig auch als Rate Multiplier (Modulo 10) bezeichnet wird.

Betrieb:

Dieser Baustein gibt für jeweils 10 Eingangsimpulse eine vorprogrammierte Anzahl von 1 bis 9 Ausgangsimpulsen ab.

Das Teilungsverhältnis f_{aus}/f_{ein} kann an den Eingängen A bis D vorgewählt werden:

$$f_{aus}/f_{ein} = \frac{M}{16}, \text{ wobei } M = D.2^3 + C.2^2 + B.2^1 + A.2^0 \text{ von dezimal 0 bis 9.}$$

Für normalen Betrieb sind die Anschlüsse Strobe (Austasten), Clear (Löschen) und Enable (Freigabe) an Masse zu legen. Dann führt man eine Rechteck-Spannung an den Takteingang (Clock). Am Enable-Eingang (Pin 7) erhält man dann eine 1-aus-10-Decodierung des Eingangstaktes, d.h. 1 Impuls für je 10 Eingangs-Impulse.

Am normalen Ausgang Q (Pin 5) erhält man so viele Impulse je 10 Eingangs-Taktzyklen, wie man durch die Eingänge A bis D auswählt. Will man beispielsweise 5 Ausgangs-Impulse für je 10 Eingangs-Impulse, so programmiert man: (dezimal 5 = binär 0101) D = Low, C = High, B = Low und A = High.

Im allgemeinen sind die Ausgangs-Impulse nicht gleich weit voneinander entfernt. Daher enthält ein Rate-Multiplier-System meist etwas Jitter, was jedoch ohne Bedeutung ist.

Macht man Clear kurzzeitig High, so wird der interne Zehnerteiler auf Null gesetzt. Wenn der Strobe-Eingang positiv gemacht wird, arbeitet der Zähler zwar, es treten jedoch keine Impulse an Pin 5 oder 6 auf. Pin 6 ist das Komplement und wird direkt durch den Cascade-Eingang getort. Cascade-Eingang auf Low sperrt den Ausgang an Pin 6.

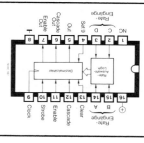

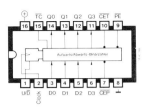

Beschreibung:
Dieser Baustein enthält einen synchronen, programmierbaren, binären Vorwärts-/Rück-wärts-Zähler.

Betrieb:
Dieser Zähler arbeitet im Binärcode und wird bei jedem LH-Übergang (positive Flanke) des Taktes an Pin 2 (Clock) weitergestellt.
Wenn hierbei der Anschluß 1 (U/$\overline{\text{D}}$ =Up/$\overline{\text{Down}}$) auf High liegt, wird vorwärts (oder auf-wärts) gezählt. Liegt dieser Pin auf Low, erfolgt die Zählung rückwärts (oder abwärts).
Voreinstellen oder Programmieren erfolgt über die Daten-Eingänge D0 bis D3. Ein Low am Eingang $\overline{\text{PE}}$ (Parallel Enable) sperrt den Zähler und bewirkt, daß die Daten an D0 bis D3 beim nächsten LH-Übergang des Taktes in den Zähler geladen werden.
Damit die Zählung abläuft, muß $\overline{\text{CEP}}$ (Count Enable Parallel Input) und $\overline{\text{CET}}$ (Count Enable Trickle Input) auf Low und $\overline{\text{PE}}$ wieder auf High liegen.
Der Anschluß $\overline{\text{TC}}$ (Terminal Count Output) ist normalerweise High und geht auf Low, wenn der Zähler beim Abwärtszählen 0 oder beim Aufwärtszählen 15 erreicht.
Kaskadieren mehrerer Zähler ist ohne externe Gatter möglich.

$\overline{\text{PE}}$	$\overline{\text{CEP}}$	$\overline{\text{CET}}$	U/$\overline{\text{D}}$	Clock	Funktion
L	X	X	X	⎍	Paralleles Laden
H	L	L	H	⎍	Aufwärtszählen
H	L	L	L	⎍	Abwärtszählen
H	H	X	X	⎍	keine Änderung
H	X	H	X	⎍	keine Änderung

Anwendung:
Aufwärts-/Abwärts-Differenz-Zählung, synchrone Frequenzteiler, A/D- und D/A-Wandler, programmierbare Binärzählung

Daten:
Min. garantierte Zählfrequenz (aufwärts)   30   MHz

Synchroner programmierbarer Vorwärts-/Rückwärts-4-Bit-Binärzähler

'169

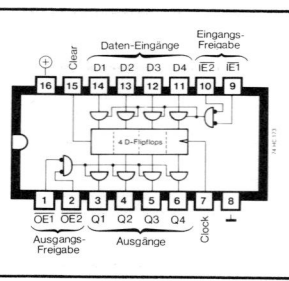

Beschreibung:
Dieser Baustein enthält vier D-Flipflops mit Freigabe-Eingängen und Löschmöglichkeit, sowie Tristate-Ausgängen.

Betrieb:
Die Eingabe der parallelen Daten erfolgt über die Eingänge D1 bis D4. Die Übernahme der Daten in die Register erfolgt bei der positiven Flanke des Taktes am Clock-Anschluß. Hierzu müssen beide Freigabe-Eingänge IE1 und IE2 (Input Enable) auf Low liegen. Bringt man einen dieser Freigabe-Eingänge auf High, so bleiben die eingeschriebenen Daten bei weiteren Taktimpulsen gespeichert.

Die gespeicherten Daten stehen an den Ausgängen Q1 bis Q4, vorausgesetzt, die beiden Ausgangs-Freigabe-Anschlüsse OE1 und OE2 (Output Enable) liegen auf Low. Wird einer dieser Pins auf High gebracht, so gehen die Ausgänge in einen hochohmigen Zustand (Tristate).

Der Anschluß für Löschen (Clear) liegt normalerweise auf Low. Bringt man ihn kurzzeitig auf High, gehen alle Ausgänge auf Low.

Eingänge						Ausgänge
Ausgangs-Freigabe		Clear	Clock	Eingangs-Freigabe	Daten-Eingang	
OE1	OE2			IE1 IE2	D1–D4	Q1–Q4
L	L	H	X	X X	X	L
L	L	L	L	X X	X	keine Änderung
L	L	L	H	X X	X	keine Änderung
L	L	L	⌐	H X	X	keine Änderung
L	L	L	⌐	X H	X	keine Änderung
L	L	L	⌐	L L	L	L
L	L	L	⌐	L L	H	H
L	L	L	⌐	X X	X	keine Änderung
X	H	X	X	X X	X	Z
H	L	X	X	X X	X	Z
H	H	X	X	X X	X	Z

Anwendung:
Zwischenspeicher-Register.

Daten:

Min. garantierte Taktfrequenz	46	MHz
Durchlauf-Verzögerung	21	ns

4-Bit-D-Register mit Freigabe und Löschen (TS)

'173

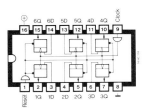

Beschreibung:
Dieser Baustein dient zur gleichzeitigen Speicherung von sechs Informations-Bits.

Betrieb:
Bei normalem Betrieb wird Pin 1 ($\overline{\text{Reset}}$) auf High liegen.
Zu speichernde Daten werden den D-Eingängen zugeführt. Beim LH-Übergang (positive Flanke) des Taktes am Clock-Eingang werden die Informationen intern gespeichert und erscheinen an den entsprechenden Q-Ausgängen.
Wird Pin 1 ($\overline{\text{Reset}}$) kurzzeitig auf Masse gelegt, gehen alle Ausgänge in den Low- oder Null-Zustand.

Eingänge			Ausgang
Clock	Daten	$\overline{\text{Reset}}$	Q
⌐_	L	H	L
⌐_	H	H	H
⌐⌐	X	H	keine Änderung
X	X	L	L

Anwendung:
Zwischenspeicher-Register

Daten:

Maximale Taktfrequenz	44	MHz
Durchlauf-Verzögerung	17	ns

6-Bit-D-Register mit Löschen

'174

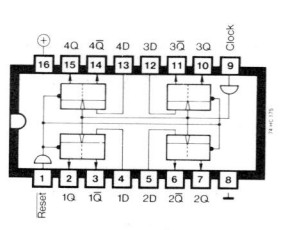

Beschreibung:
Dieser Baustein dient zur gleichzeitigen Speicherung von vier Informations-Bits und ihrer Komplemente.

Betrieb:
Bei normalem Betrieb wird Pin 1 ($\overline{\text{Reset}}$) auf High liegen.

Die zu speichernden Daten werden den D-Eingängen zugeführt. Beim LH-Übergang (positive Flanke) des Taktes am Clock-Eingang werden die Informationen an den Eingängen intern gespeichert und erscheinen an den entsprechenden Q-Ausgängen, das Komplement an den $\overline{\text{Q}}$-Ausgängen.

Wird Pin 1 ($\overline{\text{Reset}}$) kurzzeitig auf Masse gelegt, gehen alle Q-Ausgänge auf Low und die $\overline{\text{Q}}$-Ausgänge auf High.

	Eingänge			Ausgänge	
Clock	Daten	$\overline{\text{Reset}}$		Q	$\overline{\text{Q}}$
⊐_Γ	L	H		L	H
⊐_Γ	H	H		H	L
⊓_L	X	H		keine Änderung	
X	X	L		L	H

Anwendung:
Zwischenspeicher-Register

Daten:
Maximale Taktfrequenz	50	MHz
Durchlauf-Verzögerung	15	ns

4-Bit-D-Register mit Löschen

'175

108

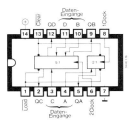

Beschreibung.
Dieser Baustein enthält einen Teiler 2:1, einen Teiler 5:1, sowie einen Voreinstell- und einen Lösch-Eingang.

Betrieb:
Da der Baustein aus 2 getrennten Teilern mit 2:1 und 5:1 mit getrennten Takteingängen besteht, gestattet er verschiedene Betriebsarten.
1. Teiler durch 2 und Teiler durch 5:
   Der Eingang 1Clock (Pin 8) steuert QA im Taktverhältnis 2:1. 2Clock (Pin 6) steuert die Ausgänge QD, QC und QB für ein Teilerverhältnis 5:1. Wenn auch die Teiler getrennt arbeiten, so erfolgt Voreinstellen und Löschen jedoch gemeinsam.
2. Dezimal-Zähler: QA wird mit 2Clock verbunden. Die Taktfrequenz wird 1Clock zugeführt. Der Zähler arbeitet im BCD-Code.
3. Teiler durch 10: QD wird mit 1Clock verbunden, der Takt wird an 2Clock gelegt. Es ergibt sich eine biquinäre Zählfolge. Der Ausgang an QA liefert eine symmetrische Rechteck-Spannung.

Der Zähler wird beim HL-Übergang (negative Flanke) des Taktes weitergestellt.
Für normalen Zählbetrieb liegt der Lösch-Eingang (Clear) auf High. Bringt man ihn kurzzeitig auf Low, gehen alle Ausgänge ebenfalls auf Low.
Der Zähler ist über die Dateneingänge A bis D voreinstellbar, indem der gewünschte Code an diese Eingänge gebracht und der Anschluß Load kurzzeitig auf Low gelegt wird.
Löschen und Laden sind asynchron, d.h. unabhängig vom Takt.

Funktion:

	Eingänge		Ausgänge
Clear	Load	Clock	QA–QD
L	X	X	L
H	L	X	Paralleles Laden
H	H	⌐_	Zählen

Dekadisch (BCD)

Zählung	Ausgänge			
	QD	QC	QB	QA
0	L	L	L	L
1	L	L	L	H
2	L	L	H	L
3	L	L	H	H
4	L	H	L	L
5	L	H	L	H
6	L	H	H	L
7	L	H	H	H
8	H	L	L	L
9	H	L	L	H

Biquinär

Zählung	Ausgänge			
	QD	QC	QB	QA
0	L	L	L	L
1	L	L	L	H
2	L	L	H	L
3	L	L	H	H
4	L	H	L	L
5	H	L	L	L
6	H	L	L	H
7	H	L	H	L
8	H	L	H	H
9	H	H	L	L

Anwendung:
Programmierbare Zähler und Teiler, Frequenz-Synthesizer

Daten:
Max. Taktfrequenz   50   MHz

Programmierbarer Dezimalzähler mit Löschen

'176

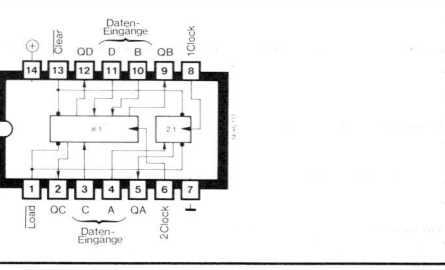

Beschreibung:

Dieser Baustein enthält einen Teiler 2:1, einen Teiler 8:1, sowie einen gemeinsamen Vor-
einstell- und einen Lösch-Eingang.

Betrieb:

Der Baustein kann als 4-Bit-Binärzähler verwendet werden, indem man den Ausgang QA
mit 2Clock verbindet und die Taktfrequenz Pin 8 (Clock 1) zuführt.

Die möglichen Teilerverhältnisse sind 2:1, 4:1, 8:1, 16:1.

Wird QA nicht verwendet, so arbeitet der Zähler als 3-Bit-Binärzähler, wenn man den
Takt an 2Clock (Pin 6 legt.

Die Zähler werden beim HL-Übergang (negative Flanke) des Taktes weitergestellt.

Für normalen Zählbetrieb liegt der Lösch-Eingang (Clear) auf High. Bringt man ihn kurzzeitig auf Low, gehen alle Ausgänge ebenfalls auf Low.

Der Zähler ist über die Dateneingänge A bis D voreinstellbar,
indem der gewünschte Code an diese Eingänge gebracht und
der Anschluß Load kurzzeitig auf Low gelegt wird.

Löschen und Laden sind asynchron, d.h. unabhängig vom
Takt.

Zählung	Ausgänge			
	QD	QC	QB	QA
0	L	L	L	L
1	L	L	L	H
2	L	L	H	L
3	L	L	H	H
4	L	H	L	L
5	L	H	L	H
6	L	H	H	L
7	L	H	H	H
8	H	L	L	L
9	H	L	L	H
10	H	L	H	L
11	H	L	H	H
12	H	H	L	L
13	H	H	L	H
14	H	H	H	L
15	H	H	H	H

Funktion:

	Eingänge		Ausgänge
Clear	Load	Clock	QA—QD
L	X	X	L
H	L	X	Paralleles Laden
H	H	⌐_	Zählen

Anwendung:

Programmierbare Zähler und Teiler, Frequenz-Synthesizer

Daten:

Max. Taktfrequenz   45   MHz

Programmierbarer 4-Bit-Binärzähler mit Löschen

'177

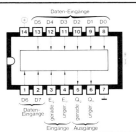

Beschreibung:

Dieser Baustein enthält einen Paritäts-Generator/Prüfer für 9 Bits (8 Datenbits plus 1 Paritätsbit).

Betrieb:

Dieser Baustein nimmt bei Datenvergleichs-Prüfungen über die Dateneingänge D0 bis D7 Worte mit 8 Bits auf und zeigt über die Ausgänge an, ob die Informationen geradzahlig oder ungeradzahlig sind.

Hierzu wird das zu prüfende Wort an die Eingänge D0 bis D7 gelegt. Macht man nun den Eingang für gerade Parität E_g (Pin 3) High und den Eingang für ungerade Parität E_u (Pin 4) Low, dann wird eine gerade Anzahl von Einsen den Ausgang für gerade Parität Q_g auf High und den Ausgang für ungerade Parität Q_u auf Low schalten.

Macht man dagegen E_g Low und E_u High, wird eine gerade Anzahl von Einsen Q_g Low und Q_u High machen.

Macht man beide Eingänge E_g und E_u High, so gehen beide Ausgänge auf Low, und umgekehrt, unabhängig vom Zustand der Eingänge D0 bis D7.

Ein 9-Bit-Wort prüft man, indem man die beiden Eingänge E_g und E_u plus einem Inverter als neunten Dateneingang verwendet. Wird das 9. Bit an den Eingang E_u geführt und der Inverter zwischen Pin 4 und Pin 3 gelegt, dann wird bei einer geraden Anzahl von Einsen Q_g auf High schalten. Führt man dagegen das 9. Bit an Pin 3 und legt den Inverter zwischen Pin 3 und Pin 4, so schaltet bei einer geraden Anzahl von Einsen Q_g auf Low.

Erweiterung auf beliebige Bit-Zahlen in 8-Bit-Schritten ist durch Verbinden von Q_g und Q_u der ersten Stufe mit E_g und E_u der nächsten Stufe möglich.

Eingänge			Ausgänge	
Summe der Einsen an D0 bis D7	E_g	E_u	Q_g	Q_u
gerade	H	L	H	L
ungerade	H	L	L	H
gerade	L	H	L	H
ungerade	L	H	H	L
X	H	H	L	L
X	L	L	H	H

Anwendung:

Erzeugung von Paritätsbit und Prüfung auf Übertragungsfehler

Daten:

Durchlauf-Verzögerung   36   ns

9-Bit-Paritätsgenerator/
8-Bit-Paritätsprüfer

'180

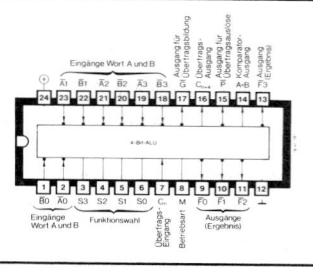

Beschreibung:

Dieser Baustein enthält eine arithmetisch-logische Recheneinheit (ALU), mit der 16 logische und 16 arithmetische Operationen an 4-Bit-Operanden ausgeführt werden können.

Betrieb:

Die beiden Operanden A und B werden den entsprechenden Eingängen (aktiv Low) zugeführt. Die logische Betriebsart wird mit M (Mode) = H und die arithmetische Betriebsart mit M = L ausgewählt. Dann wird gemäß der Wahrheitstabelle über die Eingänge S0 bis S3 die auszuführende Funktion gewählt und das Ergebnis kann an F0 bis F3 (aktiv Low) abgenommen werden.

Eine Erweiterung auf n x 8 Bits ist mittels des Bausteins '182 (Übertragseinheit) und weiterer '181 möglich.

Der Baustein ist auch als Komparator verwendbar. Bei gleichen Operanden wird der Ausgang A = B High.

Bei entsprechender Deutung der Pinbelegung ist ein Arbeiten mit negativer Logik möglich

Funktionswahl				Eingänge und Ausgänge aktiv Low		Eingänge und Ausgänge aktiv High	
S_0	S_1	S_2	S_3	Arithmetisch (M = L, C_n = L) F =	Logisch (M = H) F =	Arithmetisch (M = L, $\overline{C}_n$ = H) F =	Logisch (M = H) F =
L	L	L	L	A minus 1	$\overline{A}$	A	$\overline{A}$
H	L	L	L	AB minus 1	$\overline{AB}$	A + B	$\overline{A + B}$
L	H	L	L	$A\overline{B}$ minus 1	$\overline{A} + B$	A + $\overline{B}$	$\overline{A}B$
H	H	L	L	minus 1 (2's comp.)	Logic '1'	minus 1 (2's comp.)	Logic '0'
L	L	H	L	A plus [A + $\overline{B}$]	$\overline{A + B}$	A plus $A\overline{B}$	$\overline{AB}$
H	L	H	L	AB plus [A + $\overline{B}$]	$\overline{B}$	$A\overline{B}$ plus [A + B]	$\overline{B}$
L	H	H	L	A minus B minus 1	$A \oplus B$	A minus B minus 1	$A \oplus B$
H	H	H	L	A + $\overline{B}$	A + $\overline{B}$	$A\overline{B}$ minus 1	$A\overline{B}$
L	L	L	H	A plus [A + B]	$\overline{A}B$	A plus AB	$\overline{A} + B$
H	L	L	H	A plus B	$A \oplus B$	A plus B	$\overline{A \oplus B}$
L	H	L	H	$A\overline{B}$ plus [A + B]	B	AB plus [A + $\overline{B}$]	B
H	H	L	H	A + B	A + B	AB minus 1	AB
L	L	H	H	A plus A*	Logic '0'	A plus A*	Logic '1'
H	L	H	H	A plus AB	$A\overline{B}$	A plus [A + B]	A + $\overline{B}$
L	H	H	H	A plus $A\overline{B}$	AB	A plus [A + $\overline{B}$]	A + B
H	H	H	H	A	A	A minus 1	A

* jedes Bit wird in die nächst höhere Stufe geschoben

Anwendung:

Recheneinheit für arithmetische oder logische Operationen

Daten:

Typ. Additionszeit für 4 Bits   20   ns

4-Bit-arithmetische/logische Einheit, Funktionsgenerator

'181

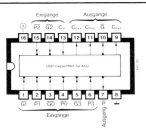

Eingänge: $\overline{P2}$ $\overline{G2}$ C_n | Ausgänge: C_{n+x} C_{n+y} $\overline{G}$ C_{n+z}

Pins 16 15 14 13 12 11 10 9

Übertragseinheit für ALU

Pins 1 2 3 4 5 6 7 8

$\overline{G1}$ $\overline{P1}$ $\overline{G0}$ $\overline{P0}$ $\overline{G3}$ $\overline{P3}$ — Ausgang $\overline{P}$ —

Eingänge

Beschreibung:
Dieser Baustein stellt eine schnelle, parallel erweiterbare Übertragseinheit dar und ist besonders für die ALU '181 vorgesehen.

Betrieb:
Diese Einheit kann den Übertrag für 4 binäre Addierer vorwegnehmen und ist auf n Bit erweiterbar.

Der Baustein nimmt bis zu 4 Paare von Signalen für Übertragsauslösung (Carry Propagate) $\overline{P0}$ bis $\overline{P3}$ (aktiv Low) und Übertragsbildung (Carry Generate) $\overline{G0}$ bis $\overline{G3}$ (aktiv Low) sowie einen Übertragseingang (aktiv High) auf und liefert vorweggenommene Überträge C_{n+x}, C_{n+y} und C_{n+z} an vier Gruppen von binären Addierern.

Bei Verwendung des '181 mit negativer Logik bleiben die Verbindungen mit dem '182 gleich.

Eingänge				Ausgang
$\overline{P3}$	$\overline{P2}$	$\overline{P1}$	$\overline{P0}$	$\overline{P}$
L	L	L	L	L
Alle übrigen Kombinationen				H

Eingänge						Ausgang
$\overline{G3}$	$\overline{G2}$	$\overline{G1}$	$\overline{G0}$	$\overline{P3}$	$\overline{P2}$	$\overline{P1}$	$\overline{G}$
L	X	X	X	X	X	X	L
X	L	X	X	L	X	X	L
X	X	L	X	L	L	X	L
X	X	X	L	L	L	L	L
Alle übrigen Kombinationen							H

Eingänge			Ausgang
$\overline{G0}$	$\overline{P0}$	C_n	C_{n+x}
L	X	X	H
X	L	H	H
Alle übrigen Kombinationen			L

Eingänge						Ausgang
$\overline{G2}$	$\overline{G1}$	$\overline{G0}$	$\overline{P2}$	$\overline{P1}$	$\overline{P0}$	C_n	C_{n+z}
L	X	X	X	X	X	X	H
X	L	X	L	X	X	X	H
X	X	L	L	L	X	X	H
X	X	X	L	L	L	H	H
Alle übrigen Kombinationen							L

Eingänge					Ausgang
$\overline{G1}$	$\overline{G0}$	$\overline{P1}$	$\overline{P0}$	C_n	C_{n+y}
L	X	X	X	X	H
X	L	L	X	X	H
X	X	L	L	H	H
Alle übrigen Kombinationen					L

Anwendung:
Übertragsbildung für Recheneinheit '181

Daten:
Übertrags-Verzögerung   18   ns

Übertragseinheit für Rechen- und Zählschaltungen

'182

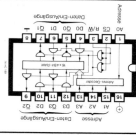

Beschreibung:

Dieser Baustein enthält einen schnellen Schreib/Lese-Speicher (RAM) mit 64 Bit, organisiert zu je 4 Bit (16×4) und Tristate-Ausgängen.

Betrieb:

Über die Adressen-Eingänge A0 bis A3 wird der gewünschte Speicherplatz ausgewählt, in den eingeschrieben oder ausgelesen werden soll. Die Adressen-Eingänge sind gepuffert, um den Adressenbus möglichst wenig zu belasten.

Die einzuschreibenden Daten werden an die Dateneingänge D0 bis D3 geführt und $\overline{CS}$ (Chip Select) und R/$\overline{W}$ (Read/Write) auf Low gebracht. Die Ausgänge werden hierbei hochohmig.

Zum Auslesen bringt man R/$\overline{W}$ auf High ($\overline{CS}$ bleibt auf Low). Dann steht das Komplement der im adressierten Speicherplatz aufbewahrten Daten an den Ausgängen $\overline{Q0}$ bis $\overline{Q3}$.

Legt man $\overline{CS}$ auf High, so wird der Speicher gesperrt und die Ausgänge gehen in den hochohmigen Zustand, unabhängig vom logischen Pegel von R/$\overline{W}$.

Ein ähnlicher Baustein mit nicht invertierten Ausgängen ist der '219.

Funktion	Eingänge		Ausgänge
	$\overline{CS}$	R/$\overline{W}$	
Schreiben	L	L	Z
Lesen	L	H	Komplement der eingegebenen Daten
Sperren	H	X	Z

Anwendung:

Zwischenspeicherung von 4-Bit-Daten

Daten:

Zugriffszeit   27   ns

RAM, 64 Bit (16 × 4)(TS)

'189

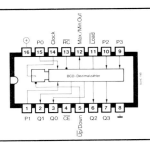

Beschreibung:
Dieser Baustein enthält einen synchronen, programmierbaren dezimalen Zähler, der im BCD-Code aufwärts oder abwärts zählt.

Betrieb:
Für normalen Zählbetrieb liegt $\overline{\text{Load}}$ auf High und $\overline{\text{CE}}$ (Count Enable) auf Low. Will man aufwärts zählen, dann legt man hierzu den Anschluß Up/Down auf Low. Der Zähler schreitet bei jedem LH-Übergang (positive Flanke) des Taktes am Anschluß Clock weiter. Zum Abwärts-Zählen legt man den Anschluß $\overline{\text{Up}}$/Down auf High.
Zur Programmierung wird die gewünschte Zahl im BCD-Code an die Eingänge P0 bis P3 gelegt und $\overline{\text{Load}}$ kurzzeitig auf Low gebracht. Der Ladevorgang ist unabhängig vom Takt. Der Zähler kann als beliebig einstellbarer Teiler arbeiten, wobei mehrere Zähler parallel oder seriell betrieben werden können. Da kein gesonderter Lösch-Eingang vorhanden ist, müßten, falls erforderlich, lauter Nullen geladen werden.
Wenn der Zähler beim Aufwärtszählen 9 oder beim Abwärtszählen 0 erreicht, geht der Ausgang Pin 12 auf High.
$\overline{\text{RC}}$ (Ripple Clock) ist normalerweise High. Wenn $\overline{\text{CE}}$ (Clock Enable) Low und Pin 12 High ist, geht $\overline{\text{RC}}$ bei der nächsten negativen Flanke des Taktes auf Low und bleibt auf Low, bis der Takt wieder auf High geht. Dadurch läßt sich der Aufbau mehrstufiger Zähler vereinfachen, indem man $\overline{\text{RC}}$ mit $\overline{\text{CE}}$ der nächsten Stufe verbindet, wenn man parallel taktet.
$\overline{\text{CE}}$ (Taktfreigabe) mit aktiv Low darf nur geändert werden, wenn der Takteingang High ist.

Eingänge				Funktion
$\overline{\text{Load}}$	$\overline{\text{CE}}$	$\overline{\text{Up}}$/Down	Clock	
H	L	L	⌐	Aufwärtszählen
H	L	H	⌐	Abwärtszählen
L	X	X	X	Laden (asynchron)
H	H	X	X	keine Änderung

Anwendung:
Aufwärts/Abwärts-Differenz-Zählung, mehrstufiges synchrones Zählen, Frequenzteiler für Synthesizer

Daten:
Max. Taktfrequenz   42   MHz

Synchroner programmierbarer Vorwärts-/Rückwärts-Dezimalzähler

'190

'191

Synchroner programmierbarer Vorwärts-/Rückwärts-4-Bit-Binärzähler

Daten:

Max. Taktfrequenz   42   MHz

Anwendung:

Aufwärts/Abwärts-Differenz-Zählung, mehrstufiges synchrones Zählen, Frequenzteiler

Eingänge				Funktion
Load	CE	Up/Down	Clock	
H	L	L	⌐⌐	Aufwärtszählen
H	L	H	⌐⌐	Abwärtszählen
L	X	X	X	Laden (asynchron)
H	H	X	X	keine Änderung

CE (Taktfreigabe) mit aktiv Low darf nur geändert werden, wenn der Takteingang High ist.

RC (Ripple Clock) ist normalerweise High. Wenn CE (Clock Enable) Low und Pin 12 High ist, geht RC bei der nächsten negativen Flanke des Taktes auf Low und bleibt auf Low, bis der Takt wieder auf High geht. Dadurch läßt sich der Aufbau mehrstufiger Zähler vereinfachen, indem man RC mit CE der nächsten Stufe verbindet, wenn man parallel taktet.

Wenn der Zähler beim Aufwärtszählen 15 oder beim Abwärtszählen 0 erreicht, geht der Ausgang Pin 12 auf High.

Der Zähler kann als beliebig einstellbarer Teiler arbeiten, wobei mehrere Zähler parallel oder seriell betrieben werden können. Da kein gesonderter Lösch-Eingang vorhanden ist, müßten, falls erforderlich, lauter Nullen geladen werden.

Zur Programmierung wird die gewünschte Zahl im Binärcode an die Eingänge P0 bis P3 gelegt und Load kurzzeitig auf Low gebracht. Der Ladevorgang ist unabhängig vom Takt.

Zum Abwärtszählen legt man den Anschluß Up/Down auf High.

Für normalen Zählbetrieb liegt Load auf High und CE (Count Enable) auf Low. Will man aufwärts zählen, dann legt man hierzu den Anschluß Up/Down auf Low. Der Zähler schreitet bei jedem LH-Übergang (positive Flanke) des Taktes am Anschluß Clock weiter.

Betrieb:

Dieser Baustein enthält einen programmierbaren synchronen Binärzähler, der im 4-Bit-Binärcode aufwärts oder abwärts zählt.

Beschreibung:

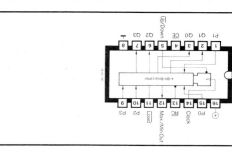

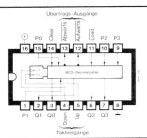

Beschreibung:
Dieser Baustein enthält einen programmierbaren synchronen, dezimalen BCD-Zähler mit getrennten Takteingängen für Aufwärts- und Abwärtszählen, sowie einen Lösch-Eingang.

Betrieb:
Für normalen Zählbetrieb legt man den Anschluß Load auf High und Clear auf Low.
Der Zähler geht bei jedem LH-Übergang (positive Flanke) am Takteingang Up um einen Schritt nach aufwärts weiter. Bei jeder positiven Flanke des Taktes am Down-Eingang geht der Zähler abwärts. Der jeweils andere Takteingang ist auf High zu legen.
Zur Programmierung wird die gewünschte Zahl im BCD-Code an die Eingänge P0 bis P3 gelegt und der Eingang Load kurzzeitig auf Low gelegt.
Zum Löschen des Zählers legt man Clear kurzzeitig auf High. Der Löschvorgang ist unabhängig vom Takt.
Beim Aufwärtszählen gibt der Übertrags-Ausgang Pin 12 bei Erreichen von 9 einen negativen Impuls ab. Beim Abwärtszählen entsteht beim Erreichen von 0 am Ausgang 13 ein kurzer negativer Impuls.
Für mehrstellige Zähler verbindet man Pin 13 (Abwärts-Übertrag) mit dem Takteingang Clock-Down der nächsten Stufe und Pin 14 (Aufwärts-Übertrag) mit dem Takteingang Clock-Up der folgenden Stufe.

Clock Up	Clock Down	Clear	$\overline{\text{Load}}$	Funktion
⌐_	H	L	H	Aufwärtszählen
H	⌐_	L	H	Abwärtszählen
X	X	H	X	Löschen
X	X	L	L	Laden

Anwendung:
Aufwärts/Abwärts-Differenz-Zählung, synchrone Frequenzteiler für Synthesizer

Daten:
Max. Zählfrequenz   55   MHz

Synchroner programmierbarer Vorwärts/Rückwärts-Dezimalzähler mit Löschen

'192

'193

Synchroner programmierbarer Vorwärts-/Rückwärts- 4-Bit-Binärzähler mit Löschen

Daten:

Max. Zählfrequenz   55   MHz

Anwendung:

Aufwärts/Abwärts-Differenz-Zählung, synchrone Frequenzteiler für Synthesizer

Funktion	Clock Up	Clock Down	Clear	Load
Aufwärtszählen	⎍	H	L	H
Abwärtszählen	H	⎍	L	H
Löschen	X	X	H	X
Laden	X	X	L	L

Beschreibung:

Dieser Baustein enthält einen programmierbaren synchronen 4-Bit-Binärzähler mit getrennten Takteingängen für Aufwärts- und Abwärtszählen, sowie einen Löscheingang.

Betrieb:

Für normalen Betrieb legt man den Anschluß Load auf High und Clear auf Low.
Der Zähler geht bei jedem LH-Übergang (positive Flanke) am Takteingang Up um einen
Schritt nach aufwärts weiter. Bei jeder positiven Flanke des Taktes am Down-Eingang
geht der Zähler abwärts. Der jeweils andere Takteingang ist auf High zu legen.
Zur Programmierung wird die gewünschte Zahl im Binärcode an die Eingänge P0 bis P3
gelegt und der Eingang Load kurzzeitig auf Low gelegt.
Zum Löschen des Zählers legt man Clear kurzzeitig auf High. Der Löschvorgang ist unab-
hängig vom Takt.
Beim Aufwärtszählen gibt der Übertrags-Ausgang Pin 12 bei Erreichen von 15 einen nega-
tiven Impuls ab. Beim Abwärtszählen entsteht beim Erreichen von 0 am Ausgang 13 ein
kurzer negativer Impuls.
Für mehrstellige Zähler verbindet man Pin 13 (Abwärts-Übertrag) mit dem Takteingang
Clock-Down der nächsten Stufe und Pin 14 (Aufwärts-Übertrag) mit dem Takteingang
Clock-Up der folgenden Stufe.

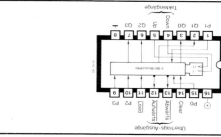

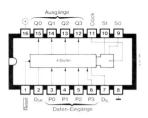

Beschreibung:

Dieser Baustein enthält ein bidirektionales 4-Bit-Schieberegister für parallele und serielle Ein- und Ausgabe, sowie einen Löscheingang.

Betrieb:

Wenn der Löscheingang ($\overline{\text{Reset}}$) auf Low gelegt wird, gehen alle Ausgänge (Q0 bis Q3) auf Low, <u>unabhängig</u> von allen übrigen Eingangsbedingungen.

Liegt $\overline{\text{Reset}}$ auf High, so wird die Betriebsart durch die beiden Mode-Control-Eingänge (S0, S1) bestimmt. Eine Links-Verschiebung erfolgt, wenn S0 Low und S1 High ist. Die seriellen Daten werden hierbei dem Eingang D_{SL} zugeführt.

Mit S0 auf High und S1 auf Low erfolgt eine Rechts-Verschiebung, wobei die seriellen Daten an D_{SR} gelegt werden.

Mit beiden Eingängen S0 und S1 auf High ist ein paralleles Laden der Daten an P0 bis P3 möglich. Während des parallelen Ladens ist die serielle Dateneingabe gesperrt.

Serielle und parallele Daten werden in das Schieberegister synchron beim LH-Übergang (positive Flanke) des Taktes am Anschluß Clock übernommen. Die Daten an den Dateneingängen müssen jedoch rechtzeitig vor der Flanke des Taktimpulses anliegen.

S0 und S1 auf Low sperrt den Takt. Diese beiden Eingänge sollten nur geändert werden, wenn der Takteingang auf High liegt.

Clock	Mode Select		$\overline{\text{Reset}}$	Funktion
	S0	S1		
X	L	L	H	keine Änderung
⌐_	H	L	H	Rechtsverschiebung (Q0→Q3)
⌐_	L	H	H	Linksverschiebung (Q3→Q0)
⌐_	H	H	H	Paralleles Laden
X	X	X	L	Reset

Anwendung:

Schieberegister, Datenspeicher, Seriell-parallel- und Parallel-seriell-Umwandlung

Daten:

Max. Taktfrequenz	40	MHz

4-Bit-Rechts/Links-Schieberegister mit synchroner Parallel-Eingabe und Löschen

'194

4-Bit-Schieberegister mit paralleler
Ein- und Ausgabe und Löschen

Daten:

Maximale Taktfrequenz	31 MHz	
	60 MHz	(Valvo)

Anwendung:

Register für arithmetische Einheiten, Seriell-parallel- und Parallel-seriell-Umwandlungen, Sequenz-Generatoren.

Betriebsart	Eingänge									Ausgänge			
	$\overline{Reset}$	$\overline{Shift}$/Load	Clock	J	K	P0	P1	P2	P3	Q0	Q1	Q2	Q3
Löschen	L	X	X	X	X	X	X	X	X	L	L	L	L
Paralleles Laden	H	L	↑	X	X	0	1	2	3	0	1	2	3
Halten	H	H	L	X	X	X	X	X	X	keine Änderung			
Serielle Verschiebung 1. Stufe erhalten	H	H	↑	L	L	X	X	X	X	Q0n	Q0n	Q1n	Q2n
1. Stufe löschen	H	H	↑	L	H	X	X	X	X	L	Q0n	Q1n	Q2n
1. Stufe setzen	H	H	↑	H	L	X	X	X	X	H	Q0n	Q1n	Q2n
1. Stufe kippen	H	H	↑	H	H	X	X	X	X	$\overline{Q0n}$	Q0n	Q1n	Q2n

Beschreibung:

Dieser Baustein enthält ein 4-Bit-Schieberegister mit serieller und paralleler Ein- und Ausgabe, sowie einen Löscheingang.

Betrieb:

Dieses Schieberegister hat zwei Betriebsarten, nämlich Rechtsverschiebung und Laden paralleler Daten, die durch den logischen Zustand von Pin 9 (Shift/Load) gesteuert werden. Mit Pin 9 auf High werden serielle Daten über die Eingänge J und K eingegeben und bei jedem LH-Übergang (positive Flanke) des Taktes 1 Bit nach rechts verschoben. Zu diesem Zweck werden die beiden Eingänge J und K miteinander verbunden. Macht man den J-Eingang High und den K-Eingang Low, komplementiert das Takten nur das 1. Bit des Registers und schiebt die übrigen im Register vorhandenen Informationen eine Stufe weiter. Mit J auf Low und K auf High bleibt die 1. Stufe des Registers unverändert, die übrigen Informationen werden wieder um eine Stufe weitergeschoben. Um Daten parallel zu laden, werden die Informationen an den Eingängen P0 bis P3 zugeführt und der Shift/Load-Eingang auf Low gelegt. Diese Daten werden beim nächsten LH-Übergang des Taktes in das Register übernommen und erscheinen an den zugehörigen Ausgängen Q0 bis Q3. Alle seriellen und parallelen Datentransfers arbeiten synchron. Das Löschen erfolgt dagegen asynchron und unabhängig von allen übrigen Eingängen, indem man den Anschluß Reset kurzzeitig auf Low bringt.

Man kann auch eine Linksverschiebung durchführen, indem man die Qn-Ausgänge mit den Pn−1-Eingängen verbindet und Shift/Load auf Low legt.

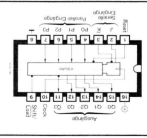

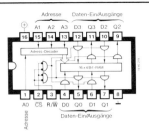

Beschreibung:
Dieser Baustein enthält einen schnellen Schreib/Lese-Speicher (RAM) mit 64 Bit, organisiert zu je 4 Bit (16x4) und Tristate-Ausgängen.

Betrieb:
Über die Adressen-Eingänge A0 bis A3 wird der gewünschte Speicherplatz ausgewählt, in den eingeschrieben oder ausgelesen werden soll. Die Adressen-Eingänge sind gepuffert, um den Adressenbus möglichst wenig zu belasten.
Die einzuschreibenden Daten werden an die Dateneingänge D0 bis D3 geführt und $\overline{CS}$ (Chip Select) und R/$\overline{W}$ (Read/Write) auf Low gebracht. Die Ausgänge werden hierbei hochohmig.
Zum Auslesen bringt man R/$\overline{W}$ auf High ($\overline{CS}$ bleibt auf Low). Dann stehen die im adressierten Speicherplatz aufbewahrten Daten an den Ausgängen Q0 bis Q3.
Legt man $\overline{CS}$ auf High, so wird der Speicher gesperrt und die Ausgänge gehen in den hochohmigen Zustand, unabhängig vom logischen Pegel von R/$\overline{W}$.
Ein ähnlicher Baustein mit invertierten Ausgängen ist der '189.

Funktion	Eingänge $\overline{CS}$	R/$\overline{W}$	Ausgänge
Schreiben	L	L	Z
Lesen	L	H	eingegebene Daten
Sperren	H	X	Z

Anwendung:
Zwischenspeicherung von 4-Bit-Daten

Daten:
Zugriffszeit   27   ns

RAM, 64 Bit (16 x 4)(TS)

'219

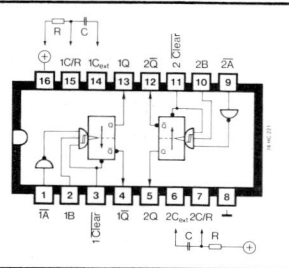

Beschreibung:
Dieser Baustein enthält zwei Monovibratoren, die mit negativen oder positiven Flanken getriggert werden können.

Betrieb:
Jeder der beiden Monovibratoren kann entweder mit einer negativen Flanke am Eingang $\overline{A}$ (wobei B auf High liegt), oder mit einer positiven Flanke am Eingang B, (mit A auf Low) getriggert werden. Die Flanke an A muß hierbei eine Steilheit von wenigstens 1V/µs aufweisen. Der Eingang B führt dagegen zu einem Schmitt-Trigger, so daß hier eine Steilheit der positiven Flanke bis 1V/s ausreicht.
Sobald die Schaltung getriggert ist, ist sie unabhängig von weiteren Flanken an den Eingängen. Die Dauer des Ausgangsimpulses hängt von der Zeitkonstanten R.C ab und beträgt t = 0.7RC und kann von 35ns bis 70s reichen. Mit R=2kΩ und C=10p ergeben sich etwa 30ns für die Länge des Ausgangsimpulses. C kann von 10pF bis 10µF und R von 2 bis 100kΩ reichen.
Der Ausgangsimpuls läßt sich verkürzen, wenn man $\overline{\text{Clear}}$ auf Low legt. Mit $\overline{A}$ = Low und B = H kann man auch einen Ausgangsimpuls mit einem LH-Übergang an $\overline{\text{Clear}}$ starten.
Die Impulsdauer ist weitgehend unabhängig von Betriebsspannung und Temperatur und wird durch die Güte der Zeitkomponenten R und C bestimmt.
Der retriggerbare Monovibrator '123 ist mit diesem Baustein pinkompatibel.

Eingänge			Ausgänge	
$\overline{\text{Clear}}$	$\overline{A}$	B	Q	$\overline{Q}$
L	X	X	L	H
H	H	X	L	H
H	X	L	L	H
H	L	⌐	⊓	⊔
H	⌐	H	⊓	⊔
⌐	L	H	⊓	⊔

Anwendung:
Impuls-Verzögerung und Zeitgeber, Impulsformung

Daten:
Variation der Ausgangs-Impulsbreite	400 — ∞	
Trigger-Verzögerung von A oder B zu Q	36	ns

Zwei Monoflops mit Schmitt-Trigger-Eingang und Löschen

'221

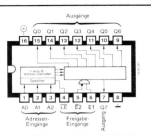

Beschreibung:
Dieser Baustein enthält einen schnellen 3-zu-8-Decoder/Demultiplexer mit Adressen-Zwischenspeicher und nicht invertierten Ausgängen.

Betrieb:
Wenn der Speicher freigegeben ist ($\overline{LE}$ = Latch Enable = Low), arbeitet der Baustein als 1-aus-8-Decoder. Wenn also den drei binär gewichteten Adressen-Eingängen (A0, A1 und A2) ein 3-Bit-Code zugeführt wird, geht der diesem Code entsprechende Ausgang Q auf High, während die übrigen Ausgänge Low bleiben.
Geht $\overline{LE}$ von Low auf High, so werden die letzten an den Adressen-Eingängen liegenden Daten gespeichert und alle weiteren Daten an den Eingängen ignoriert, solange $\overline{LE}$ auf High bleibt.
Die Freigabe-Eingänge E1 und $\overline{E2}$ steuern den Zustand der Ausgänge unabhängig von den Adressen-Eingängen oder dem Adressen-Zwischenspeicher. Alle Ausgänge sind Low, wenn E1 Low oder $\overline{E2}$ High ist.
Ein ähnlicher Baustein mit invertierten Ausgängen ist der '137.

Eingänge						Ausgänge							
Freigabe			Adresse										
$\overline{LE}$	E1	$\overline{E2}$	A2	A1	A0	Q0	Q1	Q2	Q3	Q4	Q5	Q6	Q7
X	X	H	X	X	X	L	L	L	L	L	L	L	L
X	L	X	X	X	X	L	L	L	L	L	L	L	L
L	H	L	L	L	L	H	L	L	L	L	L	L	L
L	H	L	L	L	H	L	H	L	L	L	L	L	L
L	H	L	L	H	L	L	L	H	L	L	L	L	L
L	H	L	L	H	H	L	L	L	H	L	L	L	L
L	H	L	H	L	L	L	L	L	L	H	L	L	L
L	H	L	H	L	H	L	L	L	L	L	H	L	L
L	H	L	H	H	L	L	L	L	L	L	L	H	L
L	H	L	H	H	H	L	L	L	L	L	L	L	H
H	H	L	X	X	X	Ausgänge entsprechend der gespeicherten Adresse L; alle übrigen H.							

Anwendung:
Digitales Demultiplexen, Adressen-Decodierung, Steuerungs-Decodierung

Daten:
Durchlauf-Verzögerung   19   ns

**3-Bit-Binärdecoder/Demultiplexer (3-zu-8) mit
Adressen-Zwischenspeicher und nicht invertierten Ausgängen**

'237

'238.

3-Bit-Binärdecoder/Demultiplexer (3-zu-8) mit Adressen-Zwischenspeicher und nicht invertierten Ausgängen

Beschreibung:

Dieser Baustein enthält einen schnellen 3-zu-8-Decoder/Demultiplexer mit 3 Freigabe-Eingängen.

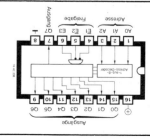

Betrieb:

Wenn den drei binär gewichteten Adressen-Eingängen (A0, A1 und A2) ein 3-Bit-Code zugeführt wird, geht der diesem Code entsprechende Ausgang Q auf Low, während die übrigen Ausgänge High bleiben.

Dies trifft jedoch nur zu, wenn die Freigabe-(Enable) Eingänge E1 und E2 Low und E3 High ist.

Diese mehrfache Freigabe-Möglichkeit gestattet eine einfache parallele Erweiterung des Bausteins auf einen 1-aus-32-Decoder mit nur vier derartigen Bausteinen ('238) und einem Inverter.

Dieser Baustein kann auch als Demultiplexer mit 8 Ausgängen dienen, indem einer der Eingänge als Austast-(Strobe) Eingänge verwendet werden. Die nicht verwendeten Freigabe-Eingänge müssen hierbei ständig an ihre entsprechenden Pegel mit aktiv High oder aktiv Low gelegt werden.

Ein ähnlicher Baustein mit invertierten Ausgängen ist der '138.

Freigabe-Eingänge			Adressen-Eingänge			Ausgänge							
E3	E2	E1	A2	A1	A0	Q0	Q1	Q2	Q3	Q4	Q5	Q6	Q7
X	H	X	X	X	X	L	L	L	L	L	L	L	L
X	X	H	X	X	X	L	L	L	L	L	L	L	L
L	X	X	X	X	X	L	L	L	L	L	L	L	L
H	L	L	L	L	L	H	L	L	L	L	L	L	L
H	L	L	L	L	H	L	H	L	L	L	L	L	L
H	L	L	L	H	L	L	L	H	L	L	L	L	L
H	L	L	L	H	H	L	L	L	H	L	L	L	L
H	L	L	H	L	L	L	L	L	L	H	L	L	L
H	L	L	H	L	H	L	L	L	L	L	H	L	L
H	L	L	H	H	L	L	L	L	L	L	L	H	L
H	L	L	H	H	H	L	L	L	L	L	L	L	H

Anwendung:

Digitales Demultiplexen, Adressen-Decodierung, Steuerungs-Decodierung

Daten:

Durchlauf-Verzögerung	20	ns

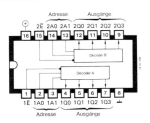

Beschreibung:
Dieser Baustein enthält zwei getrennte 1-aus-4-(oder 2-zu-4) Decoder, die entweder als Decoder oder Verteiler verwendet werden können. Mit einem externen Inverter können sie auch als ein 1-zu-8-Decoder oder Verteiler eingesetzt werden.

Betrieb:
Im Normalbetrieb liegen die Pins 1 und 15 ($\bar{E}$ = Enable = Freigabe) auf Masse.

Wenn ein Adreß-Code, A0 und A1, den Eingängen zugeführt wird, geht der zugehörige Ausgang auf High, die übrigen Ausgänge bleiben auf Low. Beispielsweise geht mit A0 = High und A1 = Low der Ausgang Q1 auf High.

Beachten Sie, daß beide Schaltungshälften getrennte Auswahl- und Freigabe-Eingänge besitzen.

Macht man einen Freigabe-Eingang ($\bar{E}$) High, so gehen alle zugehörigen Ausgänge auf High unabhängig vom Zustand der Adreß-Eingänge A0 und A1.

Der Freigabe-Eingang liefert eine 1 am gewählten Ausgang und umgekehrt.

Der Freigabe-Eingang kann auch verwendet werden, um einen 1-aus-8-Verteiler oder Decoder zu bilden, indem eine Seite von einem neuen Eingang A2 (gewichtet A2 = 4) gesteuert wird und die andere von seinem Komplement.

Ein ähnlicher Baustein mit invertierten Ausgängen ist der '139.

Eingänge			Ausgänge			
Freigabe	Adresse					
$\bar{E}$	A1	A0	Q0	Q1	Q2	Q3
H	X	X	L	L	L	L
L	L	L	H	L	L	L
L	L	H	L	H	L	L
L	H	L	L	L	H	L
L	H	H	L	L	L	H

Anwendung:
Decodierung, Code-Umwandlung, Demultiplexen (wobei der Freigabe-Eingang als Daten-Eingang verwendet wird), Speicherchip-Auswahl-Logik, Funktions-Auswahl

Daten:
Durchlauf-Verzögerung   18   ns

Zwei 2-Bit-Binärdecoder/Demultiplexer (2-zu-4) mit nicht invertierten Ausgängen

'239

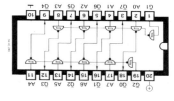

G1 A0 A7 A1 A6 A2 A5 A3 A4
G2 Q0 Q7 Q1 Q6 Q2 Q5 Q3 Q4

'240

Acht Bus-Leitungstreiber, invertierend (TS)

Beschreibung:

Dieser Baustein enthält acht invertierende Bus-Leitungstreiber mit Tristate-Ausgängen.

Betrieb:

Die einem Eingang A zugeführten Daten erscheinen am zugehörigen Ausgang $\bar{Q}$ in invertierter Form, wenn der zugehörige Freigabe-Eingang $\bar{G}$ auf Low liegt. Wird $\bar{G}$ auf High gelegt, gehen die Ausgänge in einen hochohmigen Zustand über.

Die Leitungstreiber sind in zwei Gruppen zusammengefaßt. Die Gruppe 1 (A0—A3) wird gemeinsam vom Freigabe-Eingang $\bar{G}1$ gesteuert. Gruppe 2 umfaßt A4—A7 und gehört zum Freigabe-Eingang $\bar{G}2$.

Alle Eingänge besitzen eine Schmitt-Trigger-Funktion, so daß sich der Baustein auch sehr gut als Empfänger für Signale auf verrauschten Leitungen eignet. Dies gilt jedoch nur für die Bausteine von HIT und SUP. Alle übrigen besitzen keine Schmitt-Trigger-Eingänge.

Die Ausgänge können bis zu 15 LSTTL-Lasten treiben (PLE und SPI bis zu 30 LSTTL-Lasten).

Eingänge		Ausgang
$\bar{G}$	A	$\bar{Q}$
L	H	L
L	L	H
H	X	Z

Anwendung:

Puffer und Leitungstreiber für Daten- und Adressen-Bus-Systeme

Daten:

Durchlauf-Verzögerung | 9 | ns

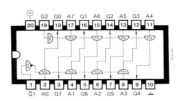

Beschreibung:
Dieser Baustein enthält acht nicht invertierende Bus-Leitungstreiber mit Tristate-Ausgängen.

Betrieb:
Die einem Eingang A zugeführten Daten erscheinen am zugehörigen Ausgang Q in nicht invertierter Form, wenn der zugehörige Freigabe-Eingang der 1 Gruppe (A0–A3) auf Low und der Freigabe-Eingang für die 2. Gruppe (A4–A7) auf High liegt. Wird $\overline{G}1$ auf High und G2 auf Low gelegt, gehen alle Ausgänge in einen hochohmigen Zustand über.
Die Leitungstreiber sind in zwei Gruppen zusammengefaßt. Die Gruppe 1 (A0–A3) wird gemeinsam vom Freigabe-Eingang $\overline{G}1$ gesteuert. Gruppe 2 umfaßt A4–A7 und gehört zum Freigabe-Eingang G2, der nicht invertiert ist.
Alle Eingänge besitzen eine Schmitt-Trigger-Funktion, so daß sich der Baustein auch sehr gut als Empfänger für Signale auf verrauschten Leitungen eignet. Dies gilt jedoch nur für die Bausteine von HIT und SUP. Alle übrigen besitzen keine Schmitt-Trigger-Eingänge.
Die Ausgänge können bis zu 15 LSTTL-Lasten treiben (PLE und SPI bis zu 30 LSTTL-Lasten).

1. Gruppe			2. Gruppe		
Eingänge		Ausgang	Eingänge		Ausgang
$\overline{G}1$	A	Q	G2	A	Q
L	L	L	H	L	L
L	H	H	H	H	H
H	X	Z	L	X	Z

Anwendung:
Puffer und Leitungstreiber für Daten- und Adressen-Bus-Systeme

Daten:
Durchlauf-Verzögerung   9   ns

Acht Bus-Leitungstreiber, nicht invertierend (TS)

'241

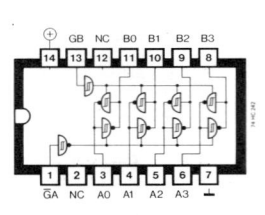

Beschreibung:
Dieser Baustein enthält vier invertierende bidirektionale Bus-Leitungstreiber mit Tristate-Ausgängen.

Betrieb:
Diese vier Bus-Leitungstreiber bieten die Möglichkeit, eine Zweiweg-Kommunikation zwischen 4 Datenleitungen auszuführen.
1. Mit den beiden Freigabe-Eingängen G̅A und GB auf High erscheinen Daten an den Anschlüssen B0–B3 in invertierter Form an den Anschlüssen A0–A3.
2. Mit G̅A auf Low und GB auf High sind die Pins A0–A3 von den Pins B0–B3 vollständig getrennt. (Dieser Zustand ist bei den äquivalenten TTL-Schaltungen nicht zulässig).
3. Mit G̅A auf High und GB auf Low sind die Pins A0–A3 von den Pins B0–B3 ebenfalls vollständig getrennt.
4. Mit G̅A und GB auf Low erfolgt der Datentransfer in umgekehrter Richtung. Die an A0–A3 liegenden Daten erscheinen in invertierter Form an B0–B3.

Alle Eingänge besitzen eine Schmitt-Trigger-Funktion, so daß sich der Baustein auch sehr gut als Empfänger für Signale auf verrauschten Leitungen eignet. Dies gilt jedoch nur für die Bausteine von HIT und SUP, alle übrigen besitzen keine Schmitt-Trigger-Eingänge. Die Ausgänge können bis zu 15 LSTTL-Lasten treiben (SPI bis zu 30 LSTTL-Lasten).

Eingänge		Funktion
G̅A	GB	
L	L	A̅ zu B
H	H	B̅ zu A
H	L	Isolation
L	H	Isolation

Anwendung:
Bidirektionale Puffer und Leitungstreiber für Daten- und Adressen-Bus-Systeme

Daten:

Durchlauf-Verzögerung	12	ns

Vier Bus-Treiber/-Empfänger, invertierend (TS)

'242

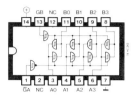

Beschreibung:

Dieser Baustein enthält vier nicht invertierende bidirektionale Bus-Leitungstreiber mit Tristate-Ausgängen.

Betrieb:

Diese vier Bus-Leitungstreiber bieten die Möglichkeit, eine Zweiweg-Kommunikation zwischen 4 Datenleitungen auszuführen.

1. Mit den beiden Freigabe-Eingängen $\overline{GA}$ und GB auf High erscheinen Daten an den Anschlüssen B0—B3 in nicht invertierter Form an den Anschlüssen A0—A3.
2. Mit $\overline{GA}$ auf Low und GB auf High sind die Pins A0—A3 von den Pins B0—B3 vollständig getrennt. (Dieser Zustand ist bei den äquivalenten TTL-Schaltungen nicht zulässig).
3. Mit $\overline{GA}$ auf High und GB auf Low sind die Pins A0—A3 von den Pins B0—B3 ebenfalls vollständig getrennt.
4. Mit $\overline{GA}$ und GB auf Low erfolgt der Datentransfer in umgekehrter Richtung. Die an A0—A3 liegenden Daten erscheinen in nicht invertierter Form an B0—B3.

Alle Eingänge besitzen eine Schmitt-Trigger-Funktion, so daß sich der Baustein auch sehr gut als Empfänger für Signale auf verrauschten Leitungen eignet. Dies gilt jedoch nur für die Bausteine von HIT und SUP, alle übrigen besitzen keine Schmitt-Trigger-Eingänge. Die Ausgänge können bis zu 15 LSTTL-Lasten treiben (SPI bis zu 30 LSTTL-Lasten).

Ein ähnlicher Baustein mit Invertierung ist der '242.

Eingänge		Funktion
$\overline{GA}$	GB	
L	L	A zu B
H	H	B zu A
H	L	Isolation
L	H	Isolation

Anwendung:

Bidirektionale Puffer und Leitungstreiber für Daten- und Adressen-Bus-Systeme

Daten:

Durchlauf-Verzögerung	12	ns

Vier Bus-Treiber/-Empfänger, nicht invertierend (TS)

'243

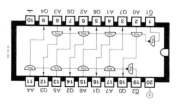

Beschreibung:

Dieser Baustein enthält acht nicht invertierende Bus-Leitungstreiber mit Tristate-Ausgängen.

Betrieb:

Die an einem Eingang A zugeführten Daten erscheinen am zugehörigen Ausgang Q in nicht invertierter Form, wenn der zugehörige Freigabe-Eingang $\overline{G}$ auf Low liegt. Wird $\overline{G}$ auf High gelegt, gehen die Ausgänge in einen hochohmigen Zustand über.

Die Leitungstreiber sind in zwei Gruppen zusammengefaßt. Die Gruppe 1 (A0—A3) wird gemeinsam vom Freigabe-Eingang G1 gesteuert. Gruppe 2 umfaßt A4—A7 und gehört zum Freigabe-Eingang G2.

Alle Eingänge besitzen eine Schmitt-Trigger-Funktion, so daß sich der Baustein auch sehr gut als Empfänger für Signale auf verrauschten Leitungen eignet. Dies gilt jedoch nur für die Bausteine von HIT und SUP, alle übrigen besitzen keine Schmitt-Trigger-Eingänge.

Die Ausgänge können bis zu 15 LSTTL-Lasten treiben (PLE und SPI bis zu 30 LSTTL-Lasten.

Eingänge		Ausgang
$\overline{G}$	A	Q
L	H	H
L	L	L
H	X	Z

Anwendung:

Puffer und Leitungstreiber für Daten- und Adressen-Bus-Systeme

Daten:

Durchlauf-Verzögerung   9   ns

Acht Bus-Leitungstreiber, nicht invertierend (TS)

'245.

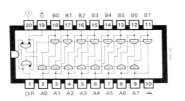

Beschreibung:
Dieser Baustein enthält acht nicht invertierende bidirektionale Bus-Leitungstreiber mit Tristate-Ausgängen.

Betrieb:
Diese acht Bus-Leitungstreiber bieten die Möglichkeit, eine asynchrone Zweiweg-Kommunikation zwischen 8 Datenleitungen auszuführen.

Mit dem Eingang DIR (Direction Input) läßt sich die Richtung der Datenübertragung vom Bus A zu Bus B (DIR = High) oder von Bus B zu Bus A (DIR = Low) festlegen. Für eine Übertragung der Daten muß sich hierbei der Freigabe-Eingang $\overline{G}$ auf Low befinden. Legt man $\overline{G}$ auf High (DIR beliebig) werden alle Ausgänge hochohmig, wodurch die beiden Busse voneinander getrennt sind.

Alle Eingänge besitzen eine Schmitt-Trigger-Funktion mit einer Hysteresis von etwa 0.4V, so daß sich der Baustein auch sehr gut als Empfänger für Signale auf verrauschten Leitungen eignet. Dies gilt jedoch nur für die Bausteine von HIT und SUP, alle übrigen besitzen keine Schmitt-Trigger-Eingänge.

Die Ausgänge können bis zu 15 LSTTL-Lasten treiben (PLE und SPI bis zu 30 LSTTL-Lasten.

Ähnliche Bausteine sind der '545 und '640, die jedoch invertierende Ausgänge besitzen.

Steuer-Eingänge		Funktion
$\overline{G}$	DIR	
L	L	B-Daten zum A-Bus
L	H	A-Daten zum B-Bus
H	X	Isolation

Anwendung:
Bidirektionale Puffer und Leitungstreiber für 8-Bit-Daten- und Adressen-Bus-Systeme

Daten:
Durchlauf-Verzögerung   8   ns

Acht Bus-Leitungstreiber/Empfänger, nicht invertierend (TS)

'245

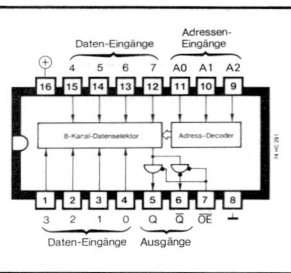

Daten-Eingänge / Adressen-Eingänge

Beschreibung:
Dieser Baustein enthält einen Datenselektor, der eines aus 8 Eingangssignalen mittels eines 3-Bit-Binärcodes auswählt.

Betrieb:
Der gewünschte Eingang (0–7) wird mittels der Binäradresse an den Adressen-Eingängen (A0–A2) ausgewählt. Das Signal am angewählten Eingang erscheint am Ausgang Q und invertiert an Ausgang $\overline{Q}$.
Im Normalbetrieb wird der Freigabe-Eingang $\overline{OE}$ (Output Enable) auf Low gelegt. Macht man $\overline{OE}$ High, so gehen beide Ausgänge Q und $\overline{Q}$ in den hochohmigen Zustand.
Der Baustein läßt sich auch als Funktionsgenerator mit bis zu 4 Variablen einsetzen, sowie bei der seriellen Datenübertragung.
Ein ähnlicher Baustein, bei dem jedoch bei $\overline{OE}$ = High die Ausgänge Q auf Low und $\overline{Q}$ auf High gehen, ist der '151.

Eingänge				Ausgänge	
Adresse			Ausgangs-Freigabe		
A2	A1	A0	$\overline{OE}$	Q	$\overline{Q}$
X	X	X	H	Z	Z
L	L	L	L	0	$\overline{0}$
L	L	H	L	1	$\overline{1}$
L	H	L	L	2	$\overline{2}$
L	H	H	L	3	$\overline{3}$
H	L	L	L	4	$\overline{4}$
H	L	H	L	5	$\overline{5}$
H	H	L	L	6	$\overline{6}$
H	H	H	L	7	$\overline{7}$

Anwendung:
Multiplexen, Adressen-Decodierung, serielle Datenübertragung, Funktionsgenerator

Daten:
Durchlauf-Verzögerung   16   ns

1-aus-8-Datenselektor/Multiplexer (TS)

'251

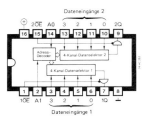

Beschreibung:
Dieser Baustein enthält zwei 1-aus-4-Datenselektoren mit gemeinsamen Adressen-Eingängen, jedoch getrennten Eingängen für eine Ausgangs-Freigabe.

Betrieb:
Die Auswahl des gewünschten Eingangs (0—3) erfolgt bei beiden Datenselektoren über die gemeinsamen Adressen-Eingänge A0 und A1 im Binärcode. Das Signal am angewählten Eingang erscheint am jeweiligen Ausgang 1Q oder 2Q in nicht invertierter Form.
Die beiden Eingänge für die Ausgangs-Freigabe ($\overline{OE}$ = Output Enable) arbeiten dagegen unabhängig voneinander. Die Freigabe-Eingänge liegen im Normalbetrieb auf Low. Legt man einen dieser Eingänge auf High, so geht der zugehörige Ausgang (1Q oder 2Q) in den hochohmigen Zustand, unabhängig vom Zustand aller übrigen Eingänge. Dadurch ist ein direkter Anschluß an bus-orientierte Systeme möglich.

Adressen-Eingänge		Daten-Eingänge				Ausgangs-Freigabe	Ausgang
A1	A0	0	1	2	3	$\overline{OE}$	Q
X	X	X	X	X	X	H	Z
L	L	L	X	X	X	L	L
L	L	H	X	X	X	L	H
L	H	X	L	X	X	L	L
L	H	X	H	X	X	L	H
H	L	X	X	L	X	L	L
H	L	X	X	H	X	L	H
H	H	X	X	X	L	L	L
H	H	X	X	X	H	L	H

Anwendung:
Multiplexen, Adressen-Decodierung, serielle Datenübertragung

Daten:
Durchlauf-Verzögerung   17   ns

Zwei 1-aus-4-Datenselektoren/Multiplexer (TS)

'253

Beschreibung:
Dieser Baustein enthält vier 1-aus-2-Datenselektoren.

Betrieb:
Mit diesem Baustein kann man aus vier Datenpaaren 1A/1B bis 4A/4B jeweils eine Information auswählen und an den entsprechenden Ausgang 1Q bis 4Q weiterleiten.

Ist der Select-Eingang (A̅/B) Low, so folgen die Ausgänge den A-Eingängen, ist er dagegen High, so geben die Ausgänge den logischen Pegel der B-Eingänge wieder.

Der Freigabe-Eingang (Enable) gestattet ein Abschalten der Ausgänge unabhängig vom Select- (Auswahl) Eingang. Wird der Enable-Eingang auf High gelegt, gehen alle Ausgänge in den hochohmigen Zustand, unabhängig vom Zustand aller übrigen Eingänge. Legt man ihn auf Low, reagieren die Ausgänge auf den Select-Eingang.

Es handelt sich hier um einen Daten-Selektor und nicht um einen Daten-Verteiler. Es können Daten von jeweils zwei verschiedenen Quellen ausgewählt und weitergeleitet werden.

Beachten Sie, daß dieser Baustein zwar einem zweipoligen Umschalter entspricht, jedoch nur digitale (und nicht wie beim CMOS-Baustein 4551 auch analoge Signale) geschaltet werden können.

Der '258 ist ein ähnlicher Baustein mit invertierenden Ausgängen.

Ausgangs-Freigabe	Auswahl-Eingang	Daten-Eingänge		Ausgänge
Enable	A̅/B	A	B	Q
H	X	X	X	Z
L	L	L	X	L
L	L	H	X	H
L	H	X	L	L
L	H	X	H	H

Anwendung:
Multiplexen, Datenwähler für bus-orientierte Systeme

Daten:
Durchlauf-Verzögerung   13   ns

Vier 2-zu-1-Datenselektoren/Multiplexer (TS)

'257

134

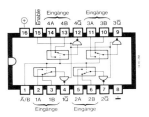

Beschreibung:
Dieser Baustein enthält vier 1-aus-2-Datenselektoren mit invertierenden Ausgängen.

Betrieb:
Dieser Baustein ist pin- und funktions-kompatibel mit dem '257 (siehe dort), mit Ausnahme, daß die Ausgänge 1Q bis 4Q invertiert sind.

Ausgangs-Freigabe	Auswahl-Eingang	Daten-Eingänge		Ausgänge
$\overline{\text{Enable}}$	$\overline{\text{A}}$/B	A	B	$\overline{\text{Q}}$
H	X	X	X	Z
L	L	L	X	H
L	L	H	X	L
L	H	X	L	H
L	H	X	H	L

Anwendung:
Multiplexen, Datenwähler

Daten:
Durchlauf-Verzögerung   13   ns

**Vier 2-zu-1-Datenselektoren/Multiplexer
mit invertierenden Ausgängen (TS)**

'258

'259.

Adressierbarer 8-Bit-Zwischenspeicher mit Freigabe und Löschen

Daten:

Durchlauf-Verzögerung	10	ns

Anwendung:

Seriell-parallel-Umwandlung, Zwischenspeicherung von Daten, Demultiplexen

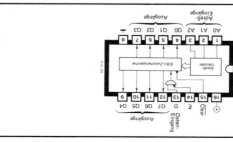

Eingänge		Funktion
Clear	E̅	
L	H	Löschen
L	L	1-aus-8-Decoder
H	L	Adressierbarer Speicher
H	H	Speicher

Adreß-Eingänge			Adressierter Speicher
A2	A1	A0	
L	L	L	0
L	L	H	1
L	H	L	2
L	H	H	3
H	L	L	4
H	L	H	5
H	H	L	6
H	H	H	7

Beschreibung:

Dieser Baustein enthält einen adressierbaren 8-Bit-Zwischenspeicher mit Freigabe und Löschen.

Betrieb:

Mit den beiden Eingängen E̅ (Enable) und Clear (Löschen) sind insgesamt 4 Betriebsarten möglich:

1. Löschen: Mit E̅ = High und Clear = Low gehen alle Ausgänge (Q̄0—Q̄7) auf Low.
2. Einen 8-Kanal-Demultiplexer (1-aus-8-Decoder) erhält man mit E̅ = Clear = Low.
3. Mit E̅ = Low und Clear = High bestimmt der logische Zustand von A0, A1 und A2, welcher Ausgang den Pegel des Dateneinganges D annimmt. Der angewählte Ausgang ist aktiv High, alle anderen Ausgänge verbleiben auf Low. (Z.B. A0 = H, A1 = H, A2 = L, dann ist Q1 = H, Q̄0 und Q2—Q̄7 sind Low).
4. Geht E̅ auf High (Clear = High), wird der momentane Inhalt des Zwischenspeichers eingefroren (gespeichert). A0 bis A2 haben keinen Einfluß mehr.

In der Betriebsart 3) (E̅ = Low, Clear = High) sollte möglichst nicht mehr als *ein* Adressenbit verändert werden, da sich möglicherweise hierbei eine falsche Übergangs-Adresse einstellen könnte. Eine derartige Änderung sollte möglichst nur in der Speicher-Betriebsart 4) (E̅ = Clear = High) ausgeführt werden.

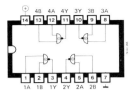

Beschreibung:
Dieser Baustein enthält vier getrennte Exclusiv-NOR-Gatter mit je 2 Eingängen.

Betrieb:
Alle vier Exclusiv-NOR-Gatter können unabhängig voneinander verwendet werden.
Bei jedem Gatter ist, wenn ein Eingang, jedoch nicht beide High sind, der Ausgang Low.
Wenn beide Eingänge High oder beide Eingänge Low sind, wird der Ausgang High sein.
Das Gatter kann als ein Komparator verwendet werden, der bei identischen Eingangs-
signalen einen Ausgang mit High ergibt, und bei unterschiedlichen Eingangssignalen einen
Ausgang mit Low. Er kann auch als steuerbarer Inverter verwendet werden, indem ein
High an einem Eingang durchläßt, was immer am zweiten Eingang liegt. Ein Low dagegen
wird immer komplementieren, was am anderen Eingang liegt.
Die Ausgänge besitzen bei TI einen offenen Drain.

Eingänge		Ausgang
A	B	Y
L	L	H
L	H	L
H	L	L
H	H	H

Anwendung:
Realisierung von Exklusiv-NOR-Funktionen, Erzeugung und Prüfung von gerader und ungerader Parität, Addierer/Subtrahierer, logische Komparatoren

Daten:
Durchlauf-Verzögerung   13   ns

Vier Exklusiv-NOR-Gatter mit je 2 Eingängen

'266

'273

8-Bit-D-Register mit Löschen

Daten:

Min. garantierte Taktfrequenz	27	MHz
Durchlauf-Verzögerung	15	ns

Anwendung:

Zwischenspeicher-Register, Schieberegister, Bitmuster-Generatoren

Eingänge			Ausgang
Clear	Clock	D	Q
L	X	X	L
H	⌐_⌐	H	H
H	⌐_⌐	L	L
H	L	X	keine Änderung
H	H	X	keine Änderung
H	⌐L	X	keine Änderung

Beschreibung:

Dieser Baustein dient zur gleichzeitigen Speicherung von acht Informations-Bits.

Betrieb:

Bei normalem Betrieb wird Pin 1 (Clear) auf High liegen.
Zu speichernde Daten werden den D-Eingängen zugeführt. Beim LH-Übergang (positive Flanke) des Taktes am Clock-Eingang werden die Informationen intern gespeichert und erscheinen an den entsprechenden Q-Ausgängen.
Wird Pin 1 (Clear) kurzzeitig auf Masse gelegt, gehen alle Ausgänge in den Low- oder Null-Zustand.

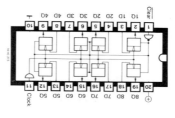

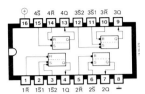

Beschreibung:
Dieser Baustein enthält vier $\overline{R}$-$\overline{S}$-Zwischenspeicher (Latches). Zwei der $\overline{R}$-$\overline{S}$-Zwischenspeicher besitzen je 2 $\overline{S}$-Eingänge.

Betrieb:
Die Setz- ($\overline{S}$-) und Rückstell- ($\overline{R}$-) Eingänge dieses nicht getakteten Bausteins sind invertiert. Legt man einen der $\overline{S}$-Eingänge kurzzeitig auf Low (während $\overline{R}$ High bleibt), geht der zugehörige Q-Ausgang auf High.
Bringt man den $\overline{R}$-Eingang auf Low, geht der zugehörige Q-Ausgang ebenfalls auf Low.
Wenn sowohl $\overline{S}$ als auch $\overline{R}$ eines Flipflops gleichzeitig Low ist, geht der zugehörige Ausgang auf High. Dies ist jedoch ein nicht stabiler Zustand, d.h., er bleibt nicht erhalten, wenn $\overline{S}$ und/oder $\overline{R}$ wieder inaktiv (High) werden.
Sind $\overline{S}$ und $\overline{R}$ gleichzeitig High, so verbleibt der zugehörige Q-Ausgang auf jenem Pegel, den er vor Erreichen dieses Zustandes hatte.
Für die beiden Zwischenspeicher 1 und 3 mit den doppelten S-Eingängen gilt:
  Beide $\overline{S}$-Eingänge sind High : Q = High
  Einer oder beide $\overline{S}$-Eingänge sind Low : Q = Low.

Eingänge		Ausgang
$\overline{S}$	$\overline{R}$	Q
H	H	Q0
L	H	H
H	L	L
L	L	H

Q0 = Pegel von Q, bevor die angegebenen
Eingangsbedingungen erreicht wurden

Anwendung:
Abfragen und Speichern von Daten oder Zwischenergebnissen in Systemen

Daten:
Durchlauf-Verzögerung   13   ns

Vier $\overline{R}$-$\overline{S}$-Zwischenspeicher

'279

'280

9-Bit-Paritätsgenerator/Prüfer

Daten:

Durchlauf-Verzögerung   21   ns

Anwendung:

Erzeugung von Paritätsbit und Prüfung auf Übertragungsfehler

Anzahl der Eingänge D0 bis D8, die High sind	Ausgänge	
	gerade Parität	ungerade Parität
0, 2, 4, 6, 8	H	L
1, 3, 5, 7, 9	L	H

Beschreibung:

Dieser Baustein enthält einen Paritäts-Generator/Prüfer für 9 Bits (8 Datenbits plus 1 Paritätsbit).

Betrieb:

Dieser Baustein nimmt bei Datenvergleichs-Prüfungen über die Dateneingänge D0 bis D8 Worte mit 9 Bit auf und zeigt über die Ausgänge Q_g und Q_u an, ob die Informationen geradzahlig oder ungeradzahlig sind.

Hierzu wird das zu prüfende Wort an die Eingänge D0 bis D8 gelegt.

Wenn nun eine gerade Anzahl von Eingangsbits High ist, wird der Ausgang Q_g High sein. (Q_u = Low). Bei einer ungeraden Anzahl von Eingangsbits wird High wird der Ausgang Q_u High sein (Q_g = Low).

Obwohl der '280 keine Erweiterungs-Eingänge wie der '180 besitzt, ist eine entsprechende Funktion durch einen Eingang an Pin 4 gegeben, sowie durch die Tatsache, daß Pin 3 keine interne Verbindung besitzt. Dadurch kann der '180 durch den '280 ersetzt werden und ergibt dieselbe Arbeitsweise, auch wenn in Systemen '180 und '280 gemischt verwendet werden.

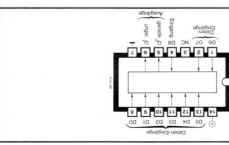

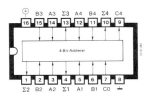

Pinbelegung (16-poliges Gehäuse):

Oben: (+) 16 | B3 15 | A3 14 | Σ3 13 | A4 12 | B4 11 | Σ4 10 | C4 9
Innen: 4-Bit-Addierer
Unten: Σ2 1 | B2 2 | A2 3 | Σ1 4 | A1 5 | B1 6 | C0 7 | ⏚ 8

Beschreibung:
Dieser Baustein enthält einen Volladdierer, der die Summe zweier 4-Bit-Binärzahlen mit Übertrag liefert.

Betrieb:
Die Zahl A wird als der eine Eingang verwendet und folgendermaßen gewichtet: A1 = 1, A2 = 2, A3 = 4 und A4 = 8.

Die Zahl B wird als der andere Eingang verwendet und folgendermaßen gewichtet: B1 = 1, B2 = 2, B3 = 4 und B4 = 8.

Die Summe der beiden Zahlen steht dann an den Σ-Ausgängen, ebenfalls gewichtet Σ1 = 1, Σ2 = 2, Σ3 = 4, Σ4 = 8.

Wenn das Ergebnis dezimal 15 (binär 1111) überschreitet, erscheint eine 1 am Übertrags-Ausgang (Carry Output) an Anschluß C4.

Der Übertrags-Eingang C0 sollte an Masse gelegt werden, wenn nur 4-Bit-Zahlen verwendet werden.

Wenn es sich um die oberen 4 Bits einer 8-Bit-Zahl handelt, wird der Eingang C0 mit dem Ausgang C4 der vorhergehenden (niedrigstwertigen) Stufe verbunden.

Dieser Baustein ist funktionsmäßig identisch mit dem '83, er besitzt nur eine andere Anschlußbelegung.

Anmerkung:
Die Eingangsbedingungen an A1, B1, A2, B2 und C0 werden für die Σ1, Σ2 und den internen Übertrag C2 verwendet. Die Werte an C2, A3, B3, A4 und B4 werden dann für Σ3, Σ4 und C4 verwendet.

Eingänge								Ausgänge – Wenn C0 = L (Wenn C2 = L)						Ausgänge – Wenn C0 = H (Wenn C2 = H)					
A1	A3	B1	B3	A2	A4	B2	B4	Σ1	Σ3	Σ2	Σ4	C2	C4	Σ1	Σ3	Σ2	Σ4	C2	C4
L	L	L	L	L	L	L	L	L	L	L	L	L	L	H	H	L	L	L	L
H	H	L	L	L	L	L	L	H	H	L	L	L	L	L	L	H	H	L	L
L	L	H	H	L	L	L	L	H	H	L	L	L	L	L	L	H	H	L	L
H	H	H	H	L	L	L	L	L	L	H	H	L	L	H	H	H	H	L	L
L	L	L	L	H	H	L	L	L	L	H	H	L	L	H	H	H	H	L	L
H	H	L	L	H	H	L	L	H	H	H	H	L	L	L	L	L	L	H	H
L	L	H	H	H	H	L	L	H	H	H	H	L	L	L	L	L	L	H	H
H	H	H	H	H	H	L	L	L	L	L	L	H	H	H	H	L	L	H	H
L	L	L	L	L	L	H	H	L	L	H	H	L	L	H	H	H	H	L	L
H	H	L	L	L	L	H	H	H	H	H	H	L	L	L	L	L	L	H	H
L	L	H	H	L	L	H	H	H	H	H	H	L	L	L	L	L	L	H	H
H	H	H	H	L	L	H	H	L	L	L	L	H	H	H	H	L	L	H	H
L	L	L	L	H	H	H	H	L	L	L	L	H	H	H	H	L	L	H	H
H	H	L	L	H	H	H	H	H	H	L	L	H	H	L	L	H	H	H	H
L	L	H	H	H	H	H	H	H	H	L	L	H	H	L	L	H	H	H	H
H	H	H	H	H	H	H	H	L	L	H	H	H	H	H	H	H	H	H	H

Anwendung:
Schnelle Binär-Additionen.

Daten:

Typ. Additionszeit (für 8 Bits)	23	ns

4-Bit-Volladdierer

'283

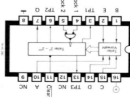

Beschreibung:

Dieser Baustein enthält einen programmierbaren Binärteiler mit einem Teilerverhältnis von 2^2 bis 2^{31}.

Betrieb:

Der Baustein triggert beim LH-Übergang (positive Flanke) des Taktes an Pin 4 oder 5. Der jeweils andere Takteingang muß hierbei auf Low liegen. Liegt er auf High, so wird der Takt gesperrt.

Im Normalbetrieb liegt Clear auf High. Legt man diesen Eingang kurzzeitig auf Low, so werden alle Flipflops gelöscht und der Ausgang Q geht auf Low.

Das Teilerverhältnis wird über die Programmier-Eingänge A–E eingestellt (A = niedrigst-wertige Stelle). Bei den beiden Codes EDCBA = LLLLL und EDCBA = LLLLH ist der Teiler gesperrt.

Bei EDCBA = LLLHL ist das Teilerverhältnis 2^2, bei EDCBA = LHHHH gleich 2^{15}, bis EDCBA = HHHHH das Teilerverhältnis 2^{31}.

An den Testpunkten TP1—TP3 läßt sich die Funktion des Bausteines kontrollieren. Beispielsweise ist bei der Codierung EDCBA = LHLLL das Teilerverhältnis an TP1 = 2^9, TP2 = 2^{17} und TP3 = 2^1. Die Testpunkte sind nur für Meßzwecke vorgesehen und nicht zum Treiben einer Last.

Bei einem Zeitgeber läßt sich z.B. mit einer Eingangsfrequenz von 1 MHz und einem Teilerverhältnis von 2^{31} eine Periode von 35,79 Minuten erzielen. Dies kann durch Kaskadieren mit weiteren gleichen Bausteinen beliebig erweitert werden.

Ein ähnlicher Baustein mit einem Teilerverhältnis von 2^2 bis 2^{15} ist der 294.

Funktion	Clear	Clock 1	Clock 2
Löschen auf L	L	X	X
Zählung	H	L	⌐_
Zählung	H	_⌐	L
gesperrt	H	H	X
gesperrt	H	X	H

Anwendung:

Teiler, Zeitgeber

Daten:

Max. Taktfrequenz	45	MHz

Programmierbarer Frequenzteiler/Zeitgeber (bis 2^{31})

'292

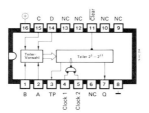

Beschreibung.
Dieser Baustein enthält einen programmierbaren Binärteiler mit einem Teilerverhältnis von 2^2 bis 2^{15}.

Betrieb:
Der Baustein triggert beim LH-Übergang (positive Flanke) des Taktes an Pin 4 oder 5. Der jeweils andere Takteingang muß hierbei auf Low liegen. Liegt er auf High, so wird der Takt gesperrt.
Im Normalbetrieb liegt $\overline{\text{Clear}}$ auf High. Legt man diesen Eingang kurzzeitig auf Low, so werden alle Flipflops gelöscht und der Ausgang Q geht auf Low.
Das Teilerverhältnis wird über die Programmier-Eingänge A–D eingestellt (A = niedrigstwertige Stelle). Bei den beiden Codes DCBA = LLLL und DCBA = LLLH ist der Teiler gesperrt.
Bei DCBA = LLHL ist z.B. das Teilerverhältnis 2^2, bei DCBA = HLLL gleich 2^8 (256), bis DCBA = HHHH gleich 2^{15}.
Am Testpunkt TP läßt sich die Funktion des Bausteines kontrollieren. Beispielsweise ist bei der Codierung LLHL bis LHHL das Teilerverhältnis an TP 2^9, bei HLLL bis HHHH gleich 2^2 bis 2^9. Der Testpunkt ist nur für Meßzwecke vorgesehen und nicht zum Treiben einer Last.
Die Bausteine sind beliebig kaskadierbar. Ein Baustein mit einem Teilerverhältnis von 2^2 bis 2^{31} ist der '292.

$\overline{\text{Clear}}$	Clock 1	Clock 2	Funktion
L	X	X	Löschen auf L
H	⎍	L	Zählung
H	L	⎍	Zählung
H	H	X	gesperrt
H	X	H	gesperrt

Anwendung:
Teiler, Zeitgeber

Daten:
Max. Taktfrequenz   45   MHz

Programmierbarer Frequenzteiler/Zeitgeber (bis 2^{15})

'294

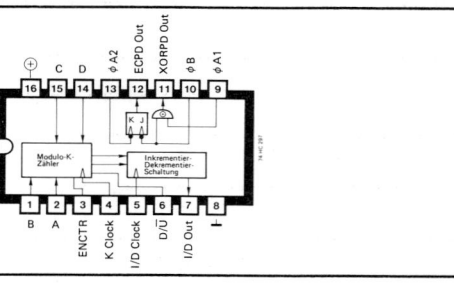

Beschreibung:
Dieser Baustein enthält einen programmierbaren Modulo-K-Zähler, sowie zwei Phasendetektoren zum Aufbau von PLL-Schaltungen.

Betrieb:
Die Länge des Aufwärts/Abwärts-Zählers K wird über die Eingänge A—D programmiert. Alle vier Eingänge auf Low sperrt den Zähler. LLLH ergibt ein K von 2^3, LLHL = 2^4 usw. bis HHHH = 2^{17}. Je niedriger K, desto kürzer ist der Zähler, wodurch die Bandbreite oder der Fangbereich größer und die Zeit für das Einrasten der Schleife kürzer wird. Bei höherem K (max. 17 Stufen) wird die Bandbreite (oder Fangbereich) kleiner und die für das Einrasten erforderliche Zeit länger. Aufwärtszählen erfolgt mit D/$\overline{U}$ (Down/$\overline{U}$p) = High, mit Low läuft der Zähler abwärts.

Für verschiedene Anwendungen kann entweder der Phasendetektor mit dem Exklusiv-ODER-Gatter (XORPD) oder dem flankengetriggerten (negative Taktflanke) JK-Flipflop ECPD (Edge Controlled Phase Detector) eingesetzt werden.

Kaskadieren für Schleifen mit höherer Ordnung ist ohne Schwierigkeit möglich.

D	C	B	A	MODULO (K)
L	L	L	L	gesperrt
L	L	L	H	2^3
L	L	H	L	2^4
L	L	H	H	2^5
L	H	L	L	2^6
L	H	L	H	2^7
L	H	H	L	2^8
L	H	H	H	2^9
H	L	L	L	2^{10}
H	L	L	H	2^{11}
H	L	H	L	2^{12}
H	L	H	H	2^{13}
H	H	L	L	2^{14}
H	H	L	H	2^{15}
H	H	H	L	2^{16}
H	H	H	H	2^{17}

ϕ A2	ϕ B	ECPD OUT
H oder L	⌐‾	H
‾⌐	H oder L	L
H oder L	_⌐	keine Änderung
_⌐	H oder L	keine Änderung

ϕ A1	ϕ B	XORPD OUT
L	L	L
L	H	H
H	L	H
H	H	L

Anwendung:
PLL-Schaltungen für Frequenz-Synthesizer

Daten:
Max. Taktfrequenz (Clock K)	50	MHz
Max. Taktfrequenz (Clock I/D)	35	MHz

Digitaler Phase-Locked-Loop-Baustein (PLL)

'297

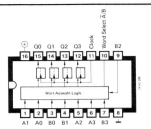

Beschreibung:
Dieser Baustein gestattet die Auswahl von zwei 4-Bit-Datenquellen und die Speicherung der ausgewählten Daten.

Betrieb:
Der Baustein enthält außer einer Reihe von Gattern für die Auswahl der 4-Bit-Daten noch 4 Flipflops zur Aufbewahrung dieser Daten.
Wenn der Eingang für die Auswahl (Word Select) der gewünschten 4-Bit-Daten Low ist, wird das Wort A, d.h. die Daten an den Eingängen A0, A1, A2 und A3 bei der negativen Flanke des Taktes in die Flipflops geschrieben, und stehen an den Ausgängen Q0, Q1, Q2 und Q3 zur Verfügung.
Ein High am Anschluß "Word-Select" bewirkt dasselbe für die Daten an den Anschlüssen B0, B1, B2 und B3.
Läßt man den Anschluß CLOCK auf High, so bleiben die eingespeicherten Informationen erhalten, unabhängig vom logischen Pegel an Pin 10.

Eingänge		Ausgänge
Word Select $\overline{A}$/B	Clock	Q0 — Q3
L	⌐⌐	a0 — a3
H	⌐⌐	b0 — b3

a0 — a3, b0 — b3 = Pegel der entsprechenden
Datenwort-Eingänge

Anwendung:
Datenselektion oder Multiplexen von 4-Bit-Worten, BCD-Schieberegister

Daten:
Min. garantierte Taktfrequenz   33   MHz

Vier 2-zu-1-Datenselektoren/Multiplexer mit Speicher

'298

'299

8-Bit-Universal-Schieberegister mit asynchronem Löschen, kaskadierbar (TS)

Daten:

Max. Schiebefrequenz: 25 MHz

Anwendung:

Schieberegister, Puffer-Speicher, Akkumulator-Register

Eingänge				Funktion
$\overline{MR}$	S1	S0	CP	
L	X	X	X	Asynchrones Löschen: Q0 – Q7 = Low
H	H	H	⎍	Paralleles Laden: I/On → Qn
H	L	H	⎍	Rechtsverschiebung: DS7→Q7, Q0→Q1, etc.
H	H	L	⎍	Linksverschiebung: DS7→Q7, Q7→Q6, etc.
H	L	L	X	Speichern

Ein ähnlicher Baustein mit synchronem Löschen ist der '323.

Mit S0 = S1 = H werden die im Register befindlichen Daten gespeichert, unabhängig vom Zustand aller übrigen Eingänge.

Die separat herausgeführten Ausgänge Q0 und Q7 ermöglichen ein einfaches Kaskadieren mehrerer Bausteine. Der Baustein besitzt ferner getrennte serielle Eingänge für Links-(DS7) und Rechts-(DS0)-Verschieben.

Die Eingangs/Ausgangs-Anschlüsse werden hochohmig, wenn einer oder beide $\overline{OE}$-Anschlüsse auf High gelegt werden.

Die Verschiebung der Daten erfolgt an der positiven Flanke des Taktes. Ein asynchrones Löschen mit $\overline{MR}$ (Master Reset) ist möglich, indem man diesen Anschluß kurzzeitig auf Low legt.

Betrieb:

Die 4 möglichen Betriebsarten werden mit den Eingängen S0 und S1 ausgewählt und sind nachstehender Tabelle zu entnehmen.

Beschreibung:

Dieser Baustein enthält ein universelles Links-/Rechts-Schieberegister mit paralleler und serieller Eingabe und Ausgabe, sowie Speichermöglichkeit.

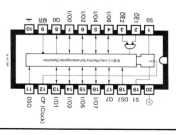

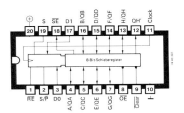

20 ⊕ **19** S **18** $\overline{SE}$ **17** D1 **16** B/QB **15** D/QD **14** F/QF **13** H/QH **12** QH' **11** Clock

8-Bit-Schieberegister

1 $\overline{RE}$ **2** S/$\overline{P}$ **3** D0 **4** A/QA **5** C/QC **6** E/QE **7** G/QG **8** $\overline{OE}$ **9** Clear **10** ⏚

Beschreibung:
Dieser Baustein enthält ein 8-Bit-Rechts-Schieberegister für serielles und paralleles Laden mit gemultiplexten Daten-Eingabe/Ausgabe-Ports.

Betrieb:
Serielle Daten können in das Schieberegister über die Eingänge D0 oder D1 eingegeben werden, je nachdem welcher Eingang mit S (Data Select) ausgewählt wurde. Mit S = Low werden die Daten an D0 übernommen, mit S = High die Daten an D1.
Die Übernahme der Daten und die Rechtsverschiebung erfolgt beim LH-Übergang (positive Flanke) des Taktes an Clock.
Ein serieller Ausgang ist der Anschluß QH'. Synchrones paralleles Laden erfolgt, wenn man die Anschlüsse $\overline{RE}$ (Register Enable) und S/$\overline{P}$ (Seriell/Parallel) auf Low legt. Dadurch werden die Tristate-Ein/Ausgänge in die Eingabe-Betriebsart versetzt. Die Daten werden auch hier bei der positiven Taktflanke in das Register übernommen.
Bei allen Operationen liegt $\overline{OE}$ (Output Enable) auf Low. Legt man diesen Anschluß auf High, gehen die Ein/Ausgänge (Pin 4—7 und Pin 13—16) in den hochohmigen Zustand.
Asynchrones Löschen erfolgt, wenn man $\overline{Clear}$ kurzzeitig auf Low legt.
Die sogenannte ''Sign extend''-Funktion (Pin 18 = $\overline{SE}$) wiederholt das Vorzeichen des QA-Flipflops während des Schiebevorganges. Dies dient zum Aufbau eines 8x8-Bit-Multiplizierers mit dem '384.

Funktion	Eingänge							Eingänge/Ausgänge			Ausgang
	$\overline{CLR}$	$\overline{RE}$	S/$\overline{P}$	$\overline{SE}$	S	$\overline{OE}$	CLK	A/QA	B/QB	C/QC . . . H/QH	QH'
Löschen	L	H	X	X	X	L	X	L	L	L	L
	L	X	H	X	X	L	X	L	L	L	L
Halten	L	H	X	X	X	L	X	Q_{AO}	Q_{BO}	Q_{CO} Q_{HO}	Q_{HO}
Rechtsverschieben	H	L	H	H	L	L	⤒	D0	Q_{An}	Q_{Bn} Q_{Gn}	Q_{Gn}
	H	L	H	H	H	L	⤒	D1	Q_{An}	Q_{Bn} Q_{Gn}	Q_{Gn}
Sign Extend	H	L	H	L	X	L	⤒	Q_{An}	Q_{An}	Q_{Bn} Q_{Gn}	Q_{Gn}
Laden	H	L	L	X	X	X	⤒	a	b	c h	h

Wenn die Ausgangs-Freigabe ($\overline{OE}$) High ist, sind die acht Eingangs/Ausgangs-Anschlüsse gesperrt, da sie sich im hochohmigen Zustand befinden; es wird jedoch die sequentielle Arbeitsweise oder das Löschen der Register nicht beeinflußt. Wenn die beiden Eingänge $\overline{RE}$ und S/$\overline{P}$ Low sind und der Löscheingang auf Low gelegt wird, werden die Register gelöscht, während die acht Eingangs/Ausgangs-Anschlüsse gesperrt sind und sich im hochohmigen Zustand befinden.

QA0...QH0 = die Pegel von QA bis QH vor den angegeben stabilen Bedingungen
QAn...QHn = die Pegel von QA bis QH vor der letzten positiven Taktflanke

D0,D1 = die Pegel an den Eingängen D0 und D1
a...h = die Pegel an den Eingängen A bis H

Anwendung:
Parallel/Seriell- und Seriell/Parallel-Datenwandler, Multiplizierer

Daten:
Max. Taktfrequenz   17   MHz

8-Bit-Universal-Schieberegister mit asynchronem Löschen, kaskadierbar (TS)

'322

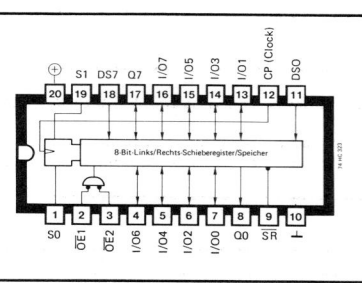

Beschreibung:
Dieser Baustein enthält ein universelles Links/Rechts-Schieberegister mit paralleler und serieller Eingabe und Ausgabe, sowie Speichermöglichkeit.

Betrieb:
Die 4 möglichen Betriebsarten werden mit den Eingängen S0 und S1 ausgewählt und sind nachstehender Tabelle zu entnehmen.
Die Verschiebung der Daten erfolgt an der positiven Flanke des Taktes. Ein synchrones Löschen mit $\overline{SR}$ (Synchronous Reset) ist möglich, indem man diesen Anschluß auf Low legt. Dann wird das Register bei der nächsten positiven Taktflanke gelöscht.
Die Eingangs/Ausgangs-Anschlüsse werden hochohmig, wenn einer oder beide $\overline{OE}$-Anschlüsse auf High gelegt werden.
Die separat herausgeführten Ausgänge Q0 und Q7 ermöglichen ein einfaches Kaskadieren mehrerer Bausteine. Der Baustein besitzt ferner getrennte serielle Eingänge für Links-(DS7) und Rechts-(DS0)-Verschieben.
Mit S0 = S1 = H werden die im Register befindlichen Daten gespeichert, unabhängig vom Zustand aller übrigen Eingänge.
Ein ähnlicher Baustein mit asynchronem Löschen ist der '299.

Eingänge				Funktion
$\overline{SR}$	S1	S0	CP	
L	X	X	X	Synchrones Löschen: Q0 − Q7 = Low
H	H	H	⌐	Paralleles Laden: I/On → Qn
H	L	H	⌐	Rechtsverschiebung: DS7 → Q7, Q0 → Q1, etc.
H	H	L	⌐	Linksverschiebung: DS7 → Q7, Q7 → Q6, etc.
H	L	L	X	Speichern

Anwendung:
Schieberegister, Puffer-Speicher, Akkumulator-Register

Daten:
Max. Schiebefrequenz   25   MHz

8-Bit-Universal-Schieberegister mit synchronem Löschen, kaskadierbar (TS)

'323

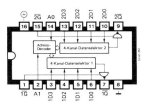

Beschreibung:
Dieser Baustein enthält zwei 1-aus-4-Datenselektoren mit gemeinsamen Adressen-Eingängen, jedoch getrennten Freigabe- (Enable) Eingängen, und invertierte Ausgänge.

Betrieb:
Die Auswahl des gewünschten Einganges erfolgt bei beiden Datenselektoren über die gemeinsamen Adressen-Eingänge A0 und A1 im Binärcode. Das Signal am angewählten Eingang erscheint am jeweiligen Ausgang 1Q̄ oder 2Q̄ in invertierter Form.
Die Freigabe-Eingänge Ḡ (Pin 1 und 15) arbeiten dagegen unabhängig voneinander. Die Freigabe-Eingänge liegen im Normalbetrieb auf Low. Legt man einen dieser Eingänge auf High, so geht der zugehörige Ausgang (1Q̄ oder 2Q̄) auf High, unabhängig vom Zustand der übrigen Eingänge.
Dieser Baustein ist, mit Ausnahme der invertierten Ausgänge, pin- und funktionskompatibel mit dem '153.

Auswahl-Eingänge		Daten-Eingänge				Freigabe-Eingang	Ausgang
A1	A0	D0	D1	D2	D3	Ḡ	Q̄
X	X	X	X	X	X	H	H
L	L	L	X	X	X	L	H
L	L	H	X	X	X	L	L
L	H	X	L	X	X	L	H
L	H	X	H	X	X	L	L
H	L	X	X	L	X	L	H
H	L	X	X	H	X	L	L
H	H	X	X	X	L	L	H
H	H	X	X	X	H	L	L

Daten:
Durchlauf-Verzögerung   22   ns

Anwendung:
Multiplexen, Adressen-Decodierung, serielle Datenübertragung

Zwei 1-aus-4-Datenselektoren/Multiplexer mit invertierenden Ausgängen

'352

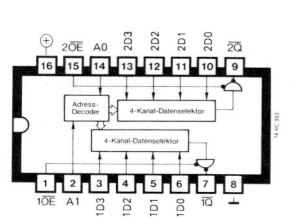

Beschreibung:
Dieser Baustein enthält zwei 1-aus-4-Datenselektoren mit gemeinsamen Adressen-Eingängen, jedoch getrennten Eingängen für eine Ausgangs-Freigabe, sowie invertierte Ausgänge.

Betrieb:
Die Auswahl des gewünschten Einganges D0—D3 erfolgt bei beiden Datenselektoren über die gemeinsamen Adressen-Eingänge A0 und A1 im Binärcode. Das Signal am angewählten Eingang erscheint am jeweiligen Ausgang $\overline{1Q}$ oder $\overline{2Q}$ in invertierter Form.
Die beiden Eingänge für die Ausgangs-Freigabe ($\overline{OE}$ = Output Enable) arbeiten dagegen unabhängig voneinander.
Die Freigabe-Eingänge liegen im Normalbetrieb auf Low. Legt man einen dieser Eingänge auf High, so geht der zugehörige Ausgang ($\overline{1Q}$ oder $\overline{2Q}$) in den hochohmigen Zustand, unabhängig vom Zustand aller übrigen Eingänge. Dadurch ist ein direkter Anschluß an busorientierte Systeme möglich.

Auswahl-Eingänge		Daten-Eingänge				Ausgangs-Freigabe	Ausgang
A1	A0	D0	D1	D2	D3	$\overline{OE}$	$\overline{Q}$
X	X	X	X	X	X	H	Z
L	L	L	X	X	X	L	H
L	L	H	X	X	X	L	L
L	H	X	L	X	X	L	H
L	H	X	H	X	X	L	L
H	L	X	X	L	X	L	H
H	L	X	X	H	X	L	L
H	H	X	X	X	L	L	H
H	H	X	X	X	H	L	L

Anwendung:
Multiplexen, Adressen-Decodierung, serielle Datenübertragung

Daten:
Durchlauf-Verzögerung   17   ns

Zwei 1-aus-4-Datenselektoren/Multiplexer mit invertierenden Ausgängen (TS)

'353

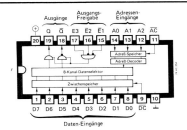

Ausgänge — Ausgangs-Freigabe — Adressen-Eingänge

| 20 | 19 | 18 | 17 | 16 | 15 | 14 | 13 | 12 | 11 |
| Q | Q̄ | E3 | E2 | Ē1 | A0 | A1 | A2 | AC |

Adreß-Speicher
Adreß-Decoder
8-Kanal-Datenselektor
Zwischenspeicher

| 1 | 2 | 3 | 4 | 5 | 6 | 7 | 8 | 9 | 10 |
| D7 | D6 | D5 | D4 | D3 | D2 | D1 | D0 | DC | ⊥ |

Daten-Eingänge

Beschreibung:

Dieser Baustein enthält einen Datenselektor, der eines aus 8 Eingangssignalen mittels eines 3-Bit-Binärcodes auswählt. Sowohl Daten- wie Adressen-Eingänge enthalten einen Zwischenspeicher. Die Ausgänge können in den hochohmigen Zustand versetzt werden.

Betrieb:

Der gewünschte Daten-Eingang (D0–D7) wird mittels der Binäradresse an den Adressen-Eingängen (A0–A2) vorgewählt. Der Adressen-Steuereingang $\overline{AC}$ (Adress Control) muß hierbei auf Low liegen, ebenso der Daten-Steuereingang $\overline{DC}$ (Data Control). Das Signal am angewählten Eingang erscheint dann am Ausgang Q und invertiert am Ausgang $\overline{Q}$.

Dies ist jedoch nur der Fall, wenn die Ausgänge freigegeben sind, und zwar mit $\overline{E1} = \overline{E2}$ = Low und E3 = High. Ist entweder $\overline{E1}$ oder $\overline{E2}$ High, oder E3 Low, dann sind die beiden Ausgänge Q und $\overline{Q}$ hochohmig.

Legt man $\overline{DC}$ auf High, so erhält man an den Ausgängen diejenigen, mittels A0–A2 ausgewählten Daten, die unmittelbar vor dem letzten LH-Übergang von $\overline{DC}$ an den Eingängen D0–D7 lagen.

Wird $\overline{AC}$ auf High gelegt, so wird die an A0–A2 liegende Adresse im Adreß-Speicher aufbewahrt. Die Speicher werden erst wieder transparent, wenn $\overline{AC}$ auf Low gelegt wird.

Eingänge							Ausgänge		Beschreibung
Adresse			$\overline{DC}$	Ausgangs-Freigabe			Q	$\overline{Q}$	
A2	A1	A0		$\overline{E1}$	$\overline{E2}$	E3			
X	X	X	X	H	X	X	Z	Z	Ausgänge im hochohmigen Zustand
X	X	X	X	X	H	X	Z	Z	
X	X	X	X	X	X	L	Z	Z	
L	L	L					D0	$\overline{D0}$	Zwischenspeicher ist transparent
L	L	H					D1	$\overline{D1}$	
L	H	L	H	L	L	H	D2	$\overline{D2}$	
L	H	H					D3	$\overline{D3}$	
H	L	L					D4	$\overline{D4}$	
H	L	H					D5	$\overline{D5}$	
H	H	L					D6	$\overline{D6}$	
H	H	H					D7	$\overline{D7}$	
L	L	L					$D0_n$	$\overline{D0}_n$	Neue Daten werden in den Zwischenspeicher übernommen
L	L	H					$D1_n$	$\overline{D1}_n$	
L	H	L					$D2_n$	$\overline{D2}_n$	
L	H	H	L	L	L	H	$D3_n$	$\overline{D3}_n$	
H	L	L					$D4_n$	$\overline{D4}_n$	
H	L	H					$D5_n$	$\overline{D5}_n$	
H	H	L					$D6_n$	$\overline{D6}_n$	
H	H	H					$D7_n$	$\overline{D7}_n$	

D0–D7 = die Daten an den Eingängen D0 bis D7
D0n–D7n = die Daten an den Eingängen D0 bis D7 während der Anschluß $\overline{DC}$ High war.

Anwendung:

Multiplexen, Adressen-Decodierung, serielle Datenübertragung, Funktionsgenerator

Daten:

Durchlauf-Verzögerung   15   ns

8-zu-1-Datenselektor mit Eingangs-Zwischenspeicher (TS)

'354

8-zu-1-Datenselektor mit Eingangs-Register (TS)

Beschreibung:
Dieser Baustein enthält einen Datenselektor, der eines aus 8 Eingangssignalen mittels eines 3-Bit-Binärcodes auswählt. Sowohl Daten- wie Adressen-Eingänge enthalten einen Zwischenspeicher. Die Ausgänge können in den hochohmigen Zustand versetzt werden.

Betrieb:
Der gewünschte Daten-Eingang (D0—D7) wird mittels der Binäradresse an den Adressen-Eingängen (A0—A2) vorgewählt. Der Adressen-Steuereingang AC (Adress Control) muß hierbei auf Low liegen. Das Signal am angewählten Eingang erscheint dann beim LH-Übergang (positive Flanke) des Taktes (Clock = Pin 9) am Ausgang Q und invertiert am Ausgang Q̄.
Dies ist jedoch nur der Fall, wenn die Ausgänge freigegeben sind, und zwar mit E1 = E2 = Low und E3 High. Ist entweder E1 oder E2 High, oder E3 Low, dann sind die beiden Ausgänge Q und Q̄ hochohmig.
Liegt Clock (Pin 9) auf High oder Low, dann erhält man an den Ausgängen diejenigen Daten, die unmittelbar vor dem letzten LH-Übergang von AC an den Eingängen D0—D7 lagen.

Wird AC auf High gelegt, so wird die an A0—A2 liegende Adresse im Adreß-Speicher aufbewahrt. Die Speicher werden erst wieder transparent, wenn AC auf Low gelegt wird.

Eingang			Clock	Ausgangs-Freigabe			Ausgänge		Beschreibung
A2	A1	A0		E1	E2	E3	Q	Q̄	
X	X	X	X	X	X	L	Z	Z	Ausgänge im hochohmigen Zustand
X	X	X	X	X	H	X	Z	Z	
X	X	X	X	H	X	X	Z	Z	
L	L	L	⌐‾	L	L	H	Q_{0n}	$\bar{Q}_{0n}$	Neue Daten werden in den Zwischenspeicher übernommen
L	L	H		L	L	H	Q_{1n}	$\bar{Q}_{1n}$	
L	H	L		L	L	H	Q_{2n}	$\bar{Q}_{2n}$	
L	H	H		L	L	H	Q_{3n}	$\bar{Q}_{3n}$	
H	L	L		L	L	H	Q_{4n}	$\bar{Q}_{4n}$	
H	L	H		L	L	H	Q_{5n}	$\bar{Q}_{5n}$	
H	H	L		L	L	H	Q_{6n}	$\bar{Q}_{6n}$	
H	H	H		L	L	H	Q_{7n}	$\bar{Q}_{7n}$	
L	L	L	H, L, oder ‾⌐	L	L	H	Q_{0p}	$\bar{Q}_{0p}$	Ausgänge ändern ihren Zustand nicht
L	L	H		L	L	H	Q_{1p}	$\bar{Q}_{1p}$	
L	H	L		L	L	H	Q_{2p}	$\bar{Q}_{2p}$	
L	H	H		L	L	H	Q_{3p}	$\bar{Q}_{3p}$	
H	L	L		L	L	H	Q_{4p}	$\bar{Q}_{4p}$	
H	L	H		L	L	H	Q_{5p}	$\bar{Q}_{5p}$	
H	H	L		L	L	H	Q_{6p}	$\bar{Q}_{6p}$	
H	H	H		L	L	H	Q_{7p}	$\bar{Q}_{7p}$	

D_{0n}–D_{7n} = die Daten an den Eingängen D0–D7 während der positiven Taktflanke
D_{0p}–D_{7p} = die Daten, die vorher bei der positiven Taktflanke in den Zwischenspeicher übernommen wurden

Anwendung:
Multiplexen, Adressen-Decodierung, serielle Datenübertragung, Funktionsgenerator

Daten:

Durchlauf-Verzögerung	15	ns

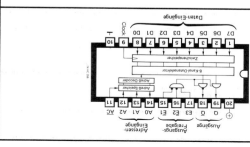

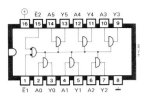

Beschreibung:
Dieser Baustein enthält 6 nicht invertierende Leitungstreiber mit gemeinsamer Freigabe.

Betrieb:
Wenn die beiden Freigabe-Eingänge $\overline{E1}$ und $\overline{E2}$ gleichzeitig auf Masse liegen, folgen die Ausgänge den Pegeln der zugehörigen Eingänge, ohne das Signal zu invertieren.
Liegt wenigstens einer der beiden Freigabe-Eingänge auf High, werden alle Treiber-Ausgänge hochohmig, unabhängig vom Zustand der zugehörigen Eingänge.
Ein pinkompatibler Baustein mit invertierenden Treibern ist der '366.

Eingänge			Ausgang
Freigabe		A	Y
$\overline{E1}$	$\overline{E2}$		
L	L	L	L
L	L	H	H
H	X	X	Z
X	H	X	Z

Anwendung:
Direkte Ansteuerung von Bus-Leitungen, Ansteuerung (Adressierung) nach der Matrix-Methode (Koinzidenz) von X-Y-Leitungen

Daten:
Durchlauf-Verzögerung   12   ns

Sechs Bus-Leitungstreiber, nicht invertierend, mit gemeinsamer Freigabe (TS)

'365

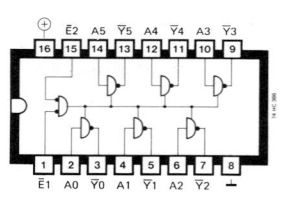

Beschreibung:
Dieser Baustein enthält 6 invertierende Leitungstreiber mit gemeinsamer Freigabe.

Betrieb:
Wenn die beiden Freigabe-Eingänge $\overline{E1}$ und $\overline{E2}$ gleichzeitig auf Masse liegen, folgen die Ausgänge den Pegeln der zugehörigen Eingänge im entgegengesetzten Sinn, d.h. das Eingangssignal wird invertiert.
Liegt wenigstens einer der beiden Freigabe-Eingänge auf High, so werden alle Treiber-Ausgänge hochohmig, unabhängig vom Zustand der zugehörigen Eingänge.
Ein pinkompatibler Baustein mit nicht invertierenden Treibern ist der '365.

Eingänge			Ausgang
Freigabe		A	$\overline{Y}$
$\overline{E1}$	$\overline{E2}$		
L	L	L	H
L	L	H	L
H	X	X	Z
X	H	X	Z

Anwendung:
Direkte Ansteuerung von Bus-Leitungen, Ansteuerung (Adressierung) nach der Matrix-Methode (Koinzidenz) von X-Y-Leitungen.

Daten:
Durchlauf-Verzögerung   12   ns

**Sechs Bus-Leitungstreiber, invertierend,
mit gemeinsamer Freigabe (TS)**

'366

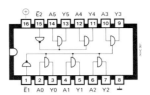

Beschreibung:
Dieser Baustein enthält 6 nicht invertierende Leitungstreiber mit zwei Freigabe-Eingängen

Betrieb:
Die beiden getrennten Freigabe-Eingänge $\overline{E1}$ und $\overline{E2}$ sind so angeordnet, daß einmal 2 und einmal 4 der insgesamt 6 Treiber gemeinsam gesteuert werden. Liegt ein Freigabe-Eingang auf Low, so folgen die Ausgänge den Pegeln der zugehörigen Eingänge, ohne das Signal zu invertieren. Liegt ein Freigabe-Eingang auf High, so werden die Ausgänge der zugehörigen Treiber hochohmig, unabhängig vom Zustand der entsprechenden Eingänge. Ein pinkompatibler Baustein mit invertierenden Treibern ist der '368.

Eingänge		Ausgang
Freigabe $\overline{E}$	A	Y
L	L	L
L	H	H
H	X	Z

Anwendung:
Treiber zur Ansteuerung von Bus-Leitungen

Daten:
Durchlauf-Verzögerung   12   ns

Sechs Bus-Leitungstreiber, nicht invertierend, mit zwei Freigabe-Eingängen (TS)

'367

'368

Sechs Bus-Leitungstreiber, invertierend, mit zwei Freigabe-Eingängen

Anwendung:
Treiber zur Ansteuerung von Bus-Leitungen

Daten:
Durchlauf-Verzögerung   12   ns

Eingänge		Ausgang
Freigabe $\overline{E}$	A	$\overline{Y}$
L	L	H
L	H	L
H	X	Z

Beschreibung:
Dieser Baustein enthält 6 invertierende Leitungstreiber mit zwei Freigabe-Eingängen.

Betrieb:
Die beiden getrennten Freigabe-Eingänge $\overline{E1}$ und $\overline{E2}$ sind so angeordnet, daß einmal 2 und einmal 4 der insgesamt 6 Treiber gemeinsam gesteuert werden. Liegt ein Freigabe-Eingang auf Low, so folgen die Ausgänge den Pegeln der zugehörigen Eingänge im entgegengesetzten Sinne, d.h. das Eingangssignal wird invertiert.
Liegt ein Freigabe-Eingang auf High, so werden die Ausgänge der zugehörigen Treiber hochohmig, unabhängig vom Zustand der entsprechenden Eingänge.
Ein pinkompatibler Baustein mit nicht invertierenden Treibern ist der '367.

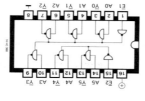

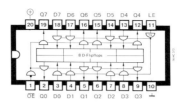

Beschreibung:
Dieser Baustein enthält 8 D-Zwischenspeicher mit Tristate-Ausgängen.

Betrieb:
Wenn der Anschluß Speicher-Freigabe LE (Latch Enable) auf High liegt, sind die Speicher "transparent", d.h. die Daten an den Eingängen D erscheinen unmittelbar an den Ausgängen Q.
Voraussetzung hierfür ist jedoch, daß der Anschluß $\overline{OE}$ (Output Enable) auf Low liegt. Befindet sich dieser Anschluß auf High, gehen alle Ausgänge in den hochohmigen Zustand, unabhängig vom Inhalt der Speicher.
Wird der Eingang LE auf Low gelegt, werden die unmittelbar vorher an den D-Eingängen liegenden Daten in den Flipflop gespeichert.
Die Ausgänge können bis zu 15 LSTTL-Lasten treiben (PLE und SPI bis zu 30 LSTTL-Lasten).
Der '539 ist ein ähnlicher Baustein mit invertierten Ausgängen.

Eingänge			Ausgang
$\overline{OE}$	LE	D	Q
L	H	H	H
L	H	L	L
L	L	X	keine Änderung
H	X	X	Z

Anwendung:
Zwischenspeicherung von Daten in busorientierten Systemen

Daten:
Durchlauf-Verzögerung 15 ns

8-Bit-D-Zwischenspeicher, nicht invertierend, mit Freigabe (TS)

'373

'374

8-Bit-D-Register, flankengetriggert, nicht invertierend (TS)

Anwendung:
Zwischenspeicherung von Daten in busorientierten Systemen

Daten:

Min. garantierte Taktfrequenz	60	MHz
Durchlauf-Verzögerung	17	ns

Eingänge			Ausgang
$\overline{OE}$	Clock	D	Q
L	⌐_⌐	L	L
L	⌐_⌐	H	H
L	L, H, ⌐_⌐	X	keine Änderung
H	X	X	Z

Der '534 ist ein ähnlicher Baustein mit invertierten Ausgängen.

Die Ausgänge können bis zu 15 LSTTL-Lasten treiben (PLE und SPI bis zu 30 LSTTL-Lasten).

Die gespeicherten Daten erscheinen an den Ausgängen Q, wenn der Freigabe Eingang $\overline{OE}$ (Output Enable) auf Low liegt. Legt man diesen Anschluß auf High, gehen alle Ausgänge in den hochohmigen Zustand.

Betrieb:
Die an den Eingängen D0—D7 liegenden Daten werden beim LH-Übergang (positive Flanke) des Taktes am Anschluß Clock in die Flipflops gespeichert. Der Takteingang besitzt eine Schmitt-Trigger-Funktion.

Beschreibung:
Dieser Baustein enthält 8 flankengetriggerte D-Zwischenspeicher mit Tristate-Ausgängen.

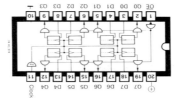

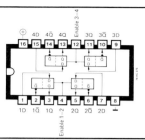

Beschreibung:
Dieser Baustein enthält vier bistabile Speicherelemente.

Betrieb:
Die vier Speicher werden paarweise mit den entsprechenden Freigabe- (Enable)Eingängen gesteuert. Wenn diese Anschlüsse (Pin 4 und 12) auf High liegen, folgen die Ausgänge Q (und deren Komplement $\overline{Q}$) den Pegeln an den Eingängen, d.h., ein Low am D-Eingang erscheint als ein Low an Q und als ein High an $\overline{Q}$.
Werden die Freigabe-Anschlüsse auf Low gelegt, so wird der vorhergehende Wert an D im entsprechenden Speicher aufbewahrt, und zwar so lange, bis die Enable-Anschlüsse wieder auf High gehen.
Beachten Sie, daß es sich nicht um ein getaktetes System handelt, und der Baustein daher nicht als Schieberegister-Element verwendet werden kann. Die Stufen können nicht kaskadiert werden.
Dieser Baustein ist mit dem '75 funktionsmäßig identisch, besitzt jedoch eine andere Anschlußbelegung.

Eingänge		Ausgänge	
D	Enable	Q	$\overline{Q}$
L	H	L	H
H	H	H	L
X	L	Q_0	$\overline{Q}_0$

Q_0 = gespeicherte Daten

Anwendung:
Zwischenspeicherung von Daten

Daten:

Durchlauf-Verzögerung	14	ns

4-Bit-D-Zwischenspeicher mit Freigabe

'375

377

8-Bit-D-Register, flankengetriggert, mit Takt-Freigabe

Anwendung:
Schneller Zwischenspeicher für 8-Bit-Daten, Schieberegister, Bitmuster-Generator

Daten:

Max. Taktfrequenz	54	MHz
Durchlauf-Verzögerung	15	ns

Eingänge			Ausgang
E	Clock	D	Q
H	X	X	Keine Änderung
L	⌐⌐	H	H
L	⌐⌐	L	L
X	L	X	Keine Änderung

Beschreibung:
Dieser Baustein enthält 8 schnelle flankengetriggerte D-Zwischenspeicher mit einem Freigabe-Eingang.

Betrieb:
Die an den Eingängen D0—D7 liegenden Daten werden beim LH-Übergang (positive Flanke) des Taktes am Anschluß Clock in die Flipflops gespeichert. Der Triggervorgang ist pegelsensitiv und daher nicht von der Steilheit der Taktflanke abhängig. Wenn der Takteingang entweder auf Low oder High liegt, hat das D-Signal am Eingang keinen Einfluß auf den Ausgang. Die Schaltung ist ferner so ausgelegt, daß kein falsches Takten durch Spannungssprünge am Freigabe-Eingang entstehen kann.
Die gespeicherten Daten erscheinen an den Ausgängen Q beim LH-Übergang des Taktes nur dann, wenn der Freigabe-Eingang E (Input Enable) auf Low liegt. Legt man diesen Anschluß auf High, bleiben die ursprünglich im Register enthaltenen Daten unverändert.
Ein pinkompatibler Baustein mit Tristate-Ausgängen ist der '374.

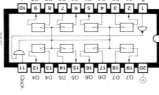

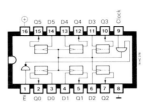

Beschreibung:
Dieser Baustein enthält 6 schnelle flankengetriggerte D-Zwischenspeicher mit einem Freigabe-Eingang.

Betrieb:
Die an den Eingängen D0–D5 liegenden Daten werden beim LH-Übergang (positive Flanke) des Taktes am Anschluß Clock in die Flipflops gespeichert. Der Triggervorgang ist pegelsensitiv und daher nicht von der Steilheit der Taktflanke abhängig. Wenn der Takteingang entweder auf Low oder High liegt, hat das D-Signal am Eingang keinen Einfluß auf den Ausgang. Die Schaltung ist ferner so ausgelegt, daß kein falsches Takten durch Spannungssprünge am Freigabe-Eingang entstehen kann.

Die gespeicherten Daten erscheinen an den Ausgängen Q beim LH-Übergang des Taktes nur dann, wenn der Freigabe-Eingang $\overline{E}$ (Input Enable) auf Low liegt. Legt man diesen Anschluß auf High, bleiben die ursprünglich im Register enthaltenen Daten unverändert.

Eingänge			Ausgang
$\overline{E}$	Clock	D	Q
H	X	X	keine Änderung
L	⌐	H	H
L	⌐	L	L
X	L	X	keine Änderung

Anwendung:
Schneller Zwischenspeicher, Schieberegister, Bitmuster-Generator

Daten:

Max. Taktfrequenz	54	MHz
Durchlauf-Verzögerung	15	ns

6-Bit-D-Register, flankengetriggert, mit Takt-Freigabe

'378

'379

4-Bit-D-Register mit komplementären Ausgängen und Takt-Freigabe

Daten:

Max. Taktfrequenz	54	MHz
Durchlauf-Verzögerung	15	ns

Anwendung:
Schneller Zwischenspeicher, Schieberegister, Bitmuster-Generator

Eingänge			Ausgänge	
$\overline{E}$	Clock	D	Q	$\overline{Q}$
H	X	X	Keine Änderung	
L	⌐	H	H	L
L	⌐	L	L	H
L	L	X	Keine Änderung	
X	L	X	Keine Änderung	

Beschreibung:
Dieser Baustein enthält 4 schnelle flankengetriggerte D-Zwischenspeicher mit einem Freigabe-Eingang und komplementären Ausgängen.

Betrieb:
Die an den Eingängen D0–D3 liegenden Daten werden beim LH-Übergang (positive Flanke) des Taktes am Anschluß Clock in die Flipflops gespeichert. Der Triggervorgang ist pegelsensitiv und daher nicht von der Steilheit der Taktflanke abhängig. Wenn der Takteingang entweder auf High oder Low liegt, hat das D-Signal am Eingang keinen Einfluß auf den Ausgang. Die Schaltung ist ferner so ausgelegt, daß kein falsches Takten durch Spannungssprünge am Freigabe-Eingang entstehen kann.

Die gespeicherten Daten erscheinen an den Ausgängen Q (und invertiert an $\overline{Q}$) beim LH-Übergang des Taktes nur dann, wenn der Freigabe-Eingang $\overline{E}$ (Input Enable) auf Low liegt. Legt man diesen Anschluß auf High, bleiben die ursprünglich im Register enthaltenen Daten unverändert.

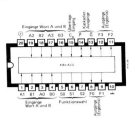

Beschreibung:
Dieser Baustein enthält eine arithmetisch-logische Recheneinheit (ALU), mit der 3 arithmetische und 3 logische Operationen an 4-Bit-Operanden ausgeführt werden können.

Betrieb:
Die beiden Operanden A und B werden den entsprechenden Eingängen zugeführt. Dann wird gemäß der Funktionstabelle über die Eingänge S0–S2 die auszuführende Operation gewählt und das Ergebnis kann an F0–F3 abgenommen werden. Mit S0 = S1 = S2 = Low wird die ALU gelöscht und mit S0 = S1 = S2 = High, werden alle F-Ausgänge auf H vorgestellt.
Die beiden Kaskadier-Ausgänge $\overline{P}$ und $\overline{G}$ dienen zur Erweiterung der ALU mit dem Look-ahead-carry-Generator '182.

Auswahl			Arithmetisch-/logische Operation
S2	S1	S0	
L	L	L	CLEAR
L	L	H	B MINUS A
L	H	L	A MINUS B
L	H	H	A PLUS B
H	L	L	A ⊕ B
H	L	H	A + B
H	H	L	AB
H	H	H	PRESET

Anwendung:
Recheneinheit für arithmetische oder logische Operationen

Daten:
Durchlauf-Verzögerung   12   ns

4-Bit-arithmetisch/logische Einheit, Funktionsgenerator

'381

'382

4-Bit-arithmetisch/logische Einheit, Funktionsgenerator mit seriellem Übertrag

Daten:

Durchlauf-Verzögerung 12 ns

Anwendung:

Recheneinheit für arithmetische oder logische Operationen

Auswahl			Arithmetisch-/logische Operation
S2	S1	S0	Operation
L	L	L	CLEAR
L	L	H	B MINUS A
L	H	L	A MINUS B
L	H	H	A PLUS B
H	L	L	A ⊕ B
H	L	H	A + B
H	H	L	AB
H	H	H	PRESET

Dieser Baustein besitzt einen Übertrags-Ausgang C_{n+4}, der mit dem Übertrags-Eingang C_n der nächsten Stufe verbunden wird. Ferner zeigt er eine Zweier-Komplement-Überlaufbedingung über den Ausgang OVR (Overflow) an.

Betrieb:

Die beiden Operanden A und B werden den entsprechenden Eingängen zugeführt. Dann wird gemäß der Funktionstabelle über die Eingänge S0—S2 die auszuführende Operation gewählt und das Ergebnis kann an F0—F3 abgenommen werden. Mit S0 = S1 = S2 = Low wird die ALU gelöscht und mit S0 = S1 = S2 = High, werden alle F-Ausgänge auf H vorgestellt.

Beschreibung:

Dieser Baustein enthält eine arithmetisch-logische Recheneinheit (ALU), mit der 3 arithmetische und 3 logische Operationen an 4-Bit-Operanden ausgeführt werden können.

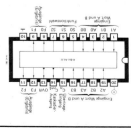

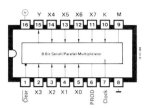

Beschreibung:

Dieser Baustein stellt ein sequentielles 8-Bit x 1-Bit-Logik-Element dar, das zwei Zahlen in Zweier-Komplement-Darstellung miteinander multipliziert.

Betrieb:

Die parallelen Eingänge X0–X7 nehmen einen 8-Bit-Multiplikanden in den X-Zwischenspeichern auf. Die Steuerung dieser Speicher geschieht ausschließlich über den asynchronen Clear-Eingang. Mit Clear auf Low werden die Speicher gelöscht und können neue Daten aufnehmen. Clear auf High sperrt die Speicher und bewirkt, daß sie nicht mehr auf Änderungen an den X-Eingängen reagieren.

Das Multiplikator-Wort wird seriell über den Y-Eingang eingegeben, das niedrigstwertige Bit zuerst. Das Produkt wird am Ausgang PROD herausgetaktet, wiederum das niedrigstwertige Bit zuerst, jeweils beim LH-Übergang (positive Flanke) des Taktes am Anschluß Clock.

Der K-Eingang dient zur Erweiterung für längere Worte, wenn mehrere Bausteine '384 verwendet werden.

Hierbei wird der Betriebsarten-Eingang M (Mode) beim höchstwertigen Baustein auf Low gelegt, bei den übrigen Bausteinen auf High.

Eingänge						Intern	Ausgänge	
Clear	Clock	K	M	X	Y	Ya -1	SP	Funktion
		L	L					Höchstwertiger Multiplizierer-Baustein
		CS	H					Bausteine kaskadiert in Multiplizierer-Kette
L				OP		L	L	Lade neuen Multiplikanden und lösche interne Summe und Übertragsregister
H								Baustein freigegeben
H	⤒				L	L	AR	Verschiebe Summen-Register
H	⤒				L	H	AR	Addiere Multiplikand zum Summen-Register und verschiebe
H	⤒				H	L	AR	Subtrahiere Multiplikand vom Summen-Register und verschiebe
H	⤒				H	H	AR	Verschiebe Summen-Register

CS = Verbunden mit PROD-Ausgang
OP = X-Speicher offen für neue Daten
AR = Ausgabe wie für Booth'schen Algorithmus erforderlich

Anwendung:

Multiplizierwerke, schneller busorganisierter 8x8-Bit-Multiplizierer mit dem '322

Daten:

Max. Taktfrequenz	25	MHz

8-Bit x 1-Bit-Multiplizierer

'384

'386

Vier Exklusiv-ODER-Gatter mit je 2 Eingängen

Beschreibung:

Dieser Baustein enthält vier getrennte Exklusiv-ODER-Gatter mit je 2 Eingängen.

Betrieb:

Alle vier Exklusiv-ODER-Gatter können unabhängig voneinander verwendet werden.
Bei jedem Gatter ist, wenn ein Eingang, jedoch nicht beide High sind, der Ausgang High.
Wenn beide Eingänge High oder beide Eingänge Low sind, wird der Ausgang Low sein.
Das Gatter kann als ein Komparator verwendet werden, der bei identischen Eingangs-
signalen einen Ausgang Low ergibt, und bei unterschiedlichen Eingangssignalen einen
Ausgang mit High. Er kann auch als steuerbarer Inverter verwendet werden, indem ein
Low an einem Eingang durchläßt, was immer am zweiten Eingang liegt. Ein High dagegen
wird immer komplementieren, was am anderen Eingang liegt.

Eingänge		Ausgang
A	B	Y
L	L	L
L	H	H
H	L	H
H	H	L

Anwendung:

Realisierung von Exklusiv-ODER-Funktionen, Erzeugung und Prüfung von gerader und
ungerader Parität, Addierer/Subtrahierer, logische Komparatoren.

Daten:

Durchlauf-Verzögerung	12	ns

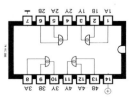

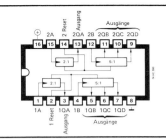

Beschreibung:
Dieser Baustein enthält zwei getrennte Teiler 2:1 und zwei Teiler 5:1.

Betrieb:
Da der Baustein insgesamt 4 Teiler enthält, läßt sich eine Vielzahl verschiedener Teilerverhältnisse erzielen, und zwar 2:1, 4:1, 5:1, 10:1, 20:1, 25:1, 50:1 und 100:1.
Je zwei Teiler 2:1 und 5:1 besitzen einen gemeinsamen asynchronen Reset-Eingang. Legt man einen dieser Eingänge kurzzeitig auf High, so werden die zugehörigen Zähler auf Null gestellt. Diese Eingänge liegen für normalen Zählbetrieb auf Low.
Die Triggerung erfolgt immer an der negativen Flanke des Taktimpulses.
Für ein normales Zählen bis 10 wird ein Ausgang QA mit einem Eingang B verbunden und die Eingangsspannung dem Anschluß A zugeführt. Im Normalbetrieb (Zählen von 0–9) steht der Wert an den Ausgängen QA–QD im BCD-Code an.
Das Tastverhältnis der an QD entstehenden Ausgangsspannung beträgt 20%. Will man eine symmetrische Ausgangsspannung, so verbindet man QD mit A und führt die Eingangsspannung dem Anschluß B zu. Man muß dann allerdings die etwas niedrigere maximale Taktfrequenz des Teilers 5:1 in Kauf nehmen.

Clock			
A	B	Reset	Funktion
X	X	H	Löschen ÷2 und ÷5
⌐	X	L	Inkrementieren ÷2
X	⌐	L	Inkrementieren ÷5

Dekadisch (BCD)

Zählung	Ausgänge			
	QD	QC	QB	QA
0	L	L	L	L
1	L	L	L	H
2	L	L	H	L
3	L	L	H	H
4	L	H	L	L
5	L	H	L	H
6	L	H	H	L
7	L	H	H	H
8	H	L	L	L
9	H	L	L	H

Biquinär

Zählung	Ausgänge			
	QD	QC	QB	QA
0	L	L	L	L
1	L	L	L	H
2	L	L	H	L
3	L	L	H	H
4	L	H	L	L
5	H	L	L	L
6	H	L	L	H
7	H	L	H	L
8	H	L	H	H
9	H	H	L	L

Anwendung:
Zähler und Teiler

Daten:
Min. garantierte Zählfrequenz:

Eingang A		50	MHz
Eingang B		50	MHz

Zwei Dezimalzähler

'390

'393

Zwei 4-Bit-Binärzähler

Daten:

Min. garantierte Zählfrequenz	50 MHz

Anwendung:

Binäre Zähler und Teiler

Beschreibung:

Dieser Baustein enthält zwei vollkommen getrennte Binärzähler mit einem Rückstell-Eingang.

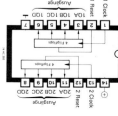

Betrieb:

Bei jedem der beiden 4-Bit-Binärzähler sind alle Ausgänge herausgeführt, wodurch sich mit beiden Zählern vielfältige Teilermöglichkeiten realisieren lassen, und zwar 2:1, 4:1, 8:1, 16:1, 32:1, 64:1, 128:1 und 256:1.

Jeder Teiler besteht aus 4 Flipflops und triggert beim HL-Übergang (negative Flanke) des Taktimpulses. Jeder Teiler arbeitet im 4-Bit-Binärcode. Außerdem kann jeder Teiler mit einem eigenen Reset-Eingang asynchron auf Null gesetzt werden, indem dieser Eingang kurzzeitig auf High gelegt wird. Für normalen Zählbetrieb muß dieser Eingang auf Low liegen.

Clock	Reset	Ausgänge	
X	H	L	
H	L	keine Änderung	
L	L	keine Änderung	
⎍	L	keine Änderung	
⎍	L	Weiterstellen zum nächsten Zustand	

Zählung	Ausgang			
	QD	QC	QB	QA
0	L	L	L	L
1	L	L	L	H
2	L	L	H	L
3	L	L	H	H
4	L	H	L	L
5	L	H	L	H
6	L	H	H	L
7	L	H	H	H
8	H	L	L	L
9	H	L	L	H
10	H	L	H	L
11	H	L	H	H
12	H	H	L	L
13	H	H	L	H
14	H	H	H	L
15	H	H	H	H

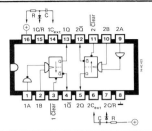

Beschreibung:
Dieser Baustein enthält zwei retriggerbare Monovibratoren mit komplementären Ausgängen und Lösch-Eingängen.

Betrieb:
Die Dauer des abgegebenen Impulses hängt von der Zeitkonstante RxC ab:
t = 0.32 C (R + 700Ω). R kann hierbei 5 bis 260 kΩ und C 10 pF aufwärts betragen. Wenn der externe Kondensator ein Elektrolyt-Kondensator ist, oder wenn die Löschfunktion bei C>1nF benützt wird, sollte die gestrichelt gezeichnete Diode verwendet werden. Dann ist t = 0.28 C (R + 700Ω).
Am Eingang A wird der Monovibrator mit der negativen Flanke des Eingangssignals getriggert. Der B-Eingang muß hierbei auf High liegen.
An Eingang B kann mit der positiven Flanke (LH-Übergang) des Eingangssignals getriggert werden. Der A-Eingang muß hierbei auf Low liegen.
Der Baustein <u>kann</u> in bereits getriggertem Zustand jederzeit erneut getriggert werden.
Der Lösch- (Clear-) Eingang liegt normalerweise auf High. Wird er auf Low gelegt, so bringt er die Schaltung in einen Zustand mit Q = Low und Q̄ = High. Damit läßt sich auch der Ausgangsimpuls abbrechen, d.h. verkürzen.
Der '423 <u>unterscheidet</u> sich von dem pinkompatiblen '123 dadurch, daß er sich nicht über den Clear-Anschluß triggern läßt.

Eingänge			Ausgänge	
A	B	Clear	Q	Q̄
X	X	L	L	H
H	X	H	L	H
X	L	H	L	H
L	⌐⌐	H	⌐⌐	⌐⌐
⌐⌐	H	H	⌐⌐	⌐⌐

Anwendung:
Impuls-Verzögerung und Zeitgeber, Impuls-Formung.

Daten:
Min. Dauer des Ausgangsimpulses	400	ns
Durchlauf-Verzögerung (von A oder B)	40	ns

Zwei retriggerbare Monoflops mit Löschen

'423

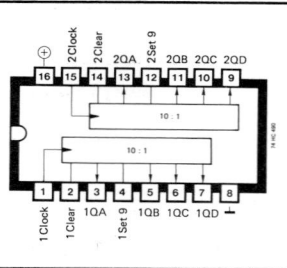

Beschreibung:
Dieser Baustein enthält zwei getrennte Teiler 10:1 mit Lösch-Eingang und Voreinstell-Möglichkeit auf 9.

Betrieb:
Für normalen Zählbetrieb liegt der Lösch-Eingang Clear auf Low. Wird er kurzzeitig auf High gebracht, gehen alle Ausgänge auf Low. Dasselbe gilt für den Anschluß Set 9. Legt man ihn kurzzeitig auf High, gehen die Ausgänge auf QD=H, QC=L, QB=L, QA=H (=dezimal 9). Beide Eingänge arbeiten asynchron, d.h. unabhängig vom Zustand des Takteinganges.

Im Gegensatz zum '90 sind die beiden Zähler nicht unterteilt, so daß mit diesem Baustein nur die Teilerverhältnisse 10:1 und 100:1 möglich sind.

Die Triggerung erfolgt am HL-Übergang (negative Flanke) des Taktes am Anschluß Clock. Die Ausgänge QA–QD folgen dem BCD-Code.

Zählung	Ausgänge			
	QD	QC	QB	QA
0	L	L	L	L
1	L	L	L	H
2	L	L	H	L
3	L	L	H	H
4	L	H	L	L
5	L	H	L	H
6	L	H	H	L
7	L	H	H	H
8	H	L	L	L
9	H	L	L	H

Eingänge		Ausgänge			
Clear	Set 9	QD	QC	QB	QA
H	L	L	L	L	L
L	H	H	L	L	H
L	L	Zählung			

Anwendung:
Dekadische Zähler und Teiler

Daten:
Max. Zählfrequenz	31	MHz

Zwei Dezimalzähler

'490

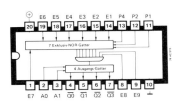

Beschreibung:
Dieser Baustein enthält einen programmierbaren "Mapping"-Decoder für schnelle Speicher und periphere Adreß-Decodier-Systeme. Er kann auch als pin-programmierbarer 9-Bit-Codedetektor eingesetzt werden.

Betrieb:
Dieser Baustein decodiert zwei binäre Eingänge (A0, A1), um 1 aus 4 Ausgänge ($\overline{Q0}-\overline{Q3}$, aktiv Low) auszuwählen, die über die 9 Eingänge (E1–E9) freigegeben werden. E8 und E9 sind ständig aktiv High, während E1–E7 aktiv High oder aktiv Low über eine entsprechende Verdrahtung der Eingänge P1, P2 und P4 programmiert werden können.
Jeder Ausgang kann durch bis zu 11 Bits eines Zählers oder Busses über $\overline{Q0}-\overline{Q3}$, entsprechend den Zuständen, die die Eingänge A0 und A1 bestimmt werden, freigegeben werden. Hierbei wird die Basis durch die Eingänge E1–E9 definiert und über die Eingänge P1, P2 und P4 programmiert.
Für größere Decoder können mehrere Bausteine kaskadiert werden.

Progr.-Eingänge			Freigabe-Eingänge								
P4	P2	P1	E9	E8	E7	E6	E5	E4	E3	E2	E1
L	L	L	H	H	L	L	L	L	L	L	L
L	L	H	H	H	L	L	L	L	L	L	H
L	H	L	H	H	L	L	L	L	H	H	L
L	H	H	H	H	L	L	L	L	H	H	H
H	L	L	H	H	H	H	H	L	L	L	L
H	L	H	H	H	H	H	H	L	L	L	H
H	H	L	H	H	H	H	H	H	H	H	L
H	H	H	H	H	H	H	H	H	H	H	H

Tabelle1 erfüllt?	Adressen-Eing.		Ausgänge			
	A1	A0	$\overline{Q3}$	$\overline{Q2}$	$\overline{Q1}$	$\overline{Q0}$
Ja	L	L	H	H	H	L
Ja	L	H	H	H	L	H
Ja	H	L	H	L	H	H
Ja	H	H	L	H	H	H
Nein	X	X	H	H	H	H

Anwendung:
"Memory-Mapping" in Mikrocomputer-Systemen, programmierbarer Code-Detektor

Daten:
Durchlauf-Verzögerung   33   ns

Programmierbarer Mapping-Decoder

'515

'521

8-Bit-Vergleicher, Ausgang invertiert

Daten:
Durchlauf-Verzögerung 21 ns

Anwendung:
Datenvergleich, Steuerungsaufgaben

Eingänge		Ausgang
Daten A, B	Freigabe $\overline{EN}$	$\overline{A = B}$
A = B	L	L
A < B	L	H
A > B	L	H
X	H	H

Beschreibung:
Dieser Baustein vergleicht zwei 8-Bit-Worte und zeigt an, ob sie gleich groß sind.

Betrieb:
Die beiden zu vergleichenden Worte A und B werden den entsprechenden Eingängen
A0—A7 und B0—B7 zugeführt.
Wenn die beiden Worte übereinstimmen, geht der Anschluß $\overline{A=B}$ auf Low. Der Freigabe-
Eingang $\overline{EN}$ (Enable) muß hierbei auf Low liegen. Befindet er sich auf High, geht der Aus-
gang $\overline{A=B}$ auf High, unabhängig vom Zustand der Dateneingänge.
Dieser Baustein ist pin- und funktions-kompatibel mit dem '688.

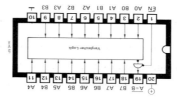

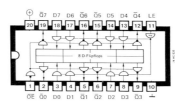

Beschreibung:
Dieser Baustein enthält 8 D-Zwischenspeicher mit Tristate-Ausgängen.

Betrieb:
Wenn der Anschluß Speicher-Freigabe LE (Latch Enable) auf High liegt, sind die Speicher "transparent", d.h. die Daten an den Eingängen D erscheinen unmittelbar an den Ausgängen $\overline{Q}$ in invertierter Form.

Voraussetzung hierfür ist jedoch, daß der Anschluß $\overline{OE}$ (Output Enable) auf Low liegt. Befindet sich dieser Anschluß auf High, gehen alle Ausgänge in den hochohmigen Zustand, unabhängig vom Inhalt der Speicher.

Wird der Eingang LE auf Low gelegt, werden die unmittelbar vorher an den D-Eingängen liegenden Daten in den Flipflop gespeichert. Der Eingang LE besitzt eine Schmitt-Trigger-Funktion.

Die Ausgänge können bis zu 15 LSTTL-Lasten treiben (PLE und SPI bis zu 30 LSTTL-Lasten.

Der '373 ist ein ähnlicher Baustein mit nicht invertierten Ausgängen.

Der '563 ist mit diesem Baustein funktionsmäßig identisch, besitzt jedoch eine andere Anschlußbelegung.

Eingänge			Ausgang
$\overline{OE}$	LE	D	$\overline{Q}$
L	H	H	L
L	H	L	H
L	L	X	keine Änderung
H	X	X	Z

Anwendung:
Zwischenspeicherung von Daten in busorientierten Systemen

Daten:
Durchlauf-Verzögerung   13   ns

8-Bit-D-Zwischenspeicher, invertierend, mit Freigabe (TS)

'533

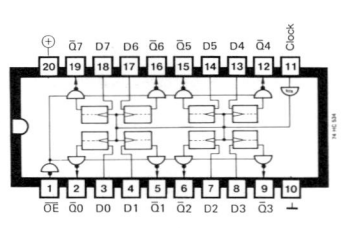

20	19	18	17	16	15	14	13	12	11
⊕	Q̄7	D7	D6	Q̄6	Q̄5	D5	D4	Q̄4	Clock

1	2	3	4	5	6	7	8	9	10
ŌE	Q̄0	D0	D1	Q̄1	Q̄2	D2	D3	Q̄3	⏚

Beschreibung:
Dieser Baustein enthält 8 flankengetriggerte D-Zwischenspeicher mit Tristate-Ausgängen.

Betrieb:
Die an den Eingängen D0–D7 liegenden Daten werden beim LH-Übergang (positive Flanke) des Taktes am Anschluß Clock in die Flipflops gespeichert. Der Takteingang besitzt eine Schmitt-Trigger-Funktion.

Die gespeicherten Daten erscheinen an den Ausgängen Q̄ in invertierter Form, wenn der Freigabe-Eingang ŌE (Output Enable) auf Low liegt. Legt man diesen Anschluß auf High, gehen alle Ausgänge in den hochohmigen Zustand.

Die Ausgänge können bis zu 15 LSTTL-Lasten treiben (PLE und SPI bis zu 30 LSTTL-Lasten).

Der '564 ist mit diesem Baustein funktionsmäßig identisch, besitzt jedoch eine andere Anschlußbelegung.

Der '374 ist ein ähnlicher Baustein mit nicht invertierten Ausgängen.

Eingänge			Ausgang
ŌE	Clock	D	Q̄
L	⤒	L	H
L	⤒	H	L
L	L,H,⤓	X	keine Änderung
H	X	X	Z

Anwendung:
Zwischenspeicherung von Daten in busorientierten Systemen

Daten:
Min. garantierte Taktfrequenz	36	MHz
Durchlauf-Verzögerung	28	ns

8-Bit-D-Register, flankengetriggert, invertierend (TS)

'534

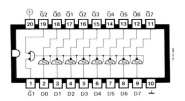

Beschreibung:
Dieser Baustein enthält acht invertierende Bus-Leitungstreiber mit Tristate-Ausgängen.

Betrieb:
Die einem Eingang D zugeführten Daten erscheinen am zugehörigen Ausgang Q̄ in invertierter Form.
Hierzu müssen beide Freigabe-Eingänge Ḡ1 und Ḡ2 auf Low liegen. Befindet sich ein oder beide Freigabe-Eingänge auf High, gehen alle Ausgänge in den hochohmigen Zustand.
Alle Treiber-Eingänge besitzen eine Schmitt-Trigger-Funktion, so daß sich der Baustein auch sehr gut als Empfänger für Signale auf verrauschten Leitungen eignet (nur MOT und SUP). Die Eingänge und Ausgänge liegen in derselben Reihenfolge auf den gegenüberliegenden Seiten des Bausteins, wodurch eine günstige Leitungsführung auf der Printplatte möglich ist.
Die Ausgänge können bis zu 15 LSTTL-Lasten treiben (PLE und SPI bis zu 30 LSTTL-Lasten.
Ein ähnlicher Baustein mit nicht invertierenden Ausgängen ist der '541.

Eingänge			Ausgang
Ḡ1	Ḡ2	D	Q̄
L	L	L	H
L	L	H	L
H	X	X	Z
X	H	X	Z

Anwendung:
Puffer und Leitungstreiber für Daten- und Adressen-Bus-Systeme

Daten:
Durchlauf-Verzögerung   10   ns

Acht Bus-Leitungstreiber, invertierend, (TS)

'540

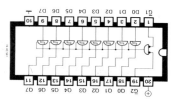

```
Gi D0 D1 D2 D3 D4 D5 D6 D7
    1  2  3  4  5  6  7  8  9  10
    
    20 19 18 17 16 15 14 13 12 11
G2 O0 O1 O2 O3 O4 O5 O6 O7
```

'541

Acht Bus-Leitungstreiber, nicht invertierend, (TS)

Daten:
Durchlauf-Verzögerung   10   ns

Anwendung:
Puffer und Leitungstreiber für Daten- und Adressen-Bus-Systeme

Eingänge		Ausgang
$\overline{G1}$ $\overline{G2}$ D		Q
L L L		L
L L H		H
H X X		Z
X H X		Z

Ein ähnlicher Baustein mit invertierenden Ausgängen ist der '540.

Die Ausgänge können bis zu 15 LSTTL-Lasten treiben (PLE und SPI bis zu 30 LSTTL-Lasten.

Alle Treiber-Eingänge besitzen eine Schmitt-Trigger-Funktion, so daß sich der Baustein auch sehr gut als Empfänger für Signale auf verrauschten Leitungen eignet (nur MOT und SUP). Die Eingänge und Ausgänge liegen in derselben Reihenfolge auf den gegenüber-liegenden Seiten des Bausteins, wodurch eine günstige Leitungsführung auf der Printplatte möglich ist.

Hierzu müssen beide Freigabe-Eingänge $\overline{G1}$ und $\overline{G2}$ auf Low liegen. Befindet sich ein oder beide Freigabe-Eingänge auf High, gehen alle Ausgänge in den hochohmigen Zustand.

Betrieb:
Die einem Eingang D zugeführten Daten erscheinen am zugehörigen Ausgang Q in nicht invertierter Form.

Beschreibung:
Dieser Baustein enthält acht nicht invertierende Bus-Leitungstreiber mit Tristate-Ausgängen.

176

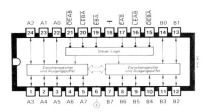

Beschreibung:
Dieser Baustein enthält Bus-Sender/Empfänger, D-Flipflops und die zugehörige Logik für den Transfer oder die Zwischenspeicherung von 8-Bit-Daten zweier Busse.

Betrieb:
Für den Datenbus von A nach B muß z.B. die Freigabe für A nach B ($\overline{EAB}$) auf Low liegen, um die Daten von A0–A7 einzugeben, oder die Daten von B0–B7 aufzunehmen, wie der nachstehenden Tabelle zu entnehmen ist. Mit $\overline{EAB}$ auf Low macht ein Low-Signal am Freigabe-Eingang für den Zwischenspeicher A-nach-B ($\overline{LEAB}$) die A- und B-Zwischenspeicher transparent. Ein hierauf folgender LH-Übergang des $\overline{LEAB}$-Signals bringt die A-Zwischenspeicher in den Speicherbetrieb und dessen Ausgänge folgen nicht länger den A-Eingängen. Sind $\overline{EAB}$ und $\overline{OEAB}$ beide Low, werden die Tristate-Ausgangs-puffer B aktiv und geben die Daten wieder, die an den Ausgängen der A-Zwischenspeicher vorliegen.
Die Steuerung des Datenflusses von B nach A ist ähnlich, nur werden hierzu die Eingänge $\overline{EBA}$, $\overline{LEBA}$ und $\overline{OEBA}$ verwendet.
Ein ähnlicher Baustein, jedoch mit invertierten Ausgängen, ist der '544.

	Eingänge		Speicher-Status	Ausgangs-Puffer
$\overline{EAB}$	$\overline{LEAB}$	$\overline{OEAB}$	A-zu-B	B0–B7
H	X	X	Speichern	Z
X	H	–	Speichern	–
X	–	H	Speichern	Z
L	L	L	transparent	Momentane A-Eingänge
L	H	L	Speichern	Vorherige A-Eingänge*

*Vor dem LH-Übergang von $\overline{LEAB}$

Anwendung:
Bidirektionaler Datentransfer mit Zwischenspeicherung zwischen zwei 8-Bit-Bussen

Daten:
Fanout   15 LS-TTL-Lasten

Bidirektionaler 8-Bit-Sende/Empfänger mit Speicher, nicht invertierend

'543

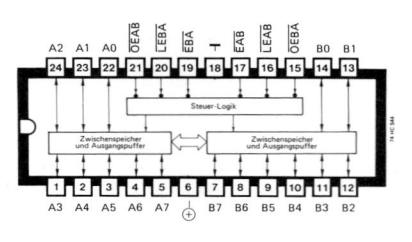

Beschreibung:
Dieser Baustein enthält Bus-Sender/Empfänger, D-Flipflops und die zugehörige Logik für den Transfer oder die Zwischenspeicherung von 8-Bit-Daten zweier Busse. Die transferierten Daten werden invertiert.

Betrieb:
Für den Datenbus von A nach B muß z.B. die Freigabe für A nach B ($\overline{EAB}$) auf Low liegen, um die Daten von A0—A7 einzugeben, oder die Daten von B0—B7 aufzunehmen, wie der nachstehenden Tabelle zu entnehmen ist. Mit $\overline{EAB}$ auf Low macht ein Low-Signal am Freigabe-Eingang für den Zwischenspeicher A-nach-B ($\overline{LEAB}$) die A- und B-Zwischenspeicher transparent. Ein hierauf folgender LH-Übergang des $\overline{LEAB}$-Signals bringt die A-Zwischenspeicher in den Speicherbetrieb und dessen Ausgänge folgen nicht länger den A-Eingängen. Sind $\overline{EAB}$ und $\overline{OEAB}$ beide Low, werden die Tristate-Ausgangspuffer B aktiv und geben die Daten invertiert wieder, die an den Ausgängen der A-Zwischenspeicher vorliegen.
Die Steuerung des Datenflusses von B nach A ist ähnlich, nur werden hierzu die Eingänge $\overline{EBA}$, $\overline{LEBA}$ und $\overline{OEBA}$ verwendet.
Ein ähnlicher Baustein, jedoch mit nicht invertierten Ausgängen, ist der '543.

	Eingänge		Speicher-Status	Ausgangs-Puffer
$\overline{EAB}$	$\overline{LEAB}$	$\overline{OEAB}$	A-zu-B	B0—B7
H	X	X	Speichern	Z
X	H	—	Speichern	—
X	—	H	—	Z
L	L	L	transparent	Momentane $\overline{A}$-Eingänge
L	H	L	Speichern	Vorherige $\overline{A}$-Eingänge*

*Vor dem LH-Übergang von $\overline{LEAB}$

Anwendung:
Bidirektionaler Datentransfer mit Zwischenspeicherung zwischen zwei 8-Bit-Bussen

Daten:
Fanout   15 LS-TTL-Lasten

Bidirektionaler 8-Bit-Sende/Empfänger mit Speicher, invertierend

'544

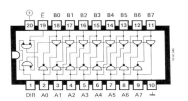

Beschreibung:
Dieser Baustein enthält acht invertierende bidirektionale Bus-Leitungstreiber mit Tristate-Ausgängen.

Betrieb:
Diese acht Bus-Leitungstreiber bieten die Möglichkeit, eine asynchrone Zweiweg-Kommunikation zwischen 8 Datenleitungen auszuführen.
Mit dem Eingang DIR (Direction Input) läßt sich die Richtung der Datenübertragung vom Bus A zu Bus B (DIR = High) oder von Bus B zu Bus A (DIR = Low) festlegen. Für eine Übertragung der Daten muß sich hierbei der Freigabe-Eingang $\bar{E}$ auf Low befinden. Legt man $\bar{E}$ auf High (DIR beliebig) werden alle Ausgänge hochohmig, wodurch die beiden Busse voneinander getrennt sind.
Die Eingänge besitzen keine Schmitt-Trigger-Funktion.
Die Ausgänge können bis zu 30 LSTTL-Lasten treiben.
Ein ähnlicher Baustein ist der '245, der jedoch nicht-invertierende Ausgänge besitzt.

Steuer-Eingänge		Funktion
$\bar{E}$	DIR	
L	L	$\bar{B}$-Daten zum A-Bus
L	H	$\bar{A}$-Daten zum B-Bus
H	X	Isolation (Z)

Anwendung:
Bidirektionale Puffer und Leitungstreiber für 8-Bit-Daten- und Adressen-Bus-Systeme

Daten:
Durchlauf-Verzögerung	8	ns

Acht Bus-Leitungstreiber/Empfänger, invertierend (TS)

'545

Bidirektionaler 8-Bit-Sender/Empfänger mit Speicher und Status-Flags (TS)

Daten:

Fanout   15 LS-TTL

Anwendung:

Bidirektionaler Datentransfer mit Zwischenspeicherung

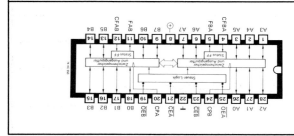

Beschreibung:

Dieser Baustein enthält einen bidirektionalen Bus-Transceiver mit zwei 8-Bit-Zwischenspeichern und Flags, die anzeigen, ob das jeweilige Register geladen ist.

Betrieb:

Jedes Register besitzt eigene Eingänge für den Takt und die Taktfreigabe, sowie ein Flip-flop, das automatisch beim Laden des Registers gesetzt wird. Jedes Flag-Flipflop kann über einen Clear-Eingang gelöscht werden. Jedes Register verfügt ferner über separate Freigabe-Eingänge für seine Tristate-Ausgangspuffer. Durch die verschiedenen getrennten Eingänge ist der Baustein sehr flexibel für einen Datentransfer.

Die den A-Eingängen zugeführten Daten werden bei der ansteigenden Flanke des A-Takt-impulses (CPA) übernommen und gespeichert, vorausgesetzt, die A-Taktfreigabe (CEA) liegt auf Low. Gleichzeitig wird das Status-Flipflop gesetzt und der Ausgang für das A-zu-B-Flag (FAB) geht auf High.

Die auf diese Weise den A-Eingängen eingegebenen Daten liegen an den Eingängen der B-Puffer, erscheinen jedoch nur an den B-Aus/Eingängen (in nicht invertierter Form), wenn das B-Ausgangs-Freigabesignal (OEB) Low gemacht wird.

Nach der Ausgabe der Daten an den B-Ausgängen löscht das Empfangssystem das A-zu-B-Flag, indem es einen LH-Übergang an den CFAB-Eingang abgibt. Wahlweise können auch die Pins OEA und CFAB miteinander verbunden, und somit gemeinsam vom Empfangs-system bedient werden.

Der Datenfluß von B nach A geschieht auf die gleiche Weise. Die Eingänge CEB und CPB geben die B-Daten ein und setzen den Ausgang FBA auf High. Ein Low an OEA gibt die Ausgangspuffer frei, und ein LH-Übergang an CFBA löscht das FBA-Flag.

Ein ähnlicher, nicht invertierender Baustein ist der '551.

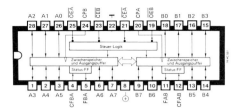

Beschreibung:
Dieser Baustein enthält einen bidirektionalen Bus-Transceiver mit zwei 8-Bit-Zwischenspeichern und Flags, die anzeigen, ob das jeweilige Register geladen ist.

Betrieb:
Jedes Register besitzt eigene Eingänge für den Takt und die Taktfreigabe, sowie ein Flipflop, das automatisch beim Laden des Registers gesetzt wird. Jedes Flag-Flipflop kann über einen Clear-Eingang gelöscht werden. Jedes Register verfügt ferner über separate Freigabe-Eingänge für seine Tristate-Ausgangspuffer. Durch die verschiedenen getrennten Eingänge ist der Baustein sehr flexibel für einen Datentransfer.

Die den A-Eingängen zugeführten Daten werden bei der ansteigenden Flanke des A-Taktimpulses (CPA) übernommen und gespeichert, vorausgesetzt, die A-Taktfreigabe ($\overline{CEA}$) liegt auf Low. Gleichzeitig wird das Status-Flipflop gesetzt und der Ausgang für das A-zu-B-Flag (FAB) geht auf High.

Die auf diese Weise den A-Eingängen eingegebenen Daten liegen an den Eingängen der B-Puffer, erscheinen jedoch nur an den B-Aus/Eingängen (in invertierter Form), wenn das B-Ausgangs-Freigabesignal ($\overline{OEB}$) Low gemacht wird.

Nach der Ausgabe der Daten an den B-Ausgängen löscht das Empfangssystem das A-zu-B-Flag, indem es einen LH-Übergang an den CFAB-Eingang abgibt. Wahlweise können auch die Pins $\overline{OEA}$ und CFAB miteinander verbunden, und somit gemeinsam vom Empfangssystem bedient werden.

Der Datenfluß von B nach A geschieht auf die gleiche Weise. Die Eingänge $\overline{CEB}$ und CPB geben die B-Daten ein und setzen den Ausgang FBA auf High. Ein Low an $\overline{OEA}$ gibt die Ausgangspuffer frei, und ein LH-Übergang an CFBA löscht das FBA-Flag.

Ein ähnlicher, invertierender Baustein ist der '550.

Anwendung:
Bidirektionaler Datentransfer mit Zwischenspeicherung

Daten:
Fanout   15 LS-TTL

**Bidirektionaler 8-Bit-Sender/Empfänger mit Speicher
und Status-Flags, invertierend, (TS)**

'551

563.

8-Bit-D-Zwischenspeicher, invertierend, mit Freigabe (TS)

Daten:

Durchlauf-Verzögerung | 26 | ns

Anwendung:

Zwischenspeicherung von Daten in busorientierten Systemen

Eingänge			Ausgang
$\overline{OE}$	LE	D	Q
L	H	H	H
L	H	L	L
L	L	X	keine Änderung
H	X	X	Z

Beschreibung:

Dieser Baustein enthält 8 invertierende D-Zwischenspeicher mit Tristate-Ausgängen.

Betrieb:

Wenn der Anschluß Speicher-Freigabe LE (Latch Enable) auf High liegt, sind die Speicher "transparent", d.h. die Daten an den Eingängen D erscheinen unmittelbar an den Ausgängen Q, in invertierter Form.

Voraussetzung hierfür ist jedoch, daß der Anschluß $\overline{OE}$ (Output Enable) auf Low liegt. Befindet sich dieser Anschluß auf High, gehen alle Ausgänge in den hochohmigen Zustand, unabhängig vom Inhalt der Speicher.

Wird der Eingang LE auf Low gelegt, werden die unmittelbar vorher an den D-Eingängen liegenden Daten in die Flipflops gespeichert.

Die Eingänge und Ausgänge liegen in derselben Reihenfolge auf den gegenüberliegenden Seiten des Bausteins, wodurch eine günstige Leitungsführung auf der Printplatte möglich ist.

Die Ausgänge können bis zu 15 LSTTL-Lasten treiben (PLE und SUP und bis zu 30 LSTTL-Lasten).

Der 573 ist ein ähnlicher Baustein mit nicht invertierten Ausgängen.

Der 533 ist mit diesem Baustein funktionsmäßig identisch, besitzt jedoch eine andere Anschlußbelegung.

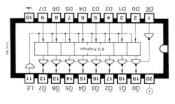

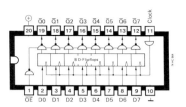

Beschreibung:
Dieser Baustein enthält 8 flankengetriggerte invertierende Zwischenspeicher mit Tristate-Ausgängen.

Betrieb:
Die an den Eingängen D0–D7 liegenden Daten werden beim LH-Übergang (positive Flanke) des Taktes am Anschluß Clock in die Flipflops gespeichert.
Die gespeicherten Daten erscheinen in invertierter Form an den Ausgängen $\overline{Q}$, wenn der Freigabe-Eingang $\overline{OE}$ (Output Enable) auf Low liegt. Legt man diesen Anschluß auf High, gehen alle Ausgänge in den hochohmigen Zustand.
Die Eingänge und Ausgänge liegen in derselben Reihenfolge auf den gegenüberliegenden Seiten des Bausteins, wodurch eine günstige Leitungsführung auf der Printplatte möglich ist.
Die Ausgänge können bis zu 15 LSTTL-Lasten treiben (PLE und SPI bis zu 30 LSTTL-Lasten).
Der '534 ist mit diesem Baustein funktionsmäßig identisch, besitzt jedoch eine andere Anschlußbelegung.
Der '574 ist ein ähnlicher Baustein mit nicht invertierten Ausgängen.

Eingänge			Ausgang
$\overline{OE}$	Clock	D	$\overline{Q}$
L	⌐_	L	H
L	⌐_	H	L
L	L	X	keine Änderung
H	X	X	Z

Anwendung:
Zwischenspeicherung in busorientierten Systemen

Daten:

Min. garantierte Taktfrequenz	36	MHz
Durchlauf-Verzögerung	28	ns

8-Bit-D-Zwischenspeicher, flankengetriggert, invertierend, mit Freigabe (TS)

'564

'573

8-Bit-D-Zwischenspeicher, nicht invertierend (TS)

Daten:

Durchlauf-Verzögerung 13 ns

Anwendung:

Zwischenspeicherung von Daten in busorientierten Systemen

Eingänge			Ausgang
$\overline{OE}$	LE	D	Q
L	H	H	H
L	H	L	L
L	L	X	keine Änderung
H	X	X	Z

Ein pinkompatibler Baustein, jedoch mit flankengetriggerten Flipflops ist der '574.

Beschreibung:

Dieser Baustein enthält 8 D-Zwischenspeicher mit Tristate-Ausgängen.

Betrieb:

Wenn der Anschluß Speicher-Freigabe LE (Latch Enable) auf High liegt, sind die Speicher "transparent", d.h. die Daten an den Eingängen D erscheinen unmittelbar an den Ausgängen Q.

Voraussetzung hierfür ist jedoch, daß der Anschluß $\overline{OE}$ (Output Enable) auf Low liegt. Befindet sich dieser Anschluß auf High, gehen alle Ausgänge in den hochohmigen Zustand, unabhängig vom Inhalt der Speicher.

Wird der Eingang LE auf Low gelegt, werden die unmittelbar vorher an den D-Eingängen liegenden Daten in die Flipflops gespeichert.

Dieser Baustein ist funktionsmäßig mit dem '373 identisch, besitzt jedoch eine andere Anschlußbelegung. Die Eingänge und Ausgänge liegen einander genau gegenüber, wodurch sich der Baustein besonders gut als Eingangs- oder Ausgangsport für Mikroprozessoren eignet.

Die Ausgänge können bis zu 15 LSTTL-Lasten treiben (PLE, SPI und SUP bis zu 30 LSTTL-Lasten.

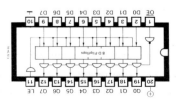

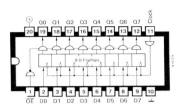

Beschreibung:
Dieser Baustein enthält 8 flankengetriggerte D-Zwischenspeicher mit nicht invertierenden Tristate-Ausgängen.

Betrieb:
Die an den Eingängen D0—D7 liegenden Daten werden beim LH-Übergang (positive Flanke) des Taktes am Anschluß Clock in die Flipflops gespeichert.
Die gespeicherten Daten erscheinen an den Ausgängen Q, wenn der Freigabe-Eingang $\overline{OE}$ (Output Enable) auf Low liegt. Legt man diesen Anschluß auf High, gehen alle Ausgänge in den hochohmigen Zustand.
Dieser Baustein ist funktionsmäßig mit dem '373 identisch, besitzt jedoch eine andere Anschlußbelegung. Die Eingänge und Ausgänge liegen einander genau gegenüber, wodurch sich der Baustein gut als Eingangs- oder Ausgangs-Port für Mikroprozessoren eignet.
Der '576 ist mit diesem Baustein pin- und funktionskompatibel, besitzt jedoch invertierende Ausgänge.

Eingänge			Ausgang
$\overline{OE}$	LE	D	Q
L	⌐	H	H
L	⌐	L	L
L	L	X	keine Änderung
H	X	X	Z

Anwendung:
Zwischenspeicherung von Daten in busorientierten Systemen

Daten:
Max. Taktfrequenz	36	MHz
Durchlauf-Verzögerung	28	ns

8-Bit-D-Zwischenspeicher, flankengetriggert, nicht invertierend (TS)

'574

'589

8-Bit-Schieberegister mit Eingangs-Zwischenspeicher und seriellem Ausgang (TS)

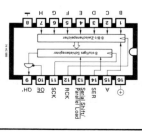

Beschreibung:

Dieser Baustein enthält ein 8-stufiges Schieberegister mit paralleler Ein- und serieller Ausgabe, das über einen 8-Bit-Zwischenspeicher geladen werden kann.

Betrieb:

Das parallele Laden des 8-Bit-Zwischenspeichers mit den Daten an den Eingängen A–H erfolgt an der positiven Flanke (LH-Übergang) des RCK-Signals (Register Clock). Wenn Pin 13 (Serial Shift/Parallel Load) auf Low liegt, werden bei der positiven Flanke des SRCK-Signals (Shift Register Clock) die Daten vom Zwischenspeicher in das Schieberegister übernommen. Mit Pin 13 auf High werden die Daten im Schieberegister um eine Stelle nach rechts verschoben. Hierbei werden neue Daten seriell am Eingang SER übernommen und die bereits im Schieberegister befindlichen Daten seriell an QH' ausgegeben.

Der Ausgang QH' läßt sich in den hochohmigen Zustand versetzen, wenn man OE (Output Enable) auf High legt. Dies hat keinen Einfluß auf das Laden, Transferieren oder Verschieben der Daten.

RCK	SCK	Serial Shift/ Parallel Load	OE	Funktion
⌐	X	X	X	Daten werden in den Zwischenspeicher geladen
keine Taktflanke	X	L	X	Daten werden von den Eingängen in das Schieberegister geladen
	X	L	X	Daten werden vom Zwischenspeicher in das Schieberegister transferiert
X	X	X	H	Serieller Ausgang hochohmig
X	⌐	H	L	Daten im Schieberegister werden verschoben und an QH' ausgegeben

Anwendung:

Serielle Zwischenspeicherung, Parallel-Seriell-Umwandlung

Daten:

Max. Schiebefrequenz   31   MHz

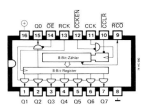

Beschreibung:
Dieser Baustein enthält einen 8-Bit-Binärzähler, sowie ein 8-Bit-Register mit Tristate-Ausgängen.

Betrieb:
Der 8-Bit-Binärzähler wird beim LH-Übergang (positive Flanke) des Taktes am Eingang CCK (Counter Clock) weitergestellt. Der Anschluß für die Taktfreigabe $\overline{CCKEN}$ (Counter Clock Enable) muß hierbei auf Low liegen. Liegt dieser Anschluß auf High, wird der Zählertakt gesperrt.

Der Zähler kann über den Anschluß $\overline{CCLR}$ (Counter Clear) gelöscht werden, indem dieser Anschluß kurzzeitig auf Low gebracht wird. Bei normalem Zählbetrieb liegt dieser Anschluß auf High.

Für das Kaskadieren mehrerer Zähler ist der Ausgang $\overline{RCO}$ (Ripple Carry Out) vorgesehen, der mit CCK der nächsten Stufe verbunden wird.

Der Inhalt des Zählers wird in das 8-Bit-Register übernommen, wenn ebenfalls ein LH-Übergang am Eingang RCK (Register Clock) anliegt.

Man kann beide Takteingänge (CCK und RCK) miteinander verbinden. Dann wird der Inhalt des Zählers immer um *einen* Taktimpuls später in das Register übernommen. Eine interne Schaltung sorgt dafür, daß ein Takten des Registers über den Taktfreigabe-Anschluß $\overline{CCKEN}$ verhindert wird.

Der Inhalt des Registers steht an den Ausgängen Q0—Q7 zur Verfügung, wenn der Anschluß $\overline{OE}$ (Output Enable) auf Low liegt. Liegt er auf High, gehen alle Ausgänge in den hochohmigen Zustand.

		Eingänge			
$\overline{OE}$	RCK	$\overline{CCLR}$	$\overline{CCKEN}$	CCK	Funktion
H	X	X	X	X	Z
L	X	X	X	X	Ausgänge freigegeben
X	⌐	X	X	X	Zählerinhalt wird in das Reg. gesp.
X	⌐	X	X	X	Registerzustand wird nicht verändert
X	X	L	X	X	Zähler wird gelöscht
X	X	H	L	⌐	Zähler wird weitergestellt
X	X	H	L	⌐	keine Zählung
X	X	H	H	X	keine Zählung

Anwendung:
Register, Zähler, Steuerschaltungen

Daten:

Min. garantierte Taktfrequenz	35	MHz

8-Bit-Binärzähler mit Ausgangs-Zwischenspeicher und Löschen (TS)

'590

'592

8-Bit-Binärzähler mit Eingangs-Zwischenspeicher, Laden und Löschen

Anwendung:

Register, Zähler, Steuerschaltungen

Daten:

Min. garantierte Zählfrequenz	35	MHz

Eingänge					Funktion
RCK	CLOAD	CCLR	CCKEN	CCK	
X	L	H	X	X	Register-Daten werden in den Zähler geladen
X	H	L	X	X	Zähler wird gelöscht
⌐	H	H	X	X	Die Daten an D0–D7 werden in das Register geladen
⌐	H	H	X	X	Registerzustand wird nicht geändert
X	H	H	L	⌐	Zähler wird weitergestellt
X	H	H	L	⌐	keine Zählung
X	H	H	H	X	keine Zählung

Beschreibung:

Dieser Baustein enthält ein 8-Bit-Register mit parallelen Eingängen sowie einen 8-Bit-Binärzähler.

Betrieb:

Das 8-Bit-Register kann über die parallelen Eingänge D0–D7 mit Daten geladen werden. Die Daten werden beim LH-Übergang (positive Flanke) des Taktes am Eingang RCK (Register Clock) in das Register übernommen.

Liegt $\overline{CLOAD}$ (Counter Load) auf Low, so werden die Daten im Register in den 8-Bit-Zähler geladen. Der Zähler wird bei jedem LH-Übergang des Taktes am Eingang CCK (Counter Clock) weitergestellt. Hierzu muß der Eingang $\overline{CCKEN}$ (Counter Clock Enable) auf Low liegen. Liegt er auf High, wird der Zähler-Takt gesperrt. Über den Anschluß RCO (Ripple Carry Out) kann der Baustein zum Kaskadieren mit weiteren Zählern mit $\overline{CCKEN}$ der zweiten Stufe verbunden werden, usw. Der Zähler besitzt ferner einen asynchronen Lösch-Anschluß CCLR (Counter Clear). Dieser liegt bei normalem Zählbetrieb auf High. Wird er kurzzeitig auf Low gelegt, wird der Zählerinhalt auf Null gesetzt.

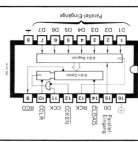

Parallel-Eingänge

D1 D2 D3 D4 D5 D6 D7

8-Bit-Register

8-Bit-Zähler

RCO CCLR CCK CCKEN RCK CLOAD D0 Parallel-Eingang

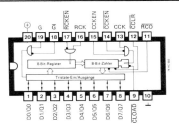

Beschreibung:

Dieser Baustein enthält einen 8-Bit-Binärzähler mit Eingangs-Zwischenspeicher, sowie umschaltbare Parallel-Ein- und Ausgänge.

Betrieb:

Die Anschlüsse 1–8 sind sowohl Eingänge (D0–D7) für das 8-Bit-Register, als auch parallele Tristate-Ausgänge (Q0–Q7) für den 8-Bit-Binärzähler.

Die an diesen Anschlüssen liegenden Daten werden beim LH-Übergang (positive Flanke) des Taktes am Eingang RCK (Register Clock) in das Register übernommen. Hierbei muß RCKEN (Register Clock Enable) auf Low liegen. Da die Pins 1–8 auch als Ausgänge für den 8-Bit-Zähler dienen, müssen die Freigabe-Eingänge G auf Low und G̅ auf High liegen.

Liegt C̅L̅O̅A̅D̅ (Counter Load) auf Low, werden die Daten im Register in den 8-Bit-Zähler geladen. Der Zähler wird bei jedem LH-Übergang des Taktes am Eingang CCK (Counter Clock) weitergestellt. Hierzu muß der Anschluß CCKEN (Counter Clock Enable) auf High und der C̅C̅K̅E̅N̅ auf Low liegen. Liegt CCKEN auf Low und/oder C̅C̅K̅E̅N̅ auf High, wird der Zähler-Takt gesperrt.

Über den Anschluß R̅C̅O̅ (Ripple Carry Out) kann der Baustein zum Kaskadieren mit weiteren Zählern mit C̅C̅K̅E̅N̅ der zweiten Stufe verbunden werden, usw.

Der Zähler besitzt ferner einen asynchronen Lösch-Anschluß C̅C̅L̅R̅ (Counter Clear). Dieser liegt bei normalem Zählbetrieb auf High. Wird er kurzzeitig auf Low gelegt, wird der Zählerinhalt auf Null gesetzt.

Der Inhalt des Zählers kann parallel an die Anschlüsse 1–8 gebracht werden, indem man G auf High und G̅ auf Low legt.

G	G̅	C̅C̅L̅R̅	CCKEN	C̅C̅K̅E̅N̅	CCK	C̅L̅O̅A̅D̅	R̅C̅K̅E̅N̅	RCK	Funktion
L	H	X	X	X	X	X	X	X	Alle Ein/Ausgangsleitungen D0/Q0 ... D7/Q7 werden hochohmig
H	X	X	X	X	X	X	X	X	Die Ausgangsdaten des Zählers werden
X	L	X	X	X	X	X	X	X	über Q0 ... Q7 freigegeben
X	X	L	X	X	X	H	X	X	Zähler wird gelöscht
X	X	H	X	X	X	L	X	X	Daten an Pin 1–7 werden in den Zähler geladen
X	X	H	H	H	↑	H	X	X	Zähler wird weitergestellt
X	X	H	H	L	↑	H	X	X	
X	X	H	H	X	⊓	H	X	X	keine Zählung
X	X	H	X	L	⊓	H	X	X	
X	X	H	L	H	X	H	X	X	keine Zählung
X	X	X	X	X	X	X	H	X	Registerdaten werden nicht geändert
X	X	X	X	X	X	X	X	⊓	Registerdaten werden nicht geändert
X	X	X	X	X	X	X	L	↑	Daten auf dem Q-Bus werden in das Register gespeichert

Anwendung:

Register, Zähler, Steuerschaltungen

Daten:

Min. garantierte Zählfrequenz	35	MHz

8-Bit-Binärzähler mit Eingangs-Zwischenspeicher, Laden und Löschen (TS)

'593

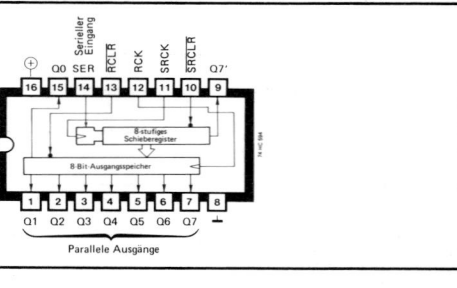

Beschreibung:
Dieser Baustein enthält ein 8-stufiges Schieberegister mit serieller Eingabe und paralleler und serieller Ausgabe. Die parallele Ausgabe erfolgt über einen getakteten Zwischenspeicher.

Betrieb:
Die Dateneingabe erfolgt seriell über den Eingang SER. Bei jedem LH-Übergang (positive Flanke) des Taktes an SCK (Shift Register Clock) werden die Informationen von Pin 14 übernommen und die im Schieberegister bereits befindlichen Daten um *eine* Stufe weitergeschoben. Am Anschluß 9 (Q7') können die Daten seriell entnommen werden. Der asynchrone Lösch-Anschluß SRCLR (Shift Register Clear) liegt normalerweise auf High. Wird er auf Low gebracht, gehen alle Stufen des Schieberegisters auf Null.
Der Zwischenspeicher besitzt einen eigenen Löscheingang RCLR (Register Clear), über den der Zwischenspeicher gelöscht werden kann.
Wenn am Takteingang für den Ausgangs-Zwischenspeicher RCK (Register Clock) ein LH-Übergang des Taktes anliegt, werden die im Schieberegister befindlichen Daten in den 8-Bit-Zwischenspeicher übernommen.
Man kann beide Takteingänge (SCK und RCK) miteinander verbinden. Dann wird der Inhalt des Schieberegisters immer um *einen* Taktimpuls später in den Ausgangs-Zwischenspeicher übernommen.
Der Ausgang Q7' dient zum Kaskadieren mehrerer Bausteine.
Die Ausgänge Q0–Q7 können bis zu je 15 LS-TTL-Lasten treiben.
Ein ähnlicher Baustein mit Tristate-Ausgängen ist der '595.

Eingänge					
SRCLR	RCLR	SER	SCK	RCK	Funktion
L	X	X	X	X	Inhalt des Schieberegisters wird gelöscht
X	L	X	X	X	Inhalt des Zwischenspeichers wird gelöscht
H	H	L	⌐	X	Ein L wird in das Schieberegister geschoben
H	H	H	⌐	X	Ein H wird in das Schieberegister geschoben
H	H	X	⌐_	X	Schieberegister bleibt unverändert
H	H	X	L	⌐	Daten des Schieberegisters im 8-Bit-Speicher gespeichert
H	H	X	L	⌐_	Datenspeicher bleibt unverändert

Anwendung:
Serien-Parallel-Umwandlung, AD- und DA-Wandler

Daten:
Min. garantierte Schiebefrequenz   54   MHz

8-stufiges Schieberegister mit Ausgangs-Zwischenspeicher

'594

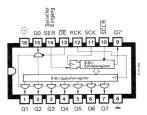

Beschreibung:

Dieser Baustein enthält ein 8-stufiges Schieberegister mit serieller Eingabe und paralleler und serieller Ausgabe. Die parallele Ausgabe erfolgt über einen getakteten Zwischenspeicher mit Tristate-Ausgängen.

Betrieb:

Die Dateneingabe erfolgt seriell über den Eingang SER. Bei jedem LH-Übergang (positive Flanke) des Taktes an SCK (Shift Register Clock) werden die Informationen von Pin 14 übernommen und die im Schieberegister bereits befindlichen Daten um *eine* Stufe weitergeschoben. Am Anschluß 9 (Q7') können die Daten seriell entnommen werden. Der asynchrone Lösch-Anschluß SCLR (Shift Register Clear) liegt normalerweise auf High. Wird er auf Low gebracht, gehen alle Stufen des Schieberegisters auf Null.

Wenn am Takteingang für den Ausgangs-Zwischenspeicher RCK (Register Clock) ein LH-Übergang des Taktes anliegt, werden die im Schieberegister befindlichen Daten in den 8-Bit-Zwischenspeicher übernommen.

Die parallelen Daten liegen an den Ausgängen Q0—Q7, wenn der Anschluß für die Ausgangs-Freigabe OE (Output Enable) auf Low liegt. Legt man diesen Anschluß auf High, gehen alle Ausgänge in den hochohmigen Zustand.

Man kann beide Takteingänge (SCK und RCK) miteinander verbinden. Dann wird der Inhalt des Schieberegisters immer um einen Taktimpuls später in den Ausgangs-Zwischenspeicher übernommen.

SCLR	SER	SCK	RCK	OE	Funktion
		Eingänge			
L	X	X	X	X	Inhalt des Schieberegisters wird gelöscht
H	L	⌐_	X	X	Ein L wird in das Schieberegister geschoben
H	H	⌐_	X	X	Ein H wird in das Schieberegister geschoben
H	X	⌐̄	X	X	Schieberegister bleibt unverändert
H	X	L	⌐_	X	Daten des Schieberegisters im 8-Bit-Speicher gesp.
H	X	L	⌐̄	X	Datenspeicher bleibt unverändert
H	X	L	L	L	Ausgänge des Speichers Q0—Q7 werden freigegeben
H	X	L	L	H	Ausgänge Q0—Q7 werden hochohmig (Z)

Anwendung:

Serien-Parallel-Umwandlung, AD- und DA-Wandler

Daten:

Min. garantierte Schiebefrequenz	54	MHz

8-stufiges Schieberegister mit Ausgangs-Zwischenspeicher (TS)

'595

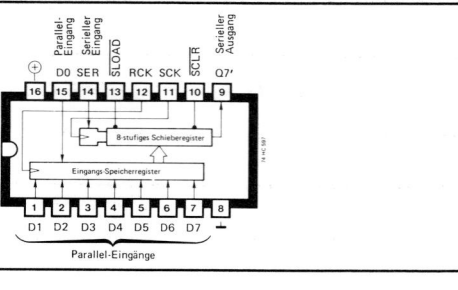

Beschreibung:
Dieser Baustein enthält ein 8-stufiges Schieberegister mit serieller und paralleler Eingabe und serieller Ausgabe. Die parallele Eingabe erfolgt über einen getakteten Eingangs-Zwischenspeicher.

Betrieb:
Die Dateneingabe kann seriell über den Eingang SER erfolgen. Bei jedem LH-Übergang (positive Flanke) des Taktes an SCK (Shift Register Clock) werden die Informationen von Pin 14 (SER) übernommen und die im Schieberegister bereits befindlichen Daten um eine Stufe weitergeschoben. Am Anschluß 9 (Q7') können die Daten seriell entnommen werden.

Der asynchrone Lösch-Anschluß $\overline{\text{SCLR}}$ (Shift Register Clear) liegt normalerweise auf High. Wird er auf Low gebracht, gehen alle Stufen des Schieberegisters auf Null.

Das Schieberegister kann auch parallel über den Eingangs-Zwischenspeicher geladen werden. Wenn am Eingang RCK (Register Clock) ein LH-Übergang des Taktes anliegt, werden die an den Eingängen D0–D7 liegenden Daten in den 8-Bit-Eingangsspeicher übernommen. Diese Daten werden mit Low an $\overline{\text{SLOAD}}$ (Shift Register Load) in das Schieberegister transferiert.

	Eingänge			
RCK	**SCK**	**SLOAD**	**SCLR**	**Funktion**
⌐	X	X	X	Daten werden in den Eingangs-Speicher geladen
⌐	X	L	H	Daten werden von den Eingängen in das Schieberegister geladen
keine Taktflanke	X	L	H	Daten werden vom Eingangs-Speicher in das Schieberegister transferiert
X	X	L	L	Ungültiger Zustand: Bei Entfernen der Signale ist der Zustand des Schiebergisters unbestimmt
X	X	H	L	Schieberegister wird gelöscht
X	⌐	H	H	Schieberegister wird getaktet, der am Eingang SER liegende Pegel wird in das Schieberegister übernommen

Anwendung:
Parallel-Serien-Umwandlung, Zwischenspeicherung von Daten

Daten:

Max. garantierte Taktfrequenz	54	MHz

8-stufiges Schieberegister mit Eingangs-Zwischenspeicher

'597

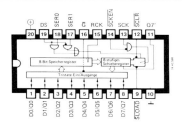

Beschreibung:
Dieser Baustein enthält ein 8-stufiges Schieberegister mit Eingangs-Zwischenspeicher, sowie umschaltbare Parallel-Ein- und Ausgänge.

Betrieb:
Die Anschlüsse 1–8 sind sowohl Eingänge (D0–D7) für den 8-Bit-Eingangs-Zwischenspeicher, als auch Parallel-Ausgänge (Q0–Q7) für das 8-stufige Schieberegister.
Paralleles Laden des Schieberegisters erfolgt über die Eingänge D0–D7. Die an diesen Anschlüssen liegenden Daten werden bei einem LH-Übergang (positive Flanke) des Taktes an RCK (Register Clock) in den Zwischenspeicher übernommen. Der Freigabe-Eingang $\overline{\text{G}}$ muß hierbei auf High liegen. Mit $\overline{\text{SLOAD}}$ (Shift Register Load) auf Low werden die Informationen vom Zwischenspeicher in das Schieberegister transferiert.
Bei jedem LH-Übergang des Taktes an SCK (Shift Register Clock) werden die Daten im Schieberegister um *eine* Stufe verschoben. Hierbei muß $\overline{\text{SCKEN}}$ (Shift Register Clock Enable) auf Low liegen. Bei High wird der Takt gesperrt.
Bei jeder Taktflanke werden die an den seriellen Eingängen SER0 und SER1 Daten in das Schieberegister übernommen, und zwar von SER0, wenn DS Low ist, und von SER1 mit DS auf High.
Die Daten des Schieberegisters können seriell am Ausgang Q7' entnommen werden. Eine parallele Ausgabe der Daten des Schieberegisters ist über die Pins 1–8 möglich, wenn $\overline{\text{G}}$ auf Low gebracht wird.
Das Schieberegister läßt sich mit einem Low an $\overline{\text{SCLR}}$ (Shift Register Clear) asynchron löschen.
Im übrigen entspricht dieser Baustein dem '597, besitzt jedoch Tristate-Ein/Ausgangsports, die eine parallele Ausgabe des Schieberegisters ermöglichen. Ferner besitzt er gemultiplexte serielle Daten-Eingänge.

Anwendung:
Serien-Parallel und Parallel-Serien-Umwandlung, Zwischenspeicherung von Daten

Daten:

Min. garantierte Taktfrequenz	35	MHz

8-stufiges Schieberegister mit Eingangs-Zwischenspeicher (TS)

'598

604.

Acht 2-zu-1-Multiplexer mit Zwischenspeicher (TS)

Daten:

Durchlauf-Verzögerung	28	ns

Anwendung:

Multiplexen von 8-Bit-Daten, Interface-Schaltungen zwischen Mikroprozessor und Speicher.

Eingänge				Ausgänge
A0–A7	B0–B7	A/B̄	Clock	Q0–Q7
A-Daten	B-Daten	L	⌐_	B-Daten
A-Daten	B-Daten	H	⌐_	A-Daten
X	X	X	L	Z
X	X	X	L	H	Im B-Register gespeicherte Daten
X	X	H	H	Im A-Register gespeicherte Daten

Betrieb:

Abhängig vom logischen Pegel an Pin 2 Select A/B̄ werden die an den Anschlüssen A0–A7 oder B0–B7 liegenden acht Datenbits beim LH-Übergang (positive Flanke) des Taktes am Anschluß Clock in die entsprechenden D-Register übernommen, und zwar mit Pin 2 auf High die Daten an A0–A7 und mit Pin 2 auf Low die Daten an B0–B7.
Unmittelbar nach dem LH-Übergang des Taktes stehen die ausgewählten Daten an den Ausgängen Q0–Q7.
Der Pegel des Takteinganges steuert auch gleichzeitig die Ausgänge Q0–Q7 des Bausteins. Liegt Pin 1 (Clock) auf Low, so befinden sich die Ausgänge im hochohmigen Zustand. Ein High an Pin 1 gibt die Ausgänge frei.
An den Ausgängen liegen bei Pin 1 = High somit die vor dem LH-Übergang des Taktes eingespeicherten Daten, die je nach Zustand von Select A/B̄ entweder von Bus A (A0–A7) oder Bus B (B0–B7) stammen.

Beschreibung:

Dieser Baustein enthält acht 2 zu 1-Multiplexer mit Zwischenspeicher und Tristate-Ausgängen.

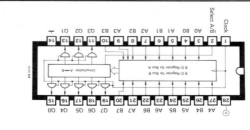

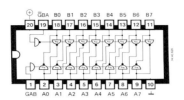

Beschreibung:
Dieser Baustein enthält 8 bidirektionale invertierende Bus-Treiber/Empfänger mit Tristate-Ausgängen.

Betrieb:
Die in diesem Baustein enthaltenen Treiber/Empfänger dienen zum asynchronen Datentransfer zwischen zwei 8-Bit-Bussen.
Die Richtung des Datentransfers ist von den logischen Pegeln der beiden Freigabe-Eingänge GAB und $\overline{G}$BA abhängig.
Mit $\overline{G}$BA und GAB auf Low werden die Daten vom Bus B zum Bus A gebracht und hierbei invertiert. Mit $\overline{G}$BA und GAB auf High erfolgt der Datentransfer (mit Invertierung) in umgekehrter Richtung, d.h. von Bus A zu Bus B.
Legt man $\overline{G}$BA auf High und GAB auf Low, sind beide Busse voneinander getrennt.
Eine interessante Möglichkeit ergibt sich mit $\overline{G}$BA auf Low und GAB auf High. Wenn sich hierbei zur selben Zeit alle übrigen Datenquellen auf den Busleitungen im hochohmigen Zustand befinden, bleiben die zuletzt an den Anschlüssen A0—A7 und B0—B7 liegenden Daten erhalten. Bei diesem Baustein sind die Daten am A-Bus und B-Bus zueinander komplementär.
Ein ähnlicher Baustein, der die Daten jedoch nicht invertiert, ist der '623.

Freigabe-Eingänge		Funktion
$\overline{G}$BA	GAB	
L	L	$\overline{B}$-Daten zum A-Bus
H	H	$\overline{A}$-Daten zum B-Bus
H	L	Isolation
L	H	$\overline{B}$-Daten zum A-Bus $\overline{A}$-Daten zum B-Bus

Anwendung:
Bidirektionaler Datentransfer zwischen zwei 8-Bit-Bussen mit Speichermöglichkeit

Daten:
Durchlauf-Verzögerung   14   ns

8-Bit bidirektionaler Bus-Treiber/Empfänger mit Datenspeicherung, invertierend (TS)

'620

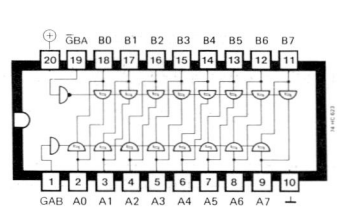

GBA B0 B1 B2 B3 B4 B5 B6 B7
20 19 18 17 16 15 14 13 12 11

1 2 3 4 5 6 7 8 9 10
GAB A0 A1 A2 A3 A4 A5 A6 A7 ⏚

Beschreibung:
Dieser Baustein enthält 8 bidirektionale nicht invertierende Bus-Treiber/Empfänger mit Tristate-Ausgängen.

Betrieb.
Die in diesem Baustein enthaltenen Treiber/Empfänger dienen zum asynchronen Datentransfer zwischen zwei 8-Bit-Bussen.

Die Richtung des Datentransfers ist von den logischen Pegeln der beiden Freigabe-Eingänge GAB und $\overline{\text{GBA}}$ abhängig.

Mit $\overline{\text{GBA}}$ und GAB auf Low werden die Daten vom Bus B zum Bus A gebracht und hierbei nicht invertiert. Mit $\overline{\text{GBA}}$ und GAB auf High erfolgt der Datentransfer (ohne Invertierung) in umgekehrter Richtung, d.h. von Bus A zu Bus B.

Legt man $\overline{\text{GBA}}$ auf High und GAB auf Low, sind beide Busse voneinander getrennt.

Eine interessante Möglichkeit ergibt sich mit $\overline{\text{GBA}}$ auf Low und GAB auf High. Wenn sich hierbei zur selben Zeit alle übrigen Datenquellen auf den Busleitungen im hochohmigen Zustand befinden, bleiben die zuletzt an den Anschlüssen A0—A7 und B0—B7 liegenden Daten erhalten. Bei diesem Baustein sind die Daten am A-Bus und B-Bus zueinander nicht komplementär.

Ein ähnlicher Baustein, der die Daten jedoch invertiert, ist der '620.

Freigabe-Eingänge		Funktion
$\overline{\text{GBA}}$	GAB	
L	L	B-Daten zum A-Bus
H	H	A-Daten zum B-Bus
H	L	Isolation
L	H	B-Daten zum A-Bus
		A-Daten zum B-Bus

Anwendung:
Bidirektionaler Datentransfer zwischen zwei 8-Bit-Bussen mit Speichermöglichkeit

Daten:
Durchlauf-Verzögerung   14   ns

8-Bit bidirektionaler Bus-Treiber/Empfänger mit Datenspeicherung, nicht invertierend (TS)

'623

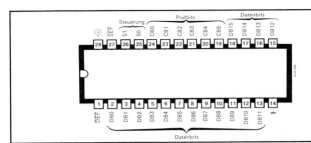

Beschreibung:
Dieser Baustein dient zur Feststellung und Korrektur von Einzelbit-Fehlern und zur Fehlerfeststellung und Anzeige von Doppelbit-Fehlern in Worten zu 16 Bit. Der Baustein besitzt Tristate-Ausgänge.

Betrieb:
Diese sogenannten EDAC-Bausteine (Error Detection And Correction) verwenden einen modifizierten Hamming-Code zur Erzeugung eines 6-Bit-Prüfcodes aus einem 16-Bit-Datenwort. Dieses Prüfwort wird zusammen mit dem Datenwort während des Speicher-Schreibzyklus (S0 = S1 = Low) gespeichert.

Während des Speicher-Lesezyklus (S0 = L, S1 = H) werden dann diese 22-Bit-Worte aus dem Speicher von der eigentlichen EDAC-Schaltung verarbeitet um festzustellen, ob Fehler aufgetreten sind.

Einzelbit-Fehler werden angezeigt, indem $\overline{\text{SEF}}$ (Single Error Flag) auf Low geht.

$\overline{\text{SEF}}$ geht jedoch auch auf Low, wenn kein Einzelbit-Fehler vorliegt. In diesem Fall wird einfach die Korrektur am fehlerfreien ursprünglichen 16-Bit-Wort ausgeführt.

Ein Zweibit-Fehler wird angezeigt, indem $\overline{\text{DEF}}$ (Dual Error Flag) auf Low geht.

Drei oder mehr Fehler gleichzeitig übersteigen die Fähigkeiten dieses Bausteins.

Die Datenbits liegen an DB0–DB15, die Bits des Prüfcodes stehen an CB0–CB5 (Check Bits). Dieser sogenannte Syndrom-Fehlercode kann zur Lokalisierung des schlechten Speicherchips verwendet werden.

Weitere Einzelheiten dieses sehr komplexen Bausteins entnehmen Sie bitte den einschlägigen Datenbüchern.

Anwendung:
Fehlerfeststellung und Korrektur von 16-Bit-Worten

Daten:

Durchlauf-Verzögerung	45	ns

16-Bit paralleler Fehler-Erkennungs- und Korrekturbaustein (TS)

'630

32-Bit Fehler-Erkennungs- und Korrekturbaustein (TS)

Daten:

Durchlauf-Verzögerung .... ns

Anwendung:

Fehler-Feststellung und Korrektur von 32-Bit-Worten

Beschreibung:

Dieser Baustein dient zur Feststellung und Korrektur von Einzelbit-Fehlern und zur Fehlerfeststellung und Anzeige von Doppelbit-Fehlern in Worten zu 32 Bit. Der Baustein besitzt Tristate-Ausgänge.

Betrieb:

Diese sogenannten EDAC-Bausteine (Error Detection And Correction) verwenden einen modifizierten Hamming-Code zur Erzeugung eines 7-Bit-Prüfcodes aus einem 32-Bit-Datenwort. Dieses Prüfwort wird zusammen mit dem Datenwort während des Speicherten-Schreibzyklus (S0 = S1 = Low) gespeichert.

Während des Speicher-Lesezyklus (S0 = L, S1 = H) werden dann diese 39-Bit-Worte aus dem Speicher von der eigentlichen EDAC-Schaltung verarbeitet um festzustellen, ob Fehler aufgetreten sind.

Einzelbit-Fehler werden angezeigt, indem ERR (Single Error Flag) auf Low geht.

Ein Zweibit-Fehler wird angezeigt, indem zusätzlich MERR (Dual Error Flag) auf Low geht.

Drei oder mehrere Fehler gleichzeitig übersteigen die Fähigkeiten dieses Bausteins.

Die Datenbits liegen an DB0—DB31, die Bits des Prüfcodes stehen an CB0—CB6 (Check Bits). Dieser sogenannte Syndrom-Fehlercode kann zur Lokalisierung des schlechten Speicherchips verwendet werden.

Mit den Ausgängen LEDB0 (Latch Enable) und den individuellen Byte-Control-Pins OEB0—OEB3 können sogenannte Read-Modify-Write-Operationen (Byte Control) ausgeführt werden.

Weitere Einzelheiten dieses sehr komplexen Bausteins entnehmen Sie bitte den einschlägigen Datenbüchern.

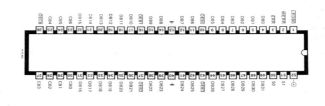

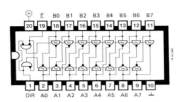

Beschreibung:
Dieser Baustein enthält acht invertierende bidirektionale Bus-Leitungstreiber/Empfänger.

Betrieb:
Dieser Baustein ermöglicht eine asynchrone Zweiweg-Kommunikation zwischen 8 Daten-
leitungen.
Mit dem Eingang DIR (Direction Input) läßt sich die Richtung der Datenübertragung von
Bus A zu Bus B (DIR = High) oder von Bus B zu Bus A (DIR = Low) festlegen.
Für eine Übertragung der Daten muß sich hierbei der Freigabe-Eingang $\overline{E}$ (Enable) auf
Low befinden. Legt man $\overline{E}$ auf High (DIR = beliebig), werden die beiden Busse voneinan-
der getrennt.
Der Baustein besitzt Tristate-Ausgänge.
Die Daten werden bei der Übertragung von einem Bus zum anderen invertiert.
Die 8-Bit-Bus-Treiber/Empfänger '640, '643 und '645 gibt es in verschiedenen Aus-
führungen und sind in nachstehender Tabelle zusammengefaßt.

Steuer-Eingänge		Funktion
$\overline{E}$	DIR	
L	L	$\overline{B}$-Daten zum A-Bus
L	H	$\overline{A}$-Daten zum B-Bus
H	X	Isolation (Z)

Baustein	Logik
'640	invertierend
'643	invertierend und nicht invertierend
'645	nicht invertierend

Anwendung:
Bidirektionaler Datentransfer für 8-Bit-Daten und Adressen-Bus-Systeme

Daten:
Durchlauf-Verzögerung   14   ns

8-Bit bidirektionaler Bus-Treiber/Empfänger, invertierend (TS)

'640

'643

8-Bit bidirektionaler Bus-Treiber/Empfänger, invertierend/nicht invertierend (TS)

Anwendung:
Bidirektionaler Datentransfer für 8-Bit-Daten und Adressen-Bus-Systeme

Daten:

Durchlauf-Verzögerung	14	ns

Baustein	Logik
'640,	invertierend
'643,	invertierend und nicht invertierend
'645,	nicht invertierend

Funktion		
Steuer-Eingänge		
E	DIR	
L	L	B-Daten zum A-Bus
L	H	A-Daten zum B-Bus
H	X	Isolation (Z)

Die 8-Bit-Bus-Treiber/Empfänger '640, '643 und '645 gibt es in verschiedenen Ausführungen und sind in nachstehender Tabelle zusammengefaßt.

Der Baustein besitzt Tristate-Ausgänge.
Die Daten werden bei der Übertragung von Bus A zu Bus B invertiert, von Bus B zu Bus A nicht invertiert.
Für eine Übertragung der Daten muß sich hierbei der Freigabe-Eingang E (Enable) auf Low befinden. Legt man E auf High (DIR = beliebig), werden die beiden Busse voneinander getrennt.
Mit dem Eingang DIR (Direction Input) läßt sich die Richtung der Datenübertragung von Bus A zu Bus B (DIR = High) oder von Bus B zu Bus A (DIR = Low) festlegen.

Betrieb:
Dieser Baustein ermöglicht eine asynchrone Zweiweg-Kommunikation zwischen 8 Datenleitungen.

Beschreibung:
Dieser Baustein enthält acht invertierende/nicht invertierende bidirektionale Bus-Leitungstreiber/Empfänger.

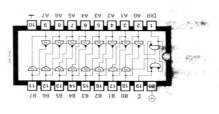

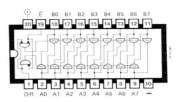

Beschreibung:
Dieser Baustein enthält acht nicht invertierende bidirektionale Bus-Leitungstreiber/Empfänger.

Betrieb:
Dieser Baustein ermöglicht eine asynchrone Zweiweg-Kommunikation zwischen 8 Datenleitungen.

Mit dem Eingang DIR (Direction Input) läßt sich die Richtung der Datenübertragung von Bus A zu Bus B (DIR = High) oder von Bus B zu Bus A (DIR = Low) festlegen.

Für eine Übertragung der Daten muß sich hierbei der Freigabe-Eingang $\overline{E}$ (Enable) auf Low befinden. Legt man $\overline{E}$ auf High (DIR = beliebig), werden die beiden Busse voneinander getrennt.

Der Baustein besitzt Tristate-Ausgänge.

Die Daten werden bei der Übertragung von einem Bus zum anderen nicht invertiert.

Die 8-Bit-Bus-Treiber/Empfänger '640, '643 und '645 gibt es in verschiedenen Ausführungen und sind in nachstehender Tabelle zusammengefaßt.

Steuer-Eingänge		Funktion
$\overline{E}$	DIR	
L	L	B-Daten zum A-Bus
L	H	A-Daten zum B-Bus
H	X	Isolation (Z)

Baustein	Logik
'640	invertierend
'643	invertierend und nicht invertierend
'645	nicht invertierend

Anwendung:
Bidirektionaler Datentransfer für 8-Bit-Daten und Adressen-Bus-Systeme

Daten:
Durchlauf-Verzögerung   18   ns

8-Bit bidirektionaler Bus-Treiber/Empfänger, nicht invertierend (TS)

'645

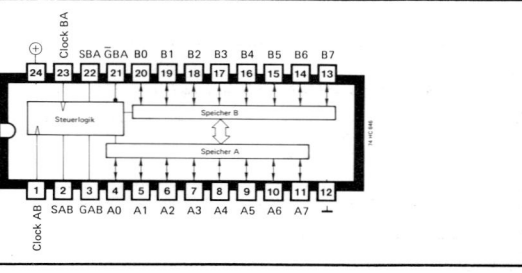

Beschreibung:
Dieser Baustein enthält Bus-Sender/Empfänger, D-Flipflops und die zugehörige Logik für den Transfer oder die Zwischenspeicherung von 8-Bit-Daten zweier Busse.

Betrieb:
Außer den jeweils 8 Anschlüssen für die beiden Busse A und B, besitzt der Baustein zwei Freigabe-Eingänge $\overline{GBA}$ und GAB, mit deren Hilfe die Funktion der Bus-Sender/Empfänger gesteuert wird. Zwei weitere Eingänge SAB (Select AB) und SBA (Select BA) bestimmen, ob entweder die Daten des jeweilig anderen Busses (in Echtzeit) oder die gespeicherten Daten des anderen Busses zum gegenüberliegenden Bus transferiert werden. Eine Speicherung der an den Bus-Anschlüssen liegenden Daten erfolgt bei einem LH-Übergang (positive Flanke) an den Takteingängen Clock AB und Clock BA.
Insgesamt sind 6 Betriebsarten möglich: Trennung der beiden Busse, Speichern der Daten des A- und B-Busses, Übertragung der Daten von A zu B oder umgekehrt (Echtzeit-Transfer), Übertragung der gespeicherten Daten des Busses A zum Bus B oder der gespeicherten Daten des Busses B zu Bus A.
Die Daten werden beim Transfer nicht invertiert. Der Baustein besitzt Tristate-Ausgänge. Ein ähnlicher Baustein, der die Daten beim Transfer invertiert, ist der '648.

Eingänge						Daten-Ein-/Ausgänge		Operation
$\overline{GBA}$	GAB	CAB	CBA	SAB	SBA	A0 bis A7	B0 bis B7	
X	X	⌐	X	X	X	Eingang	Nicht spez.	A speichern, B unspez.
X	X	X	⌐	X	X	Nicht spez.	Eingang	B speichern, A unspez.
H	X	⌐	X	X	X	Eingang	Eingang	A- und B-Daten speichern,
H	X	H oder L	H oder L	X	X			Isolat., Speicher unveränd.
L	L	X	X	X	L	Ausgang	Eingang	B-Daten zum A-Bus
L	L	X	X	X	H			Gesp. B-Daten zum A-Bus
L	H	X	X	L	X	Eingang	Ausgang	A-Daten zum B-Bus
L	H	X	X	H	X			Gesp. A-Daten zum B-Bus

Anwendung:
Bidirektionaler Datentransfer und Datenaustausch zwischen zwei 8-Bit-Bussen

Daten:

Max. Taktfrequenz	54	MHz
Durchlauf-Verzögerung	14	ns

8-Bit-Bus-Treiber/Empfänger mit bidirektionalen Zwischenspeichern (TS)

'646

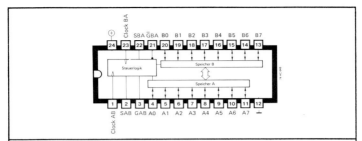

Beschreibung:
Dieser Baustein enthält Bus-Sender/Empfänger, D-Flipflops und die zugehörige Logik für den Transfer oder die Zwischenspeicherung von 8-Bit-Daten zweier Busse.

Betrieb:
Außer den jeweils 8 Anschlüssen für die beiden Busse A und B, besitzt der Baustein zwei Freigabe-Eingänge GBA und GAB, mit deren Hilfe die Funktion der Bus-Sender/Empfänger gesteuert wird. Zwei weitere Eingänge SAB (Select AB) und SBA (Select BA) bestimmen, ob entweder die Daten des jeweilig anderen Busses (in Echtzeit) oder die gespeicherten Daten des anderen Busses zum gegenüberliegenden Bus transferiert werden. Eine Speicherung der an den Bus-Anschlüssen liegenden Daten erfolgt bei einem LH-Übergang (positive Flanke) an den Takteingängen Clock AB und Clock BA.
Insgesamt sind 6 Betriebsarten möglich: Trennung der beiden Busse, Speichern der Daten des A- und B-Busses, Übertragung der Daten von A zu B oder umgekehrt (Echtzeit-Transfer), Übertragung der gespeicherten Daten des Busses A zum Bus B oder der gespeicherten Daten des Busses B zu Bus A.
Die Daten werden beim Transfer invertiert. Der Baustein besitzt Tristate-Ausgänge. Ein ähnlicher Baustein, der jedoch die Daten beim Transfer nicht invertiert, ist der '646.

Eingänge						Daten-Ein-/Ausgänge		Operation
GBA	GAB	CAB	CBA	SAB	SBA	A0 bis A7	B0 bis B7	
X	X	⌐	X	X	X	Eingang	Nicht spez.	A speichern, B unspez.
X	X	X	⌐	X	X	Nicht spez.	Eingang	B speichern, A unspez.
H	X	⌐	⌐	X	X	Eingang	Eingang	A- und B-Daten speichern,
H	X	H oder L	H oder L	X	X			Isolat., Speicher unveränd.
L	L	X	X	X	L	Ausgang	Eingang	B̄-Daten zm A-Bus
L	L	X	X	X	H			Gesp. B̄-Daten zum A-Bus
L	H	X	X	L	X	Eingang	Ausgang	Ā-Daten zum B-Bus
L	H	X	X	H	X			Gesp. Ā-Daten zum B-Bus

Anwendung:
Bidirektionaler Datentransfer und Datenaustausch zwischen zwei 8-Bit-Bussen

Daten:
Max. Taktfrequenz	54	MHz
Durchlauf-Verzögerung	14	ns

8-Bit-Bus-Treiber/Empfänger mit bidirektionalen Zwischenspeichern invertierend, (TS)

'648

Bidirektionaler 8-Bit-Bus-Treiber/Empfänger mit Zwischenspeichern, invertierend (TS)

Daten:

Max. Taktfrequenz	40	MHz
Durchlauf-Verzögerung	14	ns

Anwendung: Bidirektionaler Datentransfer und Datenaustausch zwischen zwei 8-Bit-Bussen

Eingänge						Daten-Ein-/Ausgänge		Operation
GAB	GBA	CAB	CBA	SAB	SBA	A0 bis A7	B0 bis B7	
H	L	H od. L	H od. L	X	X	Eingang	Eingang	Isolation
H	L	⊓	⊓	X	X	Eingang	Eingang	A- und B-Daten speichern
L	L	X	X	X	L	Ausgang	Eingang	B-Daten zum A-Bus
L	L	X	H od. L	X	H	Ausgang	Eingang	Gesp. B-Daten zum A-Bus
H	H	X	X	L	X	Eingang	Ausgang	A-Daten zum B-Bus
H	H	H od. L	X	H	X	Eingang	Ausgang	Gesp. A-Daten zum B-Bus
H	L	H od. L	L	H	H·	Ausgang	Ausgang	Gesp. A-Dat. z. A-Bus und gesp. B-Dat. zum B-Bus

Beschreibung:

Dieser Baustein enthält Bus-Sender/Empfänger, D-Flipflops und die zugehörige Logik für den Transfer oder die Zwischenspeicherung von 8-Bit-Daten zweier Busse.

Betrieb:

Außer den jeweils 8 Anschlüssen für die beiden Busse A und B, besitzt der Baustein zwei Freigabe-Eingänge GBA und GAB, mit deren Hilfe die Funktion der Bus-Sender/Empfänger gesteuert wird. Zwei weitere Eingänge SAB (Select AB) und SBA (Select BA) bestimmen, ob entweder die Daten des jeweilig anderen Busses (in Echtzeit) oder die gespeicherten Daten des anderen Busses zum gegenüberliegenden Bus transferiert werden. Eine Speicherung der an den Bus-Anschlüssen liegenden Daten erfolgt bei einem LH-Übergang (positive Flanke) an den Takteingängen Clock AB und Clock BA.

Insgesamt sind 7 Betriebsarten möglich: Trennung der beiden Busse, Speichern der Daten des A- und B-Busses, Übertragung der Daten von A zu B oder umgekehrt (Echtzeit-Transfer), Übertragung der gespeicherten Daten des Busses A zum Bus B oder der gespeicherten Daten des Busses B zu Bus A, sowie (gegenüber dem '646 und '648) gleichzeitiges Übertragen der gespeicherten Daten zum jeweiligen anderen Bus.

Die Daten werden beim Transfer invertiert. Der Baustein besitzt Tristate-Ausgänge. Ein ähnlicher Baustein, jedoch ohne Invertierung der Daten, ist der '652.

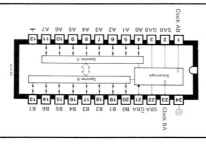

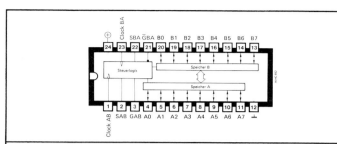

Beschreibung:
Dieser Baustein enthält Bus-Sender/Empfänger, D-Flipflops und die zugehörige Logik für den Transfer oder die Zwischenspeicherung von 8-Bit-Daten zweier Busse.

Betrieb:
Außer den jeweils 8 Anschlüssen für die beiden Busse A und B, besitzt der Baustein zwei Freigabe-Eingänge $\overline{GBA}$ und GAB, mit deren Hilfe die Funktion der Bus-Sender/Empfänger gesteuert wird. Zwei weitere Eingänge SAB (Select AB) und SBA (Select BA) bestimmen, ob entweder die Daten des jeweilig anderen Busses (in Echtzeit) oder die gespeicherten Daten des anderen Busses zum gegenüberliegenden Bus transferiert werden. Eine Speicherung der an den Bus-Anschlüssen liegenden Daten erfolgt bei einem LH-Übergang (positive Flanke) an den Takteingängen Clock AB und Clock BA.

Insgesamt sind 7 Betriebsarten möglich: Trennung der beiden Busse, Speichern der Daten des A- und B-Busses, Übertragung der Daten von A zu B oder umgekehrt (Echtzeit-Transfer), Übertragung der gespeicherten Daten des Busses A zum Bus B oder der gespeicherten Daten des Busses B zu Bus A, sowie (gegenüber dem '646 und '648) *gleichzeitiges* Übertragen der gespeicherten Daten zum jeweiligen anderen Bus.

Die Daten werden beim Transfer nicht invertiert. Der Baustein besitzt Tristate-Ausgänge. Ein ähnlicher Baustein, jedoch mit Invertierung der Daten ist der '651.

Eingänge						Daten-Ein-/Ausgänge		Operation
GAB	$\overline{GBA}$	CAB	CBA	SAB	SBA	A0 bis A7	B0 bis B7	
L	H	H od. L	H od. L	X	X	Eingang	Eingang	Isolation
L	H	$\_\int\_$	$\_\int\_$	X	X	Eingang	Eingang	A- und B-Daten speichern
L	L	X	X	X	L	Ausgang	Eingang	B-Daten zum A-Bus
L	L	X	H od. L	X	H	Ausgang	Eingang	Gesp. B-Daten zum A-Bus
H	H	X	X	L	X	Eingang	Ausgang	A-Daten zum B-Bus
H	H	H od. L	X	H	X	Eingang	Ausgang	Gesp. A-Daten zum B-Bus
H	L	H od. L	H od. L	H	H	Ausgang	Ausgang	Gesp. A-Daten zum B-Bus und gesp. B-Dat. z. A-Bus

Anwendung:
Bidirektionaler Datentransfer und Datenaustausch zwischen zwei 8-Bit-Bussen

Daten:

Max. Taktfrequenz	40	MHz
Durchlauf-Verzögerung	14	ns

Bidirektionaler 8-Bit-Bus-Treiber/Empfänger mit Zwischenspeichern, nicht invertierend (TS)

'652

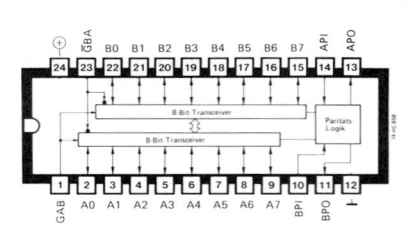

Beschreibung:

Dieser Baustein enthält 8 bidirektionale Bus-Transceiver mit Paritätsanzeige. Die Daten werden beim Transfer invertiert.

Betrieb:

Die Richtung des Datentransfers vom A-Bus zum B-Bus und umgekehrt, wird über die beiden Eingänge GAB und $\overline{\text{GBA}}$ gesteuert.

Ferner liefert der Baustein Paritätsanzeigen APO und BPO, die die Anzahl der H-Pegel am A- bzw. B-Bus wiedergeben, wobei die Paritäts-Eingänge API und BPI berücksichtigt werden.

Die bidirektionalen Ein/Ausgabeports besitzen in den Eingangsstufen eine aktive Schaltung, die folgendes bewirkt: Wenn der Ausgang, der auf demselben Pin liegt, gesperrt ist, so bleibt der Eingang im letzten logischen Zustand, den der Ausgang angenommen hatte. Dieser Zustand bleibt so lange erhalten, bis er durch irgendeine Aktivität auf dem Bus verändert wird. Wenn alle Ausgänge gesperrt sind, können die Eingänge dadurch nicht floaten und sind unempfindlich gegen Rauschstörungen. Man spart sich daher externe Pull-up- oder Pull-down-Widerstände.

Ein ähnlicher Baustein, der die Daten beim Transfer nicht invertiert, ist der '659.

Steuer-Eingänge		Anzahl der High-Eingänge auf dem A-Bus und BPI	Anzahl der High-Eingänge auf dem B-Bus und BPI	Ausgänge		Operation
$\overline{\text{GBA}}$	GAB			APO	BPO	
L	L	X	0, 2, 4, 6, 8	Z	H	$\overline{\text{B}}$-Daten zum A-Bus
		X	1, 3, 5, 7, 9	Z	L	
H	H	0, 2, 4, 6, 8	X	H	Z	$\overline{\text{A}}$-Daten zum B-Bus
		1, 3, 5, 7, 9	X	L	Z	
H	L	X	X	Z	Z	Isolation
L	H	X	0, 2, 4, 6, 8		H	$\overline{\text{B}}$-Daten zum A-Bus
		X	1, 3, 5, 7, 9		L	
		0, 2, 4, 6, 8	X	H		$\overline{\text{A}}$-Daten zum B-Bus
		1, 3, 5, 7, 9	X	L		

Anwendung:

Bidirektionaler Datentransfer zwischen 8-Bit-Bussen mit Paritätsanzeige

Daten:

Durchlauf-Verzögerung	15	ns
Fanout	15 LS-TTL	

Bidirektionaler 8-Bit-Sender/Empfänger mit Paritätsanzeige, invertierend

'658

206

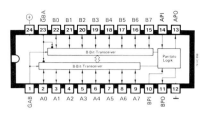

Beschreibung:
Dieser Baustein enthält 8 bidirektionale Bus-Transceiver mit Paritätsanzeige. Die Daten werden beim Transfer nicht invertiert.

Betrieb:
Die Richtung des Datentransfers vom A-Bus zum B-Bus und umgekehrt, wird über die beiden Eingänge GAB und $\overline{\text{GBA}}$ gesteuert.

Ferner liefert der Baustein Paritätsanzeigen APO und BPO, die die Anzahl der H-Pegel am A- bzw. B-Bus wiedergeben, wobei die Paritäts-Eingänge API und BPI berücksichtigt werden.

Die bidirektionalen Ein/Ausgabeports besitzen in den Eingangsstufen eine aktive Schaltung, die folgendes bewirkt: Wenn der Ausgang, der auf demselben Pin liegt, gesperrt ist, so bleibt der Eingang im letzten logischen Zustand, den der Ausgang angenommen hatte. Dieser Zustand bleibt so lange erhalten, bis er durch irgendeine Aktivität auf dem Bus verändert wird. Wenn alle Ausgänge gesperrt sind, können die Eingänge dadurch nicht floaten und sind unempfindlich gegen Rauschstörungen. Man spart sich daher externe Pull-up- oder Pull-down-Widerstände.

Ein ähnlicher Baustein, der die Daten beim Transfer invertiert, ist der '658.

Steuer-Eingänge		Anzahl der High-Eingänge auf dem A-Bus und BPI	Anzahl der High-Eingänge auf dem B-Bus und BPI	Ausgänge		Operation
$\overline{\text{GBA}}$	GAB			APO	BPO	
L	L	X	0, 2, 4, 6, 8	Z	H	B-Daten zum A-Bus
		X	1, 3, 5, 7, 9	Z	L	
H	H	0, 2, 4, 6, 8	X	H	Z	A-Daten zum B-Bus
		1, 3, 5, 7, 9	X	L	Z	
H	L	X	X	Z	Z	Isolation
L	H	X	0, 2, 4, 6, 8		H	B-Daten zum A-Bus A-Daten zum B-Bus
		X	1, 3, 5, 7, 9		L	
		0, 2, 4, 6, 8	X	H		
		1, 3, 5, 7, 9	X	L		

Anwendung:
Bidirektionaler Datentransfer zwischen 8-Bit-Bussen mit Paritätsanzeige

Daten:
Durchlauf-Verzögerung	15	ns
Fanout	15	LS-TTL

Bidirektionaler 8-Bit-Sender/Empfänger mit Paritätsanzeige, nicht invertierend

'659

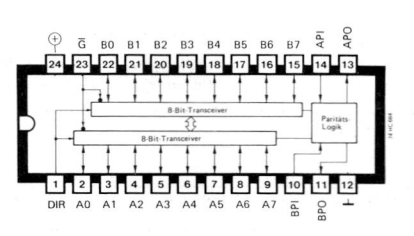

Beschreibung:
Dieser Baustein enthält 8 bidirektionale Bus-Transceiver mit Paritätsanzeige. Die Daten werden beim Transfer invertiert.

Betrieb:
Die Richtung des Datentransfers vom A-Bus zum B-Bus und umgekehrt, wird über die beiden Eingänge DIR und $\overline{G}$ gesteuert.
Ferner liefert der Baustein Paritätsanzeigen APO und BPO. Ein H oder L an diesen Ausgängen zeigt an, ob die Anzahl der H-Pegel am A- bzw. B-Bus gerade oder ungerade ist, wobei die Paritäts-Eingänge API und BPI berücksichtigt werden.
Die bidirektionalen Ein/Ausgabeports besitzen in den Eingangsstufen eine aktive Schaltung, die folgendes bewirkt: Wenn der Ausgang, der auf demselben Pin liegt, gesperrt ist, so bleibt der Eingang im letzten logischen Zustand, den der Ausgang angenommen hatte. Dieser Zustand bleibt so lange erhalten, bis er durch irgendeine Aktivität auf dem Bus verändert wird. Wenn alle Ausgänge gesperrt sind, können die Eingänge dadurch nicht floaten und sind unempfindlich gegen Rauschstörungen. Man spart sich daher externe Pull-up- oder Pull-down-Widerstände.
Ein ähnlicher Baustein, der die Daten beim Transfer nicht invertiert, ist der '665.

Steuer-Eingänge		Anzahl der High-Eingänge auf dem A-Bus und BPI	Anzahl der High-Eingänge auf dem B-Bus und BPI	Ausgänge		Operation
$\overline{G}$	DIR			APO	BPO	
L	L	X	0, 2, 4, 6, 8	Z	H	$\overline{B}$-Daten zum A-Bus
		X	1, 3, 5, 7, 9	Z	L	
L	H	0, 2, 4, 6, 8	X	H	Z	$\overline{A}$-Daten zum B-Bus
		1, 3, 5, 7, 9	X	L	Z	
H	X	X	X	Z	Z	Isolation

Anwendung:
Bidirektionaler Datentransfer zwischen 8-Bit-Bussen mit Paritätsanzeige

Daten:

Durchlauf-Verzögerung	15	ns
Fanout	15 LS-TTL	

Bidirektionaler 8-Bit-Sender/Empfänger mit Paritätsanzeige, invertierend

'664

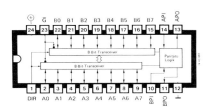

Beschreibung:

Dieser Baustein enthält 8 bidirektionale Bus-Transceiver mit Paritätsanzeige. Die Daten werden beim Transfer nicht invertiert.

Betrieb:

Die Richtung des Datentransfers vom A-Bus zum B-Bus und umgekehrt, wird über die beiden Eingänge DIR und $\overline{G}$ gesteuert.

Ferner liefert der Baustein Paritätsanzeigen APO und BPO. Ein H oder L an diesen Ausgängen zeigt an, ob die Anzahl der H-Pegel am A- bzw. B-Bus gerade oder ungerade ist, wobei die Paritäts-Eingänge API und BPI berücksichtigt werden.

Die bidirektionalen Ein/Ausgabeports besitzen in den Eingangsstufen eine aktive Schaltung, die folgendes bewirkt: Wenn der Ausgang, der auf demselben Pin liegt, gesperrt ist, so bleibt der Eingang im letzten logischen Zustand, den der Ausgang angenommen hatte. Dieser Zustand bleibt so lange erhalten, bis er durch irgendeine Aktivität auf dem Bus verändert wird. Wenn alle Ausgänge gesperrt sind, können die Eingänge dadurch nicht floaten und sind unempfindlich gegen Rauschstörungen. Man spart sich daher externe Pull-up- oder Pull-down-Widerstände.

Ein ähnlicher Baustein, der die Daten beim Transfer invertiert, ist der '664.

Steuer-Eingänge		Anzahl der High-Eingänge auf dem A-Bus und BPI	Anzahl der High-Eingänge auf dem B-Bus und BPI	Ausgänge		Operation
$\overline{G}$	DIR			APO	BPO	
L	L	X	0, 2, 4, 6, 8	Z	H	B-Daten zum A-Bus
L	L	X	1, 3, 5, 7, 9	Z	L	
L	H	0, 2, 4, 6, 8	X	H	Z	A-Daten zum B-Bus
L	H	1, 3, 5, 7, 9	X	L	Z	
H	X	X	X	Z	Z	Isolation

Anwendung:

Bidirektionaler Datentransfer zwischen 8-Bit-Bussen mit Paritätsanzeige

Daten:

Durchlauf-Verzögerung	15	ns
Fanout	15 LS-TTL	

Bidirektionaler 8-Bit-Sender/Empfänger mit Paritätsanzeige, nicht invertierend

'665

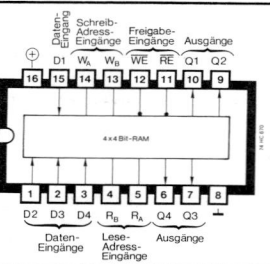

Beschreibung:
Dieser Baustein enthält einen 16-Bit-Schreib/Lese-Speicher (RAM), der in 4 Worte zu je 4 Bit organisiert ist und gleichzeitiges Schreiben und Lesen gestattet.

Betrieb:
Das zu speichernde 4-Bit-Wort wird an die Dateneingänge D1—D4 gelegt. Der für dieses Wort vorgesehene Speicherplatz wird durch die Schreib-Adreß-Eingänge W_A und W_B bestimmt. Zum Einschreiben braucht dann nur mehr der Schreib-Freigabe-Eingang $\overline{WE}$ (Write Enable) auf Low gelegt werden. Bei $\overline{WE}$ auf High werden die Dateneingänge gesperrt und eine Änderung an diesen Eingängen hat keinen Einfluß mehr auf die gespeicherten Informationen. Ein interner Adreß-Decoder erübrigt sich hiermit.

Zum Auslesen eines 4-Bit-Wortes wird mit den Lese-Adreß-Eingängen R_A und R_B der gewünschte Speicherplatz angewählt und der Lese-Freigabe-Eingang $\overline{RE}$ (Read Enable) auf Low gelegt. Dann steht der Inhalt des angewählten Speicherplatzes in nicht invertierter Form an den Ausgängen Q1—Q4.

Dieser Speicher gestattet ein gleichzeitiges Lesen und Schreiben. Beim Lesen werden die gespeicherten Informationen nicht zerstört.

Wenn der Lese-Freigabe Eingang $\overline{RE}$ auf High liegt, werden die Daten-Ausgänge gesperrt und gehen in den hochohmigen Zustand.

Dieser RAM wird in der Literatur häufig als "Register-File" und nicht als RAM (Schreib/Lese-Speicher) bezeichnet.

Schreiben:

Schreib-Eingänge			Wort			
W_B	W_A	$\overline{WE}$	0	1	2	3
L	L	L	Q = D	Q_0	Q_0	Q_0
L	H	L	Q_0	Q = D	Q_0	Q_0
H	L	L	Q_0	Q_0	Q = D	Q_0
H	H	L	Q_0	Q_0	Q_0	Q = D
X	X	H	Q_0	Q_0	Q_0	Q_0

Lesen:

Lese-Eingänge			Ausgänge			
R_B	R_A	$\overline{RE}$	Q1	Q2	Q3	Q4
L	L	L	W0B1	W0B2	W0B3	W0B4
L	H	L	W1B1	W1B2	W1B3	W1B4
H	L	L	W2B1	W2B2	W2B3	W2B4
H	H	L	W3B1	W3B2	W3B3	W3B4
X	X	H	Z	Z	Z	Z

1) (Q = D) = Die Ausgänge der ausgewählten vier internen Flipflops nehmen den Zustand an, der an die vier externen Daten-Eingänge angelegt wird.

2) Q_0 = Pegel von Q bevor die angegebenen Eingangsbedingungen vorlagen.

3) W0B1 = Das erste Bit von Wort 0, etc.

Anwendung:
Schnelle Zwischenspeicherung von Daten

Daten:
Typ. Zugriffszeit   20   ns

16-Bit-Register-File (TS)

'670

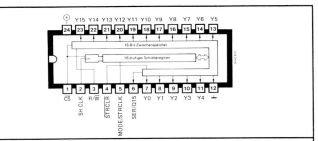

Beschreibung:
Dieser Baustein enthält ein 16-stufiges Schieberegister mit serieller Eingabe und paralleler Ausgabe, sowie ein 16-Bit-Speicherregister für parallele Datenausgabe.

Betrieb:
Das Speicherregister ist intern parallel mit dem Schieberegister verbunden. Es kann asynchron gelöscht werden, indem man $\overline{STRCLR}$ (Store Clear) auf Low bringt, oder es kann mit Daten vom Schieberegister geladen werden. Es läßt sich das Schieberegister auch parallel mit Daten vom Speicherregister laden.

Der Ausgang SER/Q15 kann in den hochohmigen Zustand versetzt werden, wenn man $\overline{CS}$ (Chip Select) auf High legt, wobei gleichzeitig der Takt für das Schieberegister und der Takt für das Speicherregister gesperrt wird. Die Funktion des Speicher-Löschens ($\overline{STRCLR}$) bleibt hierbei jedoch erhalten.

Aufnahme oder Abgabe serieller Daten vom Pin SER/Q15 und Verschiebung erfolgt bei der negativen Taktflanke an SH CLK.

Eingänge					SER/ Q15	Schieberegister-Funktionen				Speicherregister-Funktionen	
$\overline{CS}$	R/$\overline{W}$	SH CLK	$\overline{STRCLR}$	MODE/ STRCLK		Schieben	Lesen vom ser. Ausgang	Schreiben in ser. Ausgang	Paralleles Laden	Löschen	Laden
H	X	X	X	X	Z	Nein	Nein	Nein	Nein		Nein
X	X	X	L	X						Ja	
L	L	⌐	X	X	Z	Ja	Nein	Ja	Nein		
L	H	X	X	X	Q15		Ja	Nein			Nein
L	H	⌐	X	L	Q14n	Ja	Ja	Nein	Nein		Nein
L	H	⌐	L	H	L	Nein	Ja		Ja	Ja	Nein
L	H	⌐	H	H	Y15n	Nein	Ja		Ja	Nein	Nein
L	L	X	H	⌐	Z		Nein		Nein	Nein	Ja

Q15n = Inhalt des 14. Bits des Schieberegisters vor der letzten negativen Flanke des Taktes.

Q15 = Momentaner Inhalt des 15. Bits des Schieberegisters.

Y15n = Inhalt des 15. Bits des Speicherregisters vor der letzten negativen Flanke des Taktes.

Anwendung:
Seriell-Parallel-Umwandlung, Zwischenspeicherung von Daten

Daten:
Max. Taktfrequenz	25	MHz

16-Bit-Schieberegister mit parallelem Ausgangsregister
(seriell-ein, seriell/parallel-aus)

'673

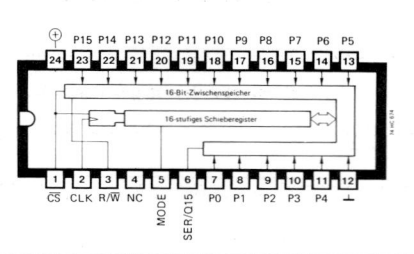

Beschreibung:

Dieser Baustein enthält ein 16-stufiges Schieberegister mit paralleler und serieller Eingabe und serieller Ausgabe, sowie ein 16-Bit-Speicherregister für parallele Dateneingabe.

Betrieb:

Der Baustein ermöglicht 4 grundlegende Betriebsarten:

1. Speichern
2. Schreiben (seriell über Eingang/Ausgang)
3. Lesen (seriell)
4. Laden (parallel über Dateneingänge)

Der Ein/Ausgangsport mit Tristate (SER/Q15) erlaubt eine Eingabe serieller Daten oder das Lesen des Schieberegister-Wortes in einer rezirkulierenden Schleife.

\multicolumn{4}{Eingänge}				SER/Q15	Operation
$\overline{CS}$	R/$\overline{W}$	MODE	CLK		
H	X	X	X	Z	Keine Operation
L	L	X	⌐	Z	Schieben und Schreiben (serielles Laden)
L	H	L	⌐	Q14n	Schieben und Lesen
L	H	H	⌐	P15	Paralleles Laden

Q14n = Inhalt des 14. Bits des Schieberegisters vor der letzten negativen Flanke des Taktes.
Q15 = Momentaner Inhalt des 15. Bits des Schieberegisters.
Y15n = Inhalt des 15. Bits des Speicherregisters vor der letzten negativen Flanke des Taktes.
P15 = Pegel des Eingangs P15.

Anwendung:

Parallel-Serien-Umwandlung, Zwischenspeicherung von Daten

Daten:

Max. Taktfrequenz	25	MHz

16-Bit-Schieberegister (parallel/seriell-ein, seriell-aus)

'674

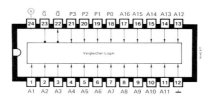

Beschreibung:
Dieser Baustein vergleicht 16 Adressenbits mit 4 vorprogrammierten Bits, wodurch die Ansteuerung von Speicherplatinen oder peripheren Geräten in Mikroprozessor-Systemen vereinfacht wird.

Betrieb:
Die 16 Adressbits werden an die Anschlüsse A1—A16 gelegt. Die vier P-Eingänge programmiert man mit einer vorgegebenen Adresse. Dann bestimmt ein interner Decoder, welche Informationen an den A-Eingängen liegen müssen, damit $\overline{Q}$ auf Low geht.
Beispielsweise würde 0110 (dezimal 6) an den P-Eingängen bedeuten, daß A1—A6 Low und A7—A16 High sein müssen, damit der Ausgang $\overline{Q}$ auf Low geht.
Wenn der Freigabe-Eingang $\overline{G}$ Low ist, wird der Baustein freigegeben. $\overline{G}$ auf High sperrt den Baustein und hält den Ausgang auf High, unabhängig vom Zustand der A- und P-Eingänge.

	Eingänge																				Ausgang
$\overline{G}$	P3	P2	P1	P0	A1	A2	A3	A4	A5	A6	A7	A8	A9	A10	A11	A12	A13	A14	A15	A16	$\overline{Q}$
L	L	L	L	L	H	H	H	H	H	H	H	H	H	H	H	H	H	H	H	H	L
L	L	L	L	H	L	H	H	H	H	H	H	H	H	H	H	H	H	H	H	H	L
L	L	L	H	L	L	L	H	H	H	H	H	H	H	H	H	H	H	H	H	H	L
L	L	L	H	H	L	L	L	H	H	H	H	H	H	H	H	H	H	H	H	H	L
L	L	H	L	L	L	L	L	L	H	H	H	H	H	H	H	H	H	H	H	H	L
L	L	H	L	H	L	L	L	L	L	H	H	H	H	H	H	H	H	H	H	H	L
L	L	H	H	L	L	L	L	L	L	L	H	H	H	H	H	H	H	H	H	H	L
L	L	H	H	H	L	L	L	L	L	L	L	H	H	H	H	H	H	H	H	H	L
L	H	L	L	L	L	L	L	L	L	L	L	L	H	H	H	H	H	H	H	H	L
L	H	L	L	H	L	L	L	L	L	L	L	L	L	H	H	H	H	H	H	H	L
L	H	L	H	L	L	L	L	L	L	L	L	L	L	L	H	H	H	H	H	H	L
L	H	L	H	H	L	L	L	L	L	L	L	L	L	L	L	H	H	H	H	H	L
L	H	H	L	L	L	L	L	L	L	L	L	L	L	L	L	L	H	H	H	H	L
L	H	H	L	H	L	L	L	L	L	L	L	L	L	L	L	L	L	H	H	H	L
L	H	H	H	L	L	L	L	L	L	L	L	L	L	L	L	L	L	L	H	H	L
L	H	H	H	H	L	L	L	L	L	L	L	L	L	L	L	L	L	L	L	H	L
L	Alle übrigen Kombinationen																				H
H	Jede Kombination																				H

Anwendung:
Adressendecodierung für Speicher oder externe Bausteine

Daten:
Durchlauf-Verzögerung   32   ns

16-Bit-Adressen-Vergleicher (16-zu-4), mit Freigabe

'677

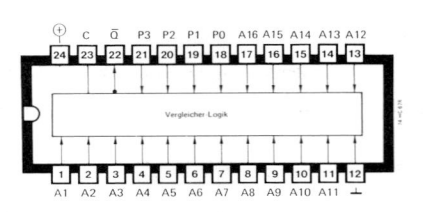

Beschreibung:
Dieser Baustein vergleicht 16 Adressenbits mit 4 vorprogrammierten Bits, wodurch die Ansteuerung von Speicherplatinen oder peripheren Geräten in Mikroprozessor-Systemen vereinfacht wird.

Betrieb:
Die 16 Adressenbits werden an die Anschlüsse A1—A16 gelegt. Die vier P-Eingänge programmiert man mit einer vorgegebenen Adresse. Dann bestimmt ein interner Decoder, welche Informationen an den A-Eingängen liegen müssen, damit $\overline{Q}$ auf Low geht.
Beispielsweise würde 0110 (dezimal 6) an den P-Eingängen bedeuten, daß A1—A6 Low und A7—A16 High sein müssen, damit der Ausgang $\overline{Q}$ auf Low geht.
Dieser Baustein besitzt einen transparenten Zwischenspeicher und einen Speicher-Freigabe-Eingang C. Legt man C auf High, ist der Speicher transparent. Legt man C auf Low, wird der vorhergehende Zustand von $\overline{Q}$ gespeichert.

C	P3	P2	P1	P0	A1	A2	A3	A4	A5	A6	A7	A8	A9	A10	A11	A12	A13	A14	A15	A16	$\overline{Q}$
H	L,	L	L	L	H	H	H	H	H	H	H	H	H	H	H	H	H	H	H	H	L
H	L	L	L	H	L	H	H	H	H	H	H	H	H	H	H	H	H	H	H	H	L
H	L	L	H	L	L	L	H	H	H	H	H	H	H	H	H	H	H	H	H	H	L
H	L	L	H	H	L	L	L	H	H	H	H	H	H	H	H	H	H	H	H	H	L
H	L	H	L	L	L	L	L	L	H	H	H	H	H	H	H	H	H	H	H	H	L
H	L	H	L	H	L	L	L	L	L	H	H	H	H	H	H	H	H	H	H	H	L
H	L	H	H	L	L	L	L	L	L	L	H	H	H	H	H	H	H	H	H	H	L
H	L	H	H	H	L	L	L	L	L	L	L	H	H	H	H	H	H	H	H	H	L
H	H	L	L	L	L	L	L	L	L	L	L	L	H	H	H	H	H	H	H	H	L
H	H	L	L	H	L	L	L	L	L	L	L	L	L	H	H	H	H	H	H	H	L
H	H	L	H	L	L	L	L	L	L	L	L	L	L	L	H	H	H	H	H	H	L
H	H	L	H	H	L	L	L	L	L	L	L	L	L	L	L	H	H	H	H	H	L
H	H	H	L	L	L	L	L	L	L	L	L	L	L	L	L	L	H	H	H	H	L
H	H	H	L	H	L	L	L	L	L	L	L	L	L	L	L	L	L	H	H	H	L
H	H	H	H	L	L	L	L	L	L	L	L	L	L	L	L	L	L	L	H	H	L
H	H	H	H	H	L	L	L	L	L	L	L	L	L	L	L	L	L	L	L	H	L
H	Alle übrigen Kombinationen																			H
L	Jede Kombination																			gespeich.

Anwendung:
Adressendecodierung für Speicher oder externe Bausteine

Daten:
Durchlauf-Verzögerung   21   ns

16-Bit-Adressen-Vergleicher (16-zu-4), mit Zwischenspeicher

'678

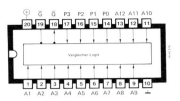

Beschreibung:
Dieser Baustein vergleicht 12 Adressenbits mit 4 vorprogrammierten Bits, wodurch die Ansteuerung von Speicherplatinen oder peripheren Geräten in Mikroprozessor-Systemen vereinfacht wird.

Betrieb:
Die 12 Adressenbits werden an die Anschlüsse A1—A12 gelegt. Die vier P-Eingänge programmiert man mit einer vorgegebenen Adresse. Dann bestimmt ein interner Decoder, welche Informationen an den A-Eingängen liegen müssen, damit $\overline{Q}$ auf Low geht.
Beispielsweise würde 0110 (dezimal 6) an den P-Eingängen bedeuten, daß A1—A6 Low und A7—A12 High sein müssen, damit der Ausgang $\overline{Q}$ auf Low geht.
Wenn der Freigabe-Eingang $\overline{G}$ Low ist, wird der Baustein freigegeben. $\overline{G}$ auf High sperrt den Baustein und hält $\overline{Q}$ auf High, unabhängig vom Zustand der A- und P-Eingänge.

$\overline{G}$	Eingänge																Ausgang Q
	P3	P2	P1	P0	A1	A2	A3	A4	A5	A6	A7	A8	A9	A10	A11	A12	
L	L	L	L	L	H	H	H	H	H	H	H	H	H	H	H	H	L
L	L	L	L	H	L	H	H	H	H	H	H	H	H	H	H	H	L
L	L	L	H	L	L	L	H	H	H	H	H	H	H	H	H	H	L
L	L	L	H	H	L	L	L	H	H	H	H	H	H	H	H	H	L
L	L	H	L	L	L	L	L	L	H	H	H	H	H	H	H	H	L
L	L	H	L	H	L	L	L	L	L	H	H	H	H	H	H	H	L
L	L	H	H	L	L	L	L	L	L	L	H	H	H	H	H	H	L
L	L	H	H	H	L	L	L	L	L	L	L	H	H	H	H	H	L
L	H	L	L	L	L	L	L	L	L	L	L	L	H	H	H	H	L
L	H	L	L	H	L	L	L	L	L	L	L	L	L	H	H	H	L
L	H	L	H	L	L	L	L	L	L	L	L	L	L	L	H	H	L
L	H	L	H	H	L	L	L	L	L	L	L	L	L	L	L	H	L
L	H	H	L	L	L	L	L	L	L	L	L	L	L	L	L	L	L
L	H	H	L	H	X	X	X	X	X	X	X	X	X	X	X	X	H
L	H	H	H	L	X	X	X	X	X	X	X	X	X	X	X	X	H
L	H	H	H	H	L	L	L	L	L	L	L	L	L	L	L	L	L
L	Alle übrigen Kombinationen																H
H	Jede Kombination																H

Anwendung:
Adressendecodierung für Speicher oder externe Bausteine

Daten:
Durchlauf-Verzögerung   21   ns

12-Bit-Adressen-Vergleicher (12-zu-4), mit Freigabe

'679

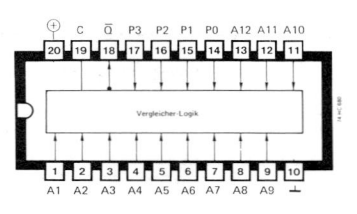

Beschreibung:
Dieser Baustein vergleicht 12 Adressenbits mit 4 vorprogrammierten Bits, wodurch die Ansteuerung von Speicherplatinen oder peripheren Geräten in Mikroprozessor-Systemen vereinfacht wird.

Betrieb:
Die 12 Adressenbits werden an die Anschlüsse A1–A12 gelegt. Die vier P-Eingänge programmiert man mit einer vorgegebenen Adresse. Dann bestimmt ein interner Decoder, welche Informationen an den A-Eingängen liegen müssen, damit $\overline{Q}$ auf Low geht.
Beispielsweise würde 0110 (dezimal 6) an den P-Eingängen bedeuten, daß A1–A6 Low und A7–A12 High sein müssen, damit der Ausgang $\overline{Q}$ auf Low geht.
Dieser Baustein besitzt einen transparenten Zwischenspeicher und einen Speicher-Freigabe-Eingang C. Legt man C auf High, ist der Speicher transparent. Legt man C auf Low, wird der vorhergehende Zustand von $\overline{Q}$ gespeichert.

												Eingänge						Ausgang
C	P3	P2	P1	P0	A1	A2	A3	A4	A5	A6	A7	A8	A9	A10	A11	A12		$\overline{Q}$
H	L	L	L	L	H	H	H	H	H	H	H	H	H	H	H	H		L
H	L	L	L	H	L	H	H	H	H	H	H	H	H	H	H		L
H	L	L	H	L	L	L	H	H	H	H	H	H	H	H	H		L
H	L	L	H	H	L	L	L	H	H	H	H	H	H	H	H		L
H	L	H	L	L	L	L	L	L	H	H	H	H	H	H	H		L
H	L	H	L	H	L	L	L	L	L	H	H	H	H	H	H		L
H	L	H	H	L	L	L	L	L	L	L	H	H	H	H	H		L
H	L	H	H	H	L	L	L	L	L	L	L	H	H	H	H		L
H	H	L	L	L	L	L	L	L	L	L	L	L	H	H	H		L
H	H	L	L	H	L	L	L	L	L	L	L	L	L	H	H		L
H	H	L	H	L	L	L	L	L	L	L	L	L	L	L	H		L
H	H	L	H	H	L	L	L	L	L	L	L	L	L	L	L		L
H	H	H	L	L	L	L	L	L	L	L	L	L	L	L	L		L
H	H	H	L	H	X	X	X	X	X	X	X	X	X	X	X		H
H	H	H	H	L	X	X	X	X	X	X	X	X	X	X	X		H
H	H	H	H	H	L	L	L	L	L	L	L	L	L	L	L		L
H	Alle übrigen Kombinationen																	H
L	Jede Kombination																	gespeich.

Anwendung:
Adressendecodierung für Speicher oder externe Bausteine

Daten:
Durchlauf-Verzögerung   ns

12-Bit-Adressen-Vergleicher (12-zu-4), mit Zwischenspeicher

'680

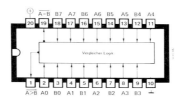

Beschreibung:
Dieser Baustein vergleicht zwei 8-Bit-Worte A und B und zeigt an, ob sie gleich groß sind, oder A größer als B ist.

Betrieb:
Die beiden zu vergleichenden Worte A und B werden den entsprechenden Eingängen A0–A7 und B0–B7 zugeführt.

Wenn die beiden Worte übereinstimmen, geht der Anschluß $\overline{A=B}$ auf Low. Ist A größer als B, geht $\overline{A>B}$ auf Low. Die Funktion $\overline{A<B}$ kann man realisieren, indem man Pin 1 und 19 über ein NAND-Gatter mit 2 Eingängen verknüpft.

Die B-Eingänge besitzen einen internen Pull-up-Widerstand von 20 kΩ für Analog-Daten.

Die übrigen Bausteine dieser Komparator-Serie sind nachstehender Tabelle zu entnehmen.

Eingänge A, B	Ausgänge $\overline{A = B}$	$\overline{A > B}$
A = B	L	H
A > B	H	L
A < B	H	H

Type	A = B	A > B	Ausgangs-Freigabe	20 kΩ-Pullup
'682	ja	ja	nein	ja
'684	ja	ja	nein	nein
'686	ja	ja	ja	nein
'688	ja	nein	ja	nein

Anwendung:
Datenvergleich, Steuerungsaufgaben

Daten:
Durchlauf-Verzögerung	15	ns

8-Bit-Vergleicher mit internem 20 kΩ-Pull-up

'682

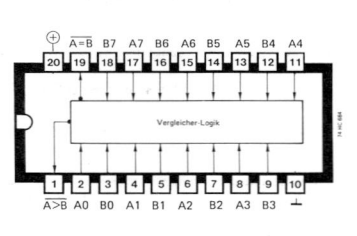

Beschreibung:
Dieser Baustein vergleicht zwei 8-Bit-Worte A und B und zeigt an, ob sie gleich groß sind, oder A größer als B ist.

Betrieb:
Die beiden zu vergleichenden Worte A und B werden den entsprechenden Eingängen A0—A7 und B0—B7 zugeführt.
Wenn die beiden Worte übereinstimmen, geht der Anschluß $\overline{A=B}$ auf Low. Ist A größer als B, geht $\overline{A>B}$ auf Low.
Die Funktion $\overline{A<B}$ kann man realisieren, indem man Pin 1 und 19 über ein NAND-Gatter mit 2 Eingängen verknüpft.
Die übrigen Bausteine dieser Komparator-Serie sind nachstehender Tabelle zu entnehmen.

Eingänge A, B	Ausgänge $\overline{A = B}$	$\overline{A > B}$
A = B	L	H
A > B	H	L
A < B	H	H

Type	A = B	A > B	Ausgangs-Freigabe	20 kΩ-Pullup
'682	ja	ja	nein	ja
'684	ja	ja	nein	nein
'686	ja	ja	ja	nein
'688	ja	nein	ja	nein

Anwendung:
Datenvergleich, Steuerungsaufgaben

Daten:
Durchlauf-Verzögerung   17   ns

8-Bit-Vergleicher

'684

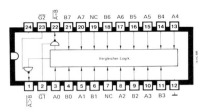

Beschreibung:
Dieser Baustein vergleicht zwei 8-Bit-Worte A und B und zeigt an, ob sie gleich groß sind oder A größer als B ist.

Betrieb:
Die beiden zu vergleichenden Worte A und B werden den entsprechenden Eingängen A0—A7 und B0—B7 zugeführt.
Wenn die beiden Worte übereinstimmen, geht der Anschluß $\overline{A=B}$ auf Low. Ist A größer als B, geht $\overline{A>B}$ auf Low. Die Funktion $A<B$ kann man realisieren, indem man Pin 1 und 22 über ein NAND-Gatter mit 2 Eingängen verknüpft.
Die beiden Ausgänge $\overline{A=B}$ und $\overline{A>B}$ kann man über die beiden Freigabe-Eingänge $\overline{G1}$ und $\overline{G2}$ abschalten (d.h. sie bleiben immer High), indem man diese Eingänge auf High legt.
Die übrigen Bausteine dieser Komparator-Serie sind nachstehender Tabelle zu entnehmen.

Daten A, B	Freigabe $\overline{G1}$	$\overline{G2}$	Ausgänge $\overline{A = B}$	$\overline{A > B}$
A = B	L	X	L	H
A > B	X	L	H	L
A < B	X	X	H	H
A = B	H	X	H	H
A > B	X	H	H	H
X	H	H	H	H

Type	A = B	A > B	Ausgangs-Freigabe	20 kΩ-Pullup
'682	ja	ja	nein	ja
'684	ja	ja	nein	nein
'686	ja	ja	ja	nein
'688	ja	nein	ja	nein

Anwendung:
Datenvergleich, Steuerungsaufgaben

Daten:
Durchlauf-Verzögerung   16   ns

8-Bit-Vergleicher mit Ausgangs-Freigabe

'686

'688

8-Bit-Vergleicher mit Ausgangs-Freigabe

Daten:
Durchlauf-Verzögerung   30   ns

Anwendung:
Datenvergleich, Steuerungsaufgaben

Type	A = B	A > B	Ausgangs-Freigabe	20 kΩ-Pullup
'682	ja	ja	nein	ja
'684	ja	ja	nein	nein
'686	ja	ja	ja	nein
'688	ja	nein	ja	nein

Daten A, B	Freigabe $\overline{G}$	Ausgang $\overline{A = B}$
A = B	L	L
A < B	X	H
A > B	X	H
X	H	H

Beschreibung:
Dieser Baustein vergleicht zwei 8-Bit-Worte A und B und zeigt an, ob sie gleich groß sind.

Betrieb:
Die beiden zu vergleichenden Worte A und B werden den entsprechenden Eingängen A0—A7 und B0—B7 zugeführt.
Wenn die beiden Worte übereinstimmen, geht der Anschluß $\overline{A=B}$ auf Low.
Den Ausgang $\overline{A=B}$ kann man über den Freigabe-Eingang $\overline{G}$ abschalten (d.h. er bleibt immer High), indem man diesen Eingang auf High legt.
Die übrigen Bausteine dieser Komparator-Serie sind nachstehender Tabelle zu entnehmen.

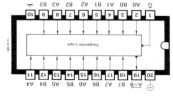

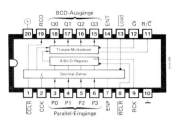

Beschreibung:

Dieser Baustein enthält einen synchronen, programmierbaren BCD-Zähler, ein 4-Bit-Speicherregister und einen vierfachen 2 zu 1-Multiplexer mit Tristate-Ausgängen.

Betrieb:

Für normalen Zählbetrieb werden Pin 1 ($\overline{CCLR}$ = Counter Clear), Pin 13 ($\overline{Load}$), Pin 7 (ENP = Enable P) und Pin 14 (ENT = Enable T) auf High gelegt.

Der Zähler wird synchron beim LH-Übergang (positive Flanke) des Taktes an CCK (Counter Clock) weitergestellt. Die Ausgänge Q0—Q3 folgen dem BCD-Code, vorausgesetzt es ist der Anschluß R/$\overline{C}$ (Register/Counter) und $\overline{G}$ (Ausgangs-Freigabe) auf Low. $\overline{G}$ auf High macht die Ausgänge hochohmig.

Der Zähler kann mit den parallelen Daten P0—P3 geladen werden, wenn man $\overline{Load}$ auf Low legt. Dann werden die anliegenden Daten bei der nächsten positiven Taktflanke an CCK in den Zähler übernommen. Löschen des Zählers erfolgt asynchron, d.h. unabhängig vom Takt, wenn $\overline{CCLR}$ auf Low gebracht wird.

Bei einer positiven Flanke an RCK (Register Clock) werden die im Zähler befindlichen Daten in das 4-Bit-Register übernommen. Dieses kann mit einem Low an $\overline{RCLR}$ (Register Clear) ebenfalls asynchron gelöscht werden. Den Inhalt des Registers erhält man an den Ausgängen Q0—Q3, wenn man R/$\overline{C}$ auf High legt.

Der Baustein '691 arbeitet ähnlich, zählt jedoch im Binärcode. Die Serienschaltung mehrerer Dekaden ist beim '691 beschrieben und gilt unverändert für den '690.

Eingänge								Ausgänge				Funktion
$\overline{CCLR}$	$\overline{LOAD}$	ENP	ENT	CCK	$\overline{RCLR}$	RCK	R/$\overline{C}$	$\overline{G}$	Q0	Q1	Q2	Q3	
X	X	X	X	X	X	X	X	H	Z	Z	Z	Z	Ausgänge hochohmig
L	X	X	X	X	X	X	L	L	L	L	L	L	Zähler löschen
H	L	X	X	⌐	X	X	L	L	p0	p1	p2	p3	Zähler laden
H	H	L	X	⌐	X	X	L	L	keine Änderung				keine Zählung
H	H	X	L	⌐	X	X	L	L	keine Änderung				keine Zählung
H	H	H	H	⌐	X	X	L	L	Aufwärts-Zählung				Aufwärts-Zählung
H	X	X	X	⌐	X	X	L	L	keine Änderung				keine Zählung
X	X	X	X	X	L	X	H	L	L	L	L	L	Register löschen
X	X	X	X	X	H	⌐	H	L	q0	q1	q2	q3	Register laden
X	X	X	X	X	X	⌐	H	L	keine Änderung				kein Laden

p0—p3 = Logikpegel an den Eingängen P0—P3
q0—q3 = Logikpegel der Ausgänge des internen Zählers Q0'—Q3'

Anwendung:
Programmierbare Zähler, Zähler- und Zeitgeber-Steuerung, Frequenzteiler

Daten:
Min. garantierte Zählfrequenz   20   MHz

Synchroner, programmierbarer Dezimalzähler mit Löschen, Register und gemultiplexten Ausgängen (TS)

'690

'691

Synchroner, programmierbarer 4-Bit-Binärzähler mit Löschen, Register und gemultiplexten Ausgängen (TS)

Daten:
Min. garantierte Zählfrequenz   20   MHz

Anwendung:
Programmierbare Zähler, Zeitgeber-Steuerung, Frequenzteiler

Beschreibung:
Dieser Baustein enthält einen synchronen, programmierbaren Binär-Zähler, ein 4-Bit-Spei-
cherregister und einen vierfachen 2 zu 1-Multiplexer mit Tristate-Ausgängen.

Betrieb:
Für normalen Zählbetrieb werden Pin 1 (CCLR = Counter Clear), Pin 13 (Load), Pin 7
(ENP = Enable P) und Pin 14 (ENT = Enable T) auf High gelegt.
Der Zähler wird synchron beim LH-Übergang (positive Flanke) des Taktes an CCK (Coun-
ter Clock) weitergestellt. Die Ausgänge Q0—Q3 folgen dem Binärcode, vorausgesetzt es
ist der Anschluß R/C̄ (Register/Counter) und G (Ausgangs-Freigabe) auf Low. G auf High
macht die Ausgänge hochohmig.
Der Zähler kann mit den parallelen Daten P0—P3 geladen werden, wenn man Load auf
Low legt. Dann werden die anliegenden Daten bei der nächsten positiven Taktflanke an
CCK in den Zähler übernommen.
Löschen des Zählers erfolgt asynchron, d.h. unabhängig vom Takt, wenn CCLR auf Low
gebracht wird.
Bei einer positiven Flanke an RCK (Register Clock) werden die im Zähler befindlichen
Daten in das 4-Bit-Register übernommen. Dieses kann mit einem Low an RCLR (Register
Clear) gelöscht werden.
Den Inhalt des Registers erhält man an den Ausgängen Q0—Q3, wenn man R/C̄ auf High
legt.
Für synchrones Zählen mit mehreren Dekaden dienen die beiden Eingänge für die Zähler-
Freigabe ENP und ENT, sowie der Übertrags-Ausgang RCO (Ripple Carry Out). Die Ver-
bindung geschieht folgendermaßen:
1. Dekade (niedrigstwertige): ENP = ENT = H, RCO an ENP und ENT der 2. Dekade und
   an ENP der 3. (usw) Dekade.
2. Dekade: RCO der 2. Dekade an ENT der 3. Dekade, usw.
Die Takteingänge CCK aller Stufen werden synchron vom Eingangstakt gesteuert. Ebenso
werden alle CCLR-Eingänge parallel geschaltet.
Der Baustein '690 arbeitet ähnlich, zählt jedoch im BCD-Code.
Die Funktionstabelle ist mit dem '690 identisch.

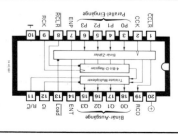

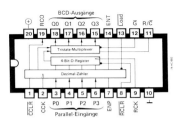

Beschreibung:
Dieser Baustein enthält einen synchronen, programmierbaren BCD-Zähler, ein 4-Bit-Speicherregister und einen vierfachen 2-zu-1-Multiplexer mit Tristate-Ausgängen.

Betrieb:
Für normalen Zählbetrieb werden Pin 1 ($\overline{\text{CCLR}}$ = Counter Clear), Pin 13 ($\overline{\text{Load}}$), Pin 7 (ENP = Enable P) und Pin 14 (ENT = Enable T) auf High gelegt.

Der Zähler wird synchron beim LH-Übergang (positive Flanke) des Taktes an CCK (Counter Clock) weitergestellt. Die Ausgänge Q0—Q3 folgen dem BCD-Code, vorausgesetzt es ist der Anschluß R/$\overline{\text{C}}$ (Register/Counter) und $\overline{\text{G}}$ (Ausgangs-Freigabe) auf Low. $\overline{\text{G}}$ auf High macht die Ausgänge hochohmig.

Der Zähler kann mit den parallelen Daten P0—P3 geladen werden, wenn man $\overline{\text{Load}}$ auf Low legt. Dann werden die anliegenden Daten bei der nächsten positiven Taktflanke an CCK in den Zähler übernommen. Löschen des Zählers erfolgt synchron, d.h. bei der nächsten Taktflanke, wenn $\overline{\text{CCLR}}$ vorher auf Low gebracht wird.

Bei einer positiven Flanke an RCK (Register Clock) werden die im Zähler befindlichen Daten in das 4-Bit-Register übernommen. Dieses kann mit einem Low an $\overline{\text{RCLR}}$ (Register Clear) ebenfalls synchron gelöscht werden. Den Inhalt des Registers erhält man an den Ausgängen Q0—Q3, wenn man R/$\overline{\text{C}}$ auf High legt.

Der Baustein '693 arbeitet ähnlich, zählt jedoch im Binärcode. Die Serienschaltung mehrerer Dekaden ist beim '693 beschrieben und gilt unverändert für den '692.

Eingänge									Ausgänge				Funktion
$\overline{\text{CCLR}}$	$\overline{\text{LOAD}}$	ENP	ENT	CCK	$\overline{\text{RCLR}}$	RCK	R/$\overline{\text{C}}$	$\overline{\text{G}}$	Q0	Q1	Q2	Q3	
X	X	X	X	X	X	X	X	H	Z	Z	Z	Z	Ausgänge hochohmig
L	X	X	X	⌐	X	X	L	L	L	L	L	L	Zähler löschen
H	L	X	X	⌐	X	X	L	L	p0	p1	p2	p3	Zähler laden
H	H	L	X	⌐	X	X	L	L	keine Änderung				keine Zählung
H	H	X	L	⌐	X	X	L	L	keine Änderung				keine Zählung
H	H	H	H	⌐	X	X	L	L	Aufwärts-Zählung				Aufwärts-Zählung
X	X	X	X	⌐	X	X	L	L	keine Änderung				keine Zählung
X	X	X	X	X	L	⌐	H	L	L	L	L	L	Register löschen
X	X	X	X	X	H	⌐	H	L	q0	q1	q2	q3	Register laden
X	X	X	X	X	H	⌐	H	L	keine Änderung				kein Laden

p0—p3 = Logikpegel an den Eingängen P0—P3
q0—q3 = Logikpegel der Ausgänge des internen Zählers Q0'—Q3'

Anwendung:
Programmierbare Zähler, Zähler- und Zeitgeber-Steuerung, Frequenzteiler

Daten:
Min. garantierte Zählfrequenz   20   MHz

Synchroner, programmierbarer Dezimalzähler mit synchronem Löschen, Register und gemultiplexten Ausgängen (TS)

'692

'693

Synchroner, programmierbarer 4-Bit-Binärzähler mit synchronem Löschen, Register und gemultiplexten Ausgängen (TS)

Daten:

Min. garantierte Zählfrequenz   20   MHz

Anwendung:

Programmierbare Zähler, Zähler- und Zeitgeber-Steuerung, Frequenzteiler

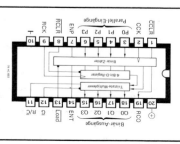

Binär-Ausgänge

Beschreibung:

Dieser Baustein enthält einen synchronen, programmierbaren Binär-Zähler, ein 4-Bit-Speicherregister und einen vierfachen 2-zu-1-Multiplexer mit Tristate-Ausgängen.

Betrieb:

Für normalen Zählbetrieb werden Pin 1 ($\overline{CCLR}$ = Counter Clear), Pin 13 ($\overline{Load}$), Pin 7 (ENP = Enable P) und Pin 14 (ENT = Enable T) auf Low gelegt.

Der Zähler wird synchron beim LH-Übergang (positive Flanke) des Taktes an CCK (Counter Clock) weitergestellt. Die Ausgänge Q0—Q3 folgen dem Binärcode, vorausgesetzt es ist der Anschluß R/$\overline{C}$ (Register/Counter) und $\overline{G}$ (Ausgangs-Freigabe) auf Low. R/$\overline{C}$ auf High macht die Ausgänge hochohmig.

Der Zähler kann mit den parallelen Daten P0—P3 geladen werden, wenn man $\overline{Load}$ auf Low legt. Dann werden die bei der nächsten positiven Taktflanke an CCK liegenden Daten in den Zähler übernommen.

Löschen des Zählers erfolgt synchron, d.h. bei der nächsten Taktflanke, wenn $\overline{CCLR}$ vorher auf Low gebracht wird.

Bei einer positiven Flanke an RCK (Register Clock) werden die im Zähler befindlichen Daten in das 4-Bit-Register übernommen. Dieses kann mit einem Low an $\overline{RCLR}$ (Register Clear) ebenfalls synchron gelöscht werden.

Den Inhalt des Registers erhält man an den Ausgängen Q0—Q3, wenn man R/$\overline{C}$ auf High legt.

Für synchrones Zählen mit mehreren Dekaden dienen die beiden Eingänge für die Zähler-Freigabe ENP und ENT, sowie der Übertrags-Ausgang (RCO (Ripple Carry Out). Die Verbindung geschieht folgendermaßen:

1. Dekade (niedrigstwertige): ENP = ENT = L, RCO an ENP und ENT der 2. Dekade und an ENP der 3. (usw) Dekade.

2. Dekade: RCO der 2. Dekade an ENT der 3. Dekade, usw.

Die Takteingänge CCK aller Stufen werden synchron vom Eingangstakt gesteuert. Ebenso werden alle $\overline{CCLR}$-Eingänge parallel geschaltet.

Der Baustein '692 arbeitet ähnlich, zählt jedoch im BCD-Code.

Die Funktionstabelle ist mit dem '692 identisch.

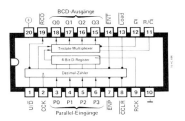

BCD-Ausgänge

Beschreibung:
Dieser Baustein enthält einen synchronen, programmierbaren Aufwärts/Abwärts-BCD-Zähler, ein 4-Bit-Speicherregister und einen vierfachen 2 zu 1-Multiplexer mit Tristate-Ausgängen.

Betrieb:
Dieser Dezimalzähler arbeitet im BCD-Code und wird bei jedem LH-Übergang (positive Flanke) des Taktes am Anschluß CCK (Counter Clock) weitergestellt. Wenn hierbei der Anschluß 1 (U/$\overline{D}$ = Up/$\overline{Down}$) auf High liegt, wird vorwärts (oder aufwärts) gezählt. Liegt dieser Pin auf Low, erfolgt die Zählung rückwärts (oder abwärts).
Voreinstellen oder Programmieren erfolgt über die parallelen Dateneingänge P0—P3. Legt man Load auf Low, werden bei der nächsten positiven Taktflanke an CCK die Daten in den Zähler übernommen. Löschen des Zählers erfolgt asynchron, d.h. unabhängig vom Takt, wenn $\overline{CCLR}$ (Counter Clear) auf Low gelegt wird.
Damit die Zählung abläuft, muß $\overline{ENP}$ (Enable Parallel) und $\overline{ENT}$ (Enable Trickle) auf Low liegen. Der Zählerstand steht an den Ausgängen Q0—Q3, wenn der Auswahl-Eingang R/$\overline{C}$ (Register/$\overline{Counter}$) und der Freigabe-Eingang $\overline{G}$ auf Low liegt. $\overline{G}$ auf High, macht die Ausgänge hochohmig.
Bei einer positiven Flanke (Register Clock) werden die im Zähler befindlichen Daten in das 4-Bit-Register übernommen. Das Register besitzt keinen Lösch-Eingang. Den Inhalt des Registers erhält man an den Ausgängen Q0—Q3, wenn man R/$\overline{C}$ auf High legt.
Der Übertrags-Ausgang $\overline{RCO}$ (Ripple Carry Out) ist normalerweise High und geht auf Low, wenn der Zähler beim Abwärtszählen 0 oder beim Aufwärtszählen 9 erreicht.

Eingänge									Ausgänge				Funktion
$\overline{CCLR}$	LOAD	$\overline{ENP}$	$\overline{ENT}$	CCK	U/$\overline{D}$	RCK	R/$\overline{C}$	$\overline{G}$	Q0	Q1	Q2	Q3	
X	X	X	X	X	X	X	X	H	Z	Z	Z	Z	Ausgänge hochohmig
L	X	X	X	X	X	X	L	L	L	L	L	L	Zähler löschen
H	L	X	X	⌐	X	X	L	L	p0	p1	p2	p3	Zähler laden
H	H	H	X	⌐	X	X	L	L	keine Änderung				keine Zählung
H	H	X	H	⌐	X	X	L	L	keine Änderung				keine Zählung
H	H	L	L	⌐	H	X	L	L	Aufwärtszählung				Aufwärtszählung
H	H	L	L	⌐	L	X	L	L	Abwärtszählung				Abwärtszählung
H	X	X	X	⌐	X	X	L	L	keine Änderung				keine Zählung
X	X	X	X	X	X	⌐	H	L	q0	q1	q2	q3	Register laden
X	X	X	X	X	X	⌐	H	L	keine Änderung				kein Laden

Anwendung:
Aufwärts/Abwärts-Differenz-Zählung, synchrone Frequenzteiler, A/D- und D/A-Wandler

Daten:
Min. garantierte Zählfrequenz   20   MHz

Synchroner, programmierbarer Vorwärts/Rückwärts-Dezimalzähler mit Register, gemultiplexten Ausgängen und asynchronem Löschen (TS)

'696

'697

Synchroner, programmierbarer Vorwärts/Rückwärts-4-Bit-Binärzähler mit Register, gemultiplexten Ausgängen und asynchronem Löschen (TS)

Daten:

Min. garantierte Zählfrequenz   20   MHz

Anwendung:

Aufwärts/Abwärts-Differenz-Zählung, synchrone Frequenzteiler, A/D- und D/A-Wandler, programmierbare Binärzählung

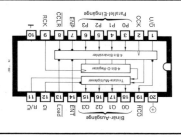

Beschreibung:

Dieser Baustein enthält einen synchronen, programmierbaren Aufwärts/Abwärts-Binär-Zähler, ein 4-Bit-Speicherregister und einen vierfachen 2 zu 1-Multiplexer mit Tristate-Ausgängen.

Betrieb:

Dieser Zähler arbeitet im Binärcode und wird bei jedem LH-Übergang (positive Flanke) des Taktes am Anschluß CCK (Counter Clock) weitergestellt. Wenn hierbei der Anschluß 1 (U/D = Up/Down) auf High liegt, wird vorwärts (oder aufwärts) gezählt. Liegt dieser Pin auf Low, erfolgt die Zählung rückwärts (oder abwärts).

Voreinstellen oder Programmieren erfolgt über die parallelen Dateneingänge P0-P3. Legt man Load auf Low, werden bei der nächsten positiven Taktflanke an CCK die Daten in den Zähler übernommen.

Löschen des Zählers erfolgt asynchron, d.h. unabhängig vom Takt, wenn CCLR (Counter Clear) auf Low gelegt wird.

Damit die Zählung abläuft, muß ENP (Enable Parallel) und ENT (Enable Trickle) auf Low liegen.

Der Zählerstand steht an den Ausgängen Q0-Q3, wenn der Auswahl-Eingang R/C̄ (Register/Counter) und der Freigabe-Eingang Ḡ auf Low liegt. G auf High, macht die Ausgänge hochohmig.

Bei einer positiven Flanke (Register Clock) werden die im Zähler befindlichen Daten in das 4-Bit-Register übernommen. Das Register besitzt keinen Lösch-Eingang. Der Inhalt des Registers erhält man an den Ausgängen Q0-Q3, wenn man R/C̄ auf High legt.

Der Übertrags-Ausgang R̄C̄O̅ (Ripple Carry Out) ist normalerweise High und geht auf Low, wenn der Zähler beim Abwärtszählen 0 oder beim Aufwärtszählen 15 erreicht.

Kaskadieren mehrerer Zähler ist ohne externe Gatter möglich.

Die Funktionstabelle stimmt mit dem '696 überein.

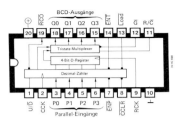

BCD-Ausgänge

Pin layout (top, left to right): 20, 19, 18, 17, 16, 15, 14, 13, 12, 11
Labels: ⊕, RCO, Q0, Q1, Q2, Q3, ENT, Load, G, R/C̄

Inner blocks: Tristate-Multiplexer, 4-Bit-D-Register, Dezimal-Zähler

Pin layout (bottom, left to right): 1, 2, 3, 4, 5, 6, 7, 8, 9, 10
Labels: U/D̄, CCK, P0, P1, P2, P3, ENP, CCLR, RCK, ⏚
Parallel-Eingänge

Beschreibung:
Dieser Baustein enthält einen synchronen, programmierbaren Aufwärts/Abwärts-BCD-Zähler, ein 4-Bit-Speicherregister und einen vierfachen 2 zu 1-Multiplexer mit Tristate-Ausgängen.

Betrieb:
Dieser Dezimalzähler arbeitet im BCD-Code und wird bei jedem LH-Übergang (positive Flanke) des Taktes am Anschluß CCK (Counter Clock) weitergestellt. Wenn hierbei der Anschluß 1 (U/D̄ = Up/Down) auf High liegt, wird vorwärts (oder aufwärts) gezählt. Liegt dieser Pin auf Low, erfolgt die Zählung rückwärts (oder abwärts).
Voreinstellen oder Programmieren erfolgt über die parallelen Dateneingänge P0–P3. Legt man L̄o̅a̅d̄ auf Low, werden bei der nächsten positiven Taktflanke an CCK die Daten in den Zähler übernommen. Löschen des Zählers erfolgt synchron, d.h. bei der nächsten Taktflanke, wenn C̄C̄L̄R̄ (Counter Clear) vorher auf Low gelegt wird.
Damit die Zählung abläuft, muß E̅N̅P̅ (Enable Parallel) und E̅N̅T̅ (Enable Trickle) auf Low liegen. Der Zählerstand steht an den Ausgängen Q0–Q3, wenn der Auswahl-Eingang R/C̄ (Register/ Counter) und der Freigabe-Eingang G auf Low liegt. G auf High, macht die Ausgänge hochohmig.
Bei einer positiven Flanke (Register Clock) werden die im Zähler befindlichen Daten in das 4-Bit-Register übernommen. Das Register besitzt keinen Lösch-Eingang. Den Inhalt des Registers erhält man an den Ausgängen Q0–Q3, wenn man R/C̄ auf High legt.
Der Übertrags-Ausgang R̄C̄O̅ (Ripple Carry Out) ist normalerweise High und geht auf Low, wenn der Zähler beim Abwärtszählen 0 oder beim Aufwärtszählen 15 erreicht.

Eingänge									Ausgänge				Funktion
C̄C̄L̄R̄	L̅O̅A̅D̅	E̅N̅P̅	E̅N̅T̅	CCK	U/D̄	RCK	R/C̄	G̅	Q0	Q1	Q2	Q3	
X	X	X	X	X	X	X	X	H	Z	Z	Z	Z	Ausgänge hochohmig
L	X	X	X	⌐_	X	X	L	L	L	L	L	L	Zähler löschen
H	L	X	X	⌐_	X	X	L	L	p0	p1	p2	p3	Zähler laden
H	H	H	X	⌐_	X	X	L	L	keine Änderung				keine Zählung
H	H	X	H	⌐_	X	X	L	L	keine Änderung				keine Zählung
H	H	L	L	⌐_	H	X	L	L	Aufwärtszählung				Aufwärtszählung
H	H	L	L	⌐_	L	X	L	L	Abwärtszählung				Abwärtszählung
H	X	X	X	⌐‾	X	X	L	L	keine Änderung				keine Zählung
X	X	X	X	X	X	⌐_	H	L	q0	q1	q2	q3	Register laden
X	X	X	X	X	X	⌐‾	H	L	keine Änderung				kein Laden

Anwendung:
Aufwärts/Abwärts-Differenz-Zählung, synchrone Frequenzteiler, A/D- und D/A-Wandler

Daten:
Min. garantierte Zählfrequenz	20	MHz

Synchroner, programmierbarer Vorwärts/Rückwärts-Dezimalzähler mit Register, gemultiplexten Ausgängen und synchronem Löschen (TS)

'698

669,

'699

Synchroner, programmierbarer Vorwärts/Rückwärts-4-Bit-Binärzähler mit Register, gemultiplexten Ausgängen und synchronem Löschen (TS)

Daten:

Min. garantierte Zählfrequenz	20	MHz

Anwendung:

Aufwärts/Abwärts-Differenz-Zählung, synchrone Frequenzteiler, A/D- und D/A-Wandler, programmierbare Binärzählung

Beschreibung:

Dieser Baustein enthält einen synchronen, programmierbaren Aufwärts/Abwärts-Binär-Zähler, ein 4-Bit-Speicherregister und einen vierfachen 2 zu 1-Multiplexer mit Tristate-Ausgängen.

Betrieb:

Dieser Zähler arbeitet im Binärcode und wird bei jedem LH-Übergang (positive Flanke) des Taktes am Anschluß CCK (Counter Clock) weitergestellt. Wenn hierbei der Anschluß 1 (U/D = Up/Down) auf High liegt, wird vorwärts (oder aufwärts) gezählt. Liegt dieser Pin auf Low, erfolgt die Zählung rückwärts (oder abwärts).

Voreinstellen oder Programmieren erfolgt über die parallelen Dateneingänge P0–P3. Legt man Load auf Low, werden bei der nächsten positiven Taktflanke an CCK die Daten in den Zähler übernommen.

Löschen des Zählers erfolgt synchron, d.h. bei der nächsten Taktflanke, wenn CCLR (Counter Clear) vorher auf Low gelegt wird.

Damit die Zählung abläuft, muß ENP (Enable Parallel) und ENT (Enable Trickle) auf Low liegen.

Der Zählerstand steht an den Ausgängen Q0–Q3, wenn der Auswahl-Eingang R/C̄ (Register /Counter) auf der Freigabe-Eingang Ḡ auf Low liegt. Ḡ auf High, macht die Ausgänge hochohmig.

Bei einer positiven Flanke (Register Clock) werden die im Zähler befindlichen Daten in das 4-Bit-Register übernommen. Das Register besitzt keinen Lösch-Eingang. Den Inhalt des Registers erhält man an den Ausgängen Q0–Q3, wenn man R/C̄ auf High legt.

Der Übertrags-Ausgang RCO (Ripple Carry Out) ist normalerweise High und geht auf Low, wenn der Zähler beim Abwärtszählen 0 oder beim Aufwärtszählen 15 erreicht.

Kaskadieren mehrerer Zähler ist ohne externe Gatter möglich.

Die Funktionstabelle stimmt mit dem '698 überein.

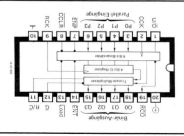

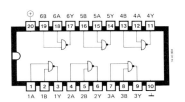

Beschreibung:
Dieser Baustein enthält sechs NAND-Gatter mit je 2 Eingängen.

Betrieb:
Alle sechs NAND-Gatter können unabhängig voneinander verwendet werden.
Bei jedem Gatter wird mit einem oder beiden Eingängen auf Low der Ausgang High sein.
Sind beide Eingänge High, wird der Ausgang Low sein.
Die Ausgänge können bis zu 15 LSTTL-Lasten treiben.

Eingänge		Ausgang
A	B	Y
L	X	H
X	L	H
H	H	L

Anwendung:
Realisierung von NAND-, UND- und Inverterfunktionen, Treiber für Lasten mit hoher Kapazität

Daten:
Durchlauf-Verzögerung   12   ns

Sechs NAND-Treiber mit je 2 Eingängen

'804

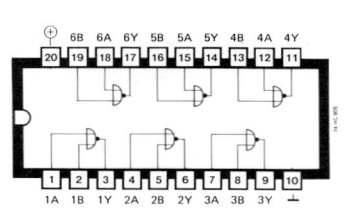

Beschreibung:
Dieser Baustein enthält sechs NOR-Gatter mit je 2 Eingängen.

Betrieb:
Alle sechs NOR-Gatter können unabhängig voneinander verwendet werden.
Bei jedem Gatter wird der Ausgang Low sein, wenn einer oder beide Eingänge High sind.
Sind beide Eingänge Low, so ist der Ausgang High.
Die Ausgänge können bis zu 15 LSTTL-Lasten treiben.

| Eingänge | | Ausgang |
A	B	Y
H	X	L
X	H	L
L	L	H

Anwendung:
Realisierung von NOR-Funktionen, Treiber für Lasten mit hoher Kapazität

Daten:
Durchlauf-Verzögerung   10   ns

Sechs NOR-Treiber mit je 2 Eingängen

'805

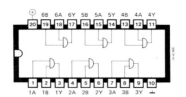

Beschreibung:
Dieser Baustein enthält sechs UND-Gatter mit je 2 Eingängen.

Betrieb:
Alle sechs UND-Gatter können unabhängig voneinander verwendet werden.
Bei jedem Gatter wird mit einem oder beiden Eingängen auf Low der Ausgang Low sein.
Sind beide Eingänge High, wird der Ausgang High sein.
Die Ausgänge können bis zu 15 LSTTL-Lasten treiben.

Eingänge		Ausgang
A	B	Y
H	H	H
L	X	L
X	L	L

Anwendung:
Realisierung von UND-Funktionen, nicht-invertierende Puffer, Treiber für Lasten mit hoher Kapazität

Daten:
Durchlauf-Verzögerung   10   ns

Sechs UND-Treiber mit je 2 Eingängen

'808

,832

Sechs ODER-Treiber mit je 2 Eingängen

Daten:

Durchlauf-Verzögerung   10   ns

Anwendung:

Realisierung von ODER-Funktionen, Treiber für Lasten mit hoher Kapazität

Eingänge		Ausgang
A	B	Y
H	X	H
X	H	H
L	L	L

Beschreibung:

Dieser Baustein enthält sechs ODER-Gatter mit je 2 Eingängen.

Betrieb:

Alle sechs ODER-Gatter können unabhängig voneinander verwendet werden.
Bei jedem Gatter wird mit einem oder beiden Eingängen auf High der Ausgang High sein.
Sind beide Eingänge Low, wird der Ausgang Low sein.
Die Ausgänge können bis zu 15 LSTTL-Lasten treiben.

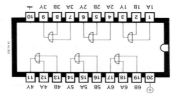

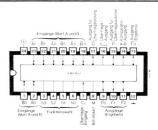

Beschreibung:

Dieser Baustein enthält eine arithmetisch-logische Recheneinheit (ALU), mit der 16 logische und 16 arithmetische Operationen an 4-Bit-Operanden ausgeführt werden können.

Betrieb:

Die beiden Operanden A und B werden den entsprechenden Eingängen (aktiv Low) zugeführt. Die logische Betriebsart wird mit M (Mode) = H und die arithmetische Betriebsart mit M = L ausgewählt. Dann wird gemäß der Wahrheitstabelle über die Eingänge S0 bis S3 die auszuführende Funktion gewählt und das Ergebnis kann an $\overline{F0}$ bis $\overline{F3}$ (aktiv Low) abgenommen werden. Eine Erweiterung auf n x 8 Bits ist mittels des Bausteins '182 (Übertragseinheit) und weiterer '181 möglich. Der Baustein ist auch als Komparator verwendbar. Bei gleichen Operanden wird der Ausgang A = B High.

Bei entsprechender Deutung der Pinbelegung ist ein Arbeiten mit negativer Logik möglich Der '881 ist funktionsmäßig identisch mit dem '181, außer für die Ausgänge P, G und C_{n+4} bei M = H (Statusregister-Prüfungen, 10 weitere logische Operationen).

\multicolumn{4}{c}{Funktionswahl}	\multicolumn{2}{c}{Eingänge und Ausgänge aktiv Low}		\multicolumn{2}{c}{Eingänge und Ausgänge aktiv High}	
S_0	S_1	S_2	S_3	Arithmetisch (M = L, C_n = L)	Logisch (M = H)	Arithmetisch (M = L, $\overline{C_n}$ = H)	Logisch (M = H)
L	L	L	L	F = A minus 1	F = $\overline{A}$	F = A	F = $\overline{A}$
H	L	L	L	AB minus 1	$\overline{AB}$	A + B	$\overline{A} + \overline{B}$
L	H	L	L	A$\overline{B}$ minus 1	$\overline{A}$ + B	A + $\overline{B}$	$\overline{A}B$
H	H	L	L	minus 1 (2's comp.)	Logic '1'	minus 1 (2's comp.)	Logic '0'
L	L	H	L	A plus [A + $\overline{B}$]	$\overline{A}$ + B	A plus A$\overline{B}$	$\overline{A}B$
H	L	H	L	AB plus [A + $\overline{B}$]	$\overline{B}$	A$\overline{B}$ plus [A + B]	$\overline{B}$
L	H	H	L	A minus B minus 1	A $\oplus$ B	A minus B minus 1	A $\oplus$ B
H	H	H	L	A + $\overline{B}$	A + $\overline{B}$	A$\overline{B}$ minus 1	A$\overline{B}$
L	L	L	H	A plus [A + B]	$\overline{A}B$	A plus AB	$\overline{A}$ + B
H	L	L	H	A plus B	A $\oplus$ B	A plus B	$\overline{A} \oplus B$
L	H	L	H	A$\overline{B}$ plus [A + B]	B	AB plus [A + $\overline{B}$]	B
H	H	L	H	A + B	A + B	AB minus 1	AB
L	L	H	H	A plus A*	Logic '0'	A plus A*	Logic '1'
H	L	H	H	A plus AB	A$\overline{B}$	A plus [A + B]	A + $\overline{B}$
L	H	H	H	A plus A$\overline{B}$	AB	A plus [A + $\overline{B}$]	A + B
H	H	H	H	A	A	A minus 1	A

* jedes Bit wird in die nächst höhere Stufe geschoben

Anwendung:

Schnelle Recheneinheit für arithmetische oder logische Operationen.

Daten:

Typ. Additionszeit für 4 Bits	20	ns

4-Bit-arithmetisch/logische Einheit (ALU)

'881

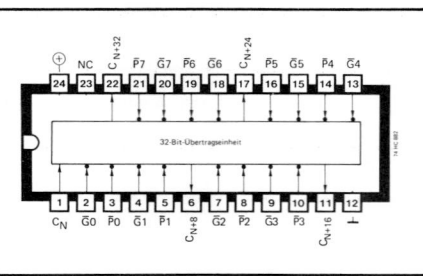

Pinbelegung oben (24–13): NC, C_{N+32}, $\overline{P}_7$, $\overline{G}_7$, $\overline{P}_6$, $\overline{G}_6$, C_{N+24}, $\overline{P}_5$, $\overline{G}_5$, $\overline{P}_4$, $\overline{G}_4$

Pinbelegung unten (1–12): C_N, $\overline{G}_0$, $\overline{P}_0$, $\overline{G}_1$, $\overline{P}_1$, C_{N+8}, $\overline{G}_2$, $\overline{P}_2$, $\overline{G}_3$, $\overline{P}_3$, C_{N+16}, ⊥

32-Bit-Übertragseinheit

Beschreibung:

Dieser Baustein stellt eine schnelle, parallel erweiterbare Übertragseinheit dar und ist besonders für die ALU '181 und '881 vorgesehen.

Betrieb:

Diese Einheit kann den Übertrag für 4 binäre Addierer vorwegnehmen und ist auf n Bit erweiterbar.

Der Baustein nimmt bis zu 4 Paare von Signalen für Übertragsauslösung (Carry Propagate) $\overline{P}_0$ bis $\overline{P}_7$ (aktiv Low) und Übertragsbildung (Carry Generate) $\overline{G}_0$ bis $\overline{G}_7$ (aktiv Low) sowie einen Übertragseingang (aktiv High) auf und liefert vorweggenommene Überträge über eine Gruppe von acht 4-Bit-Binäraddierer. Damit läßt sich eine 32-Bit-ALU aufbauen.

$\overline{G}_7$	$\overline{G}_6$	$\overline{G}_5$	$\overline{G}_4$	$\overline{G}_3$	$\overline{G}_2$	$\overline{G}_1$	$\overline{G}_0$	$\overline{P}_7$	$\overline{P}_6$	$\overline{P}_5$	$\overline{P}_4$	$\overline{P}_3$	$\overline{P}_2$	$\overline{P}_1$	$\overline{P}_0$	C_n	C_{n+32}
L	X	X	X	X	X	X	X	X	X	X	X	X	X	X	X	X	H
X	L	X	X	X	X	X	X	L	X	X	X	X	X	X	X	X	H
X	X	L	X	X	X	X	X	L	L	X	X	X	X	X	X	X	H
X	X	X	L	X	X	X	X	L	L	L	X	X	X	X	X	X	H
X	X	X	X	L	X	X	X	L	L	L	L	X	X	X	X	X	H
X	X	X	X	X	L	X	X	L	L	L	L	L	X	X	X	X	H
X	X	X	X	X	X	L	X	L	L	L	L	L	L	X	X	X	H
X	X	X	X	X	X	X	L	L	L	L	L	L	L	L	X	X	H
X	X	X	X	X	X	X	X	L	L	L	L	L	L	L	L	H	H
Alle übrigen Kombinationen																	L

$\overline{G}_5$	$\overline{G}_4$	$\overline{G}_3$	$\overline{G}_2$	$\overline{G}_1$	$\overline{G}_0$	$\overline{P}_5$	$\overline{P}_4$	$\overline{P}_3$	$\overline{P}_2$	$\overline{P}_1$	$\overline{P}_0$	C_n	C_{n+24}
L	X	X	X	X	X	X	X	X	X	X	X	X	H
X	L	X	X	X	X	L	X	X	X	X	X	X	H
X	X	L	X	X	X	L	L	X	X	X	X	X	H
X	X	X	L	X	X	L	L	L	X	X	X	X	H
X	X	X	X	L	X	L	L	L	L	X	X	X	H
X	X	X	X	X	L	L	L	L	L	L	X	X	H
X	X	X	X	X	X	L	L	L	L	L	L	H	H
Alle übrigen Kombinationen													L

$\overline{G}_3$	$\overline{G}_2$	$\overline{G}_1$	$\overline{G}_0$	$\overline{P}_3$	$\overline{P}_2$	$\overline{P}_1$	$\overline{P}_0$	C_n	C_{n+16}
L	X	X	X	X	X	X	X	X	H
X	L	X	X	L	X	X	X	X	H
X	X	L	X	L	L	X	X	X	H
X	X	X	L	L	L	L	X	X	H
X	X	X	X	L	L	L	L	H	H
Alle übrigen Kombinationen									L

$\overline{G}_1$	$\overline{G}_0$	$\overline{P}_1$	$\overline{P}_0$	C_n	C_{n+8}
L	X	X	X	X	H
X	L	L	X	X	H
X	X	L	L	H	H
Alle übrigen Kombinationen					L

Anwendung:

Übertragsbildung für die schnellen Recheneinheiten '181 und '881

Daten:

Durchlauf-Verzögerung   20   ns

32-Bit-Übertragseinheit

'882

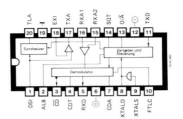

Beschreibung:
Dieser Baustein enthält die gesamten aktiven Elemente für ein Vollduplex-Modem mit 300 Baud.

Betrieb:
Der Modulator enthält einen Frequenz-Synthesizer und liefert ein sinusförmiges phasenkohärentes FSK-Signal (Frequency Shift Keyed). Der Leitungstreiber ist für 600Ω-Leitungen ausgelegt. Der Demodulator enthält die entsprechenden Filter, Begrenzer, Diskriminator und eine Trägeranzeige.

DSI — Driver Summing Input: Zum Senden extern erzeugter Tonfrequenzen.

ALB — Analog Loop Back: Ein H an diesem Pin verbindet den Modulator-Ausgang intern mit dem Demodulator-Eingang für einen Selbsttest.

$\overline{CD}$ — Carrier Detect: Geht auf L, wenn ein Träger festgestellt wird.

CDT — Carrier Detect Timing: Ein Kondensator an diesem Pin bestimmt die Zeit, in der ein Träger vorhanden sein muß, damit CD auf L geht.

RXD — Received Data: Daten-Ausgangspin.

CDA — Carrier Detect Adjust: Zur Einstellung der Träger-Detektorschwelle.

XTALD — Crystal Drive, XTALS — Crystal Sense: Zum Anschluß eines Quarzes mit 3.5795 MHz.

FTLC — Filter Test/Limiter Capacitor: Zur Einstellung der Filter-Eigenschaften, meist 0.1 µF.

TXD — Transmitted Data: Daten-Eingang

O/$\overline{A}$ — Originate/Answer mode: Auswahl der Betriebsart.

SQT — Squelch Transmitter: Sperrt mit H den Modulator.

RAX2, RAX1 — Receive Analog 2 bzw. 1: Symmetrischer 600Ω-Analog-Eingang.

TXA — Transmit Analog: Ausgang des Leitungstreibers.

EXI — External Input: Zum Senden extern erzeugter Tonfrequenzen.

TLA — Transmit Level Adjust: Zur Einstellung des Sender-Pegels.

Anwendung:
Datenübertragung, Modems, Fernsteuerung

Daten:

Max. Übertragungsrate	300	Baud

Modem, 300 Baud (±5V)

'942

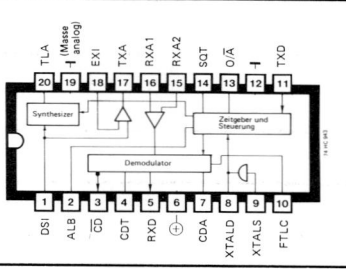

Beschreibung:
Dieser Baustein enthält die gesamten aktiven Elemente für ein Vollduplex-Modem mit 300 Baud.

Betrieb:
Dieser Baustein entspricht funktionsmäßig vollständig dem '942, kommt aber mit nur *einer* Betriebsspannung von +5 V aus.
Beide Modems sind für die Norm Bell 103 ausgelegt, d.h. Space/Mark 1070/1270 Hz und 2025/2225 Hz.
Mit zwei zusätzlichen Operationsverstärkern läßt sich ein vollständiges akustisch gekoppeltes 300-Baud-Modem aufbauen:

Anwendung:
Datenübertragung, Modems, Fernsteuerung

Daten:

Max. Übertragungsrate	300	Baud

Modem, 300 Baud (+5 V)

'943

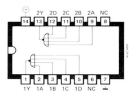

Pinbelegung:

14 (+)	13 2Y	12 2D	11 2C	10 2B	9 2A	8 NC

| 1 1Y | 2 1A | 3 1B | 4 1C | 5 1D | 6 NC | 7 ⏚ |

Beschreibung:
Der Baustein enthält zwei getrennte NOR-Gatter mit je 4 Eingängen.

Betrieb:
Beide NOR-Gatter mit positiver Logik können unabhängig voneinander verwendet werden. Bei jedem Gatter ergibt ein High an einem oder mehreren Eingängen einen Ausgang mit Low. Wenn alle 4 Eingänge Low sind, wird der Ausgang auf High gehen.

Eingänge				Ausgang
A	B	C	D	Y
H	X	X	X	L
X	H	X	X	L
X	X	H	X	L
X	X	X	H	L
L	L	L	L	H

Anwendung:
Realisierung von NOR-Funktionen

Daten:
Durchlauf-Verzögerung   12   ns

Zwei NOR-Gatter mit je 4 Eingängen

'4002

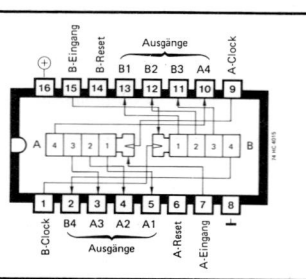

Beschreibung:
Dieser Baustein enthält zwei vollständig getrennte 4-stufige Schieberegister, die in der Betriebsart seriell-ein/parallel-aus betrieben werden können. Jedes Register besitzt Anschlüsse für seinen eigenen Takt und für Reset. Die Register können für größere Längen zusammengeschaltet werden.

Betrieb:
Bei jedem Register werden die dem zugehörigen Eingang zugeführten Daten übernommen und erscheinen am Ausgang 1 bei der positiven Flanke (LH-Übergang) des Taktes. Ein zweiter Takt transferiert die Daten zum Ausgang 2, ein dritter zum Ausgang 3 und schließlich ein vierter zum Ausgang 4. Der Reset-Eingang muß während des normalen Betriebes an Masse liegen.

Wird der Reset-Eingang auf High gelegt, gehen alle Ausgänge auf Low und verbleiben hier, bis der Reset-Eingang auf Low zurückkehrt.

n	Eingänge			Ausgänge			
	Clock	Daten-Eingang	Reset	1	2	3	4
1	⎍	D1	L	D1	X	X	X
2	⎍	D2	L	D2	D1	X	X
3	⎍	D3	L	D3	D2	D1	X
4	⎍	D4	L	D4	D3	D2	D1
	⎎	X	L	keine Änderung			
	X	X	H	L	L	L	L

Dn = entweder H oder L
n = Anzahl der positiven Taktflanken

Anwendung:
Universal-Register, Umwandlung von seriellen in parallele Daten

Daten:
Maximale Taktfrequenz   60   MHz

Zwei 4-stufige Schieberegister (seriell-ein/parallel-aus)

'4015

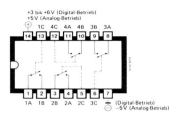

Beschreibung:
Dieser Baustein enthält vier getrennte bilaterale Schalter für stromrichtungsunabhängige Schaltanwendungen (4 Schließer).

Betrieb:
Alle vier Schalter können getrennt oder kombiniert verwendet werden.
Wenn die Steuerspannung gleich der Spannung an Pin 7 ist, verbleibt jeder Schalter auf AUS und verhält sich wie eine sehr hohe Impedanz. Wenn die Steuerspannung gleich der Spannung an Pin 14 ist, so geht der Schalter auf EIN und verhält sich wie ein nahezu linearer, bilateraler Widerstand mit 200 Ohm (bei einem Lastwiderstand von 1 kΩ).
Signale, die über den Schalter geführt werden, können digital oder analog sein, dürfen jedoch niemals die Spannung an Pin 14 überschreiten oder die Spannung an Pin 7 unterschreiten.
Die Schalter können auf jede beliebige Weise zusammengeschlossen werden, und es besteht kein Unterschied zwischen dem Eingangs- und Ausgangs-Anschluß jedes Schalters.
Wenn zum Beispiel alle vier Schalter mit einem Anschluß verbunden werden, kann der Baustein als ein 1-aus-4-Datenwähler, ein 1-aus-4-Datenverteiler, ein 1-aus-4-Analog-Umschalter oder ein 1-aus-4-Analog-Multiplexer verwendet werden.
Wenn mehr als ein Schalter mit einem gemeinsamen Punkt verbunden wird, muß die externe Logik normalerweise garantieren, daß nur ein Schalter zur selben Zeit eingeschaltet ist.
Der '4066 ist eine verbesserte Version mit niedrigerem Ein-Widerstand.

Steuer-Eingang	Schalter
L	Aus
H	Ein

Anwendung:
Schalten oder Multiplexen von analogen oder digitalen Signalen, Ausführung von CMOS-Logikfunktionen (z.B. Inverter), A/D- und D/A-Wandler, digitale Steuerung von Frequenz, Impedanz, Phase oder Verstärkung von Analogsignalen

Daten:
Durchlauf-Verzögerung (C zu B)	4	ns
Max. übertragbare Frequenz	50	MHz
Max. Strom je Schalter	10	mA

Vier digitale oder analoge Schalter (4x1 Schließer)

'4016

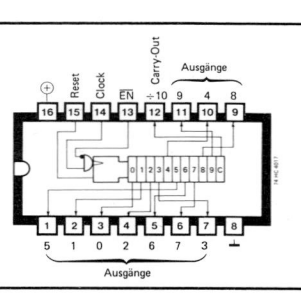

Beschreibung:
Es handelt sich bei diesem Baustein um einen voll synchronen dekadischen Zähler oder Teiler durch 10. Er kann verwendet werden, um decodierte 1-aus-10-Ausgänge zu liefern oder um eine Rechteckspannung mit einem Zehntel der Eingangsfrequenz zu bekommen.

Betrieb:
Für normale Arbeitsweise sollten die Pins für Clock-Enable ($\overline{EN}$ = Takt-Freigabe) und Reset auf Low liegen. Der Zähler schreitet um eine Zählung bei der positiven Flanke (LH-Übergang) des Taktes weiter. Der Takteingang (Pin 14) besitzt eine Schmitt-Trigger-Funktion, so daß auch Taktsignale mit flachen Anstiegsflanken verwendet werden können. Bei jeder Zählung geht der zugehörige decodierte Ausgang auf High, die übrigen bleiben auf Low. Der CARRY-OUT-Anschluß ist High für Zählungen von 0 bis 4 und Low für Zählungen von 5 bis 9.

Wird der Reset-Eingang High gemacht, so kehrt der Zähler zur Zahl 0 zurück. In diesem Zustand sind der "0"-Ausgang und der OUT-Anschluß High, die übrigen Ausgänge liegen auf Low. Der Reset-Anschluß muß auf Low zurückkehren, damit die Zählung fortgesetzt werden kann. Eine positive Spannung am Anschluß Clock-Enable wird den Taktbetrieb sperren (das Fortschreiten des Zählers verhindern). An $\overline{EN}$ ist auch ein Takten mit einer negativen Flanke möglich.

Ein externes Gatter würde eine Division durch 1 bis 10 ermöglichen.

Clock	$\overline{EN}$	Reset	Funktion
L	X	L	keine Änderung
X	H	L	keine Änderung
X	X	H	Zähler löschen (Ausgang 0 = H, 1–9 = L)
⌐	L	L	geht zum nächsten Zustand weiter
⌐	X	L	keine Änderung
X	⌐	L	keine Änderung
H	⌐	L	geht zum nächsten Zustand weiter

Carry Out = H für Ausgang 0, 1, 2, 3 oder 4 = H
= L für alle anderen Fälle

Anwendung:
Dekadischer Zähler und Teiler, Frequenzteiler, Teilung durch N, Ablaufsteuerung für Frequenzmesser und Zähler

Daten:
Maximale Taktfrequenz	40	MHz

Dezimalzähler mit 10 decodierten Ausgängen (synchron)

'4017

240

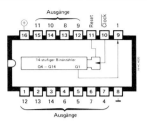

Beschreibung:
Es handelt sich bei diesem Baustein um einen Binärzähler, der in die Aufwärts-Richtung asynchron zählt.

Betrieb:
Der Reset-Eingang wird normalerweise auf Low gelegt. Jedesmal, wenn der Takt-Eingang sich von High auf Low ändert (negative Flanke), schreitet der Zähler um eine Zählung vorwärts.

Der 1-Ausgang teilt den Eingangstakt durch 2^1 =2. Der Ausgang 4 teilt den Eingangstakt durch 2^4 =16, bis zum Ausgang 14, der durch 2^{14} = 16384 teilt. Für die zweite und dritte Stufe gibt es keine Ausgänge.

Wird der Reset-Eingang High gemacht, gehen alle Ausgänge auf Low und verbleiben dort, bis Reset wieder auf Low zurückkehrt. Das Löschen erfolgt asynchron, d.h. unabhängig vom logischen Zustand des Takteinganges.

Da es sich um einen Binär (Ripple)-Zähler handelt, ändern sich die Ausgänge in sequentieller Reihenfolge. Während der Einstellzeit werden sich kurzzeitig falsche Zählungen ergeben.

Der '4060 ist ein langsamer Baustein mit internem Oszillator und Takt-Aufbereitung.

Clock	Reset	Ausgänge
⌐	L	keine Änderung
⌐_	L	schreitet zum nächsten Zustand weiter
X	H	alle Ausgänge L

Anwendung:
Zähler-Steuerungen, Zeitgeber, Frequenzteiler, Zeitverzögerungs-Schaltungen

Daten:
Maximale Eingangsfrequenz	50	MHz

Binärzähler, 14-stufig, ($\div$ 16384)

'4020

'4022

Oktalzähler mit 8 decodierten Ausgängen (synchron)

Daten:

Maximale Taktfrequenz	31 MHz

Anwendung:

Binärer Zähler/Decoder, Frequenzteiler, Teiler durch N

Clock	EN	Reset	Ausgänge
X	X	H	Q0 = Q4–7 = H, Q1–Q7 = L
⌐	L	L	schreitet zum nächsten Zustand weiter
H	⌐	L	schreitet zum nächsten Zustand weiter
X	X	L	keine Änderung
X	H	L	keine Änderung
H	⌐	L	keine Änderung
⌐	L	L	keine Änderung

Beschreibung:

Es handelt sich bei diesem Baustein um einen voll synchronen, oktalen Zähler (oder Teiler-durch-8). Er kann für die Bildung eines 1-aus-8-decodierten Ausganges, oder für ein rechteckförmiges Ausgangssignal mit einem Achtel der Eingangsfrequenz verwendet werden.

Betrieb:

Für normalen Betrieb sollten die Anschlüsse Clock-Enable (Takt-Freigabe) und Reset auf Low liegen. Der Zähler schreitet um eine Zählung bei der positiven Flanke (LH-Übergang) des Taktes fort. Der Takteingang besitzt eine Schmitt-Triggerfunktion, so daß auch Taktsignale mit langsam ansteigenden Flanken verwendet werden können.

Bei jeder Zählung wird der entsprechende decodierte Ausgang High, die übrigen bleiben auf Low. Der OUT-Anschluß ist High für die Zählungen 0 bis 3 und Low für die Zählungen 4 bis 7. Macht man den Reset-Ausgang High, kehrt der Zähler zur Zahl 0 zurück. In diesem Zustand sind der 0-Ausgang und der OUT-Anschluß High, die anderen Ausgänge liegen auf Low. Reset muß wieder Low sein, um eine Fortsetzung der Zählung zu ermöglichen. Ein High am Anschluß Clock-Enable (EN), wird die Arbeitsweise des Taktes sperren und ein Fortschreiten des Zählers verhindern.

Ein externes Gatter gestattet die Möglichkeit einer Teilung durch 1 bis 8.

Der '4017 ist ein ähnlicher dekadischer Zähler.

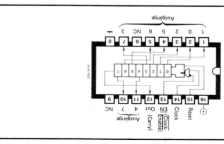

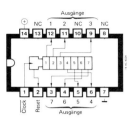

Beschreibung:
Es handelt sich hier um einen Binärzähler, der unter Verwendung positiver Logik aufwärts zählt.

Betrieb:
Der Reset-Eingang wird normalerweise auf Low gelegt. Jedesmal, wenn das Taktsignal von High auf Low geht (negative Flanke), wird der Zähler um eine Zählung weitergestellt. Der Ausgang 1 teilt den Eingangstakt durch $2^1 = 2$. Der Ausgang 2 teilt den Eingangstakt durch $2^2 = 4$ bis zum Ausgang 7, der durch $2^7 = 128$ teilt.

Wird der Reset-Eingang High gemacht, so gehen alle Ausgänge auf Low und bleiben dort, bis Reset auf Low zurückgeht.

Da es sich um einen binären ''Ripple''-Zähler handelt, ändern sich die Ausgänge in sequentieller Reihenfolge. Während der Einstellzeit werden sich kurzzeitig falsche Zählungen ergeben.

Der Takt-Eingang besitzt eine Schmitt-Trigger-Funktion, so daß auch Signale mit flachen oder verrauschten Flanken verarbeitet werden können.

$\overline{\text{Clock}}$	Reset	Ausgangszustand
⌐	L	Keine Änderung
⌐	L	Schreitet zum nächsten Zustand weiter
X	H	Alle Ausgänge = L

Anwendung:
Zähler-Steuerungen, Zeitgeber, Frequenzteiler, Zeitverzögerungs-Schaltungen

Daten:
Maximale Taktfrequenz   35   MHz

Binärzähler, 7-stufig ($\div 128$), asynchron

'4024

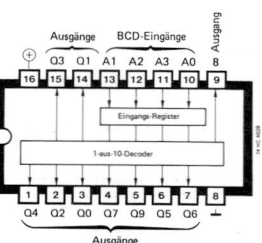

Beschreibung:

Dieser Baustein decodiert einen Standard-BCD-Code mit 4 Bits, indem er einen aus 10 Ausgängen auswählt. Er kann auch jeden 3-Bit-Code in 1-aus-8-Ausgänge umwandeln.

Betrieb:

Der BCD-Code wird an den Anschlüssen 10 bis 13 eingegeben, mit dem niedrigstwertigen Bit $2^0 = 1$ an A0, dem Bit $2^1 = 2$ an A1, dem Bit $2^2 = 4$ an A2 und dem Bit $2^3 = 8$ an A3. Für ein gegebenes Eingangssignal geht ein Ausgang auf High, die anderen neun verbleiben auf Low. Der verfügbare Ausgangsstrom beträgt 1 mA bei 5 V und 2 mA bei 10 V.

Wenn beispielsweise A0 = 1, A1 = 1, A2 = 1 und A3 = 0, geht der Ausgang 7 auf High und der Rest verbleibt auf Low. Alle Ausgänge verbleiben auf Low, wenn ein ungültiger BCD-Code (größer als 1001) zugeführt wird.

Wird der Baustein als 1-aus-8-Decoder verwendet, so wird der Eingang A3 auf Low gelegt. Jeder den Eingängen A0, A1 und A2 zugeführte 3-Bit-Code wird einen der Ausgänge auf High setzen, während der Rest auf Low bleibt. Die Ausgangs-Numerierung wird jedoch nur für einen normalen binären Eingangscode richtig sein. Die Ausgänge werden einfach für jeden anderen Code umbenannt.

Eingänge				Ausgänge									
A3	A2	A1	A0	Q0	Q1	Q2	Q3	Q4	Q5	Q6	Q7	Q8	Q9
L	L	L	L	H	L	L	L	L	L	L	L	L	L
L	L	L	H	L	H	L	L	L	L	L	L	L	L
L	L	H	L	L	L	H	L	L	L	L	L	L	L
L	L	H	H	L	L	L	H	L	L	L	L	L	L
L	H	L	L	L	L	L	L	H	L	L	L	L	L
L	H	L	H	L	L	L	L	L	H	L	L	L	L
L	H	H	L	L	L	L	L	L	L	H	L	L	L
L	H	H	H	L	L	L	L	L	L	L	H	L	L
H	L	L	L	L	L	L	L	L	L	L	L	H	L
H	L	L	H	L	L	L	L	L	L	L	L	L	H
H	L	H	L	L	L	L	L	L	L	L	L	L	L
H	L	H	H	L	L	L	L	L	L	L	L	L	L
H	H	L	L	L	L	L	L	L	L	L	L	L	L
H	H	L	H	L	L	L	L	L	L	L	L	L	L
H	H	H	L	L	L	L	L	L	L	L	L	L	L
H	H	H	H	L	L	L	L	L	L	L	L	L	L

Anwendung:

Code-Umwandlung, Adressen-Decodierung, Speicher-Auswahlsteuerung

Daten:

Durchlauf-Verzögerung	25	ns

BCD-zu-Dezimal-Decoder (1-aus-10)

'4028

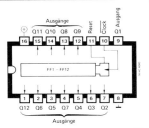

Beschreibung:

Es handelt sich hier um einen binären Ripple-Zähler, der unter Verwendung positiver Logik aufwärts zählt.

Betrieb:

Der Reset-Eingang wird normalerweise auf Low gehalten. Jedesmal, wenn sich der Takt von High auf Low ändert, schreitet der Zähler um eine Zählung weiter. Der Q1-Ausgang teilt den Eingangstakt durch $2^1 = 2$. Der Q2-Ausgang teilt den Eingangstakt durch $2^2 = 4$. Der Q3-Ausgang teilt den Eingangstakt durch $2^3 = 8$, bis zum Q12-Ausgang, der durch $2^{12} = 4096$ teilt.

Liegt der Reset-Eingang auf High, gehen alle Ausgänge auf Low und verbleiben hier, bis Reset wieder auf Low zurückkehrt.

Da es sich um einen "Ripple"-Zähler handelt, ändern sich die Ausgänge in sequentieller Reihenfolge und es werden sich falsche Zählungen während der Einstellzeit ergeben.

Clock	Reset	Ausgangszustand
⎍	L	Keine Änderung
⅂_	L	Schreitet zum nächsten Zustand weiter
X	H	Alle Ausgänge = L

Anwendung:

Zähler-Steuerungen, Frequenzteiler, Zeitverzögerungs-Schaltungen

Daten:

Maximale Eingangsfrequenz   40   MHz

Binärzähler, 12-stufig (÷4096), asynchron

'4040

'4046

Phase-Locked-Loop-Schaltung

Daten:
Maximale Arbeitsfrequenz   20   MHz

Anwendung:
FM-Demodulator und Modulator, Frequenz-Synthese und Multiplikation, Frequenz-Dis-
kriminator, Daten-Synchronisation, Spannungs/Frequenz-Wandler, Ton-Decodierer,
Modems, Signal-Konditionierung

Beschreibung:
Dieser Baustein enthält eine vielseitige Phase-Locked-Loop-Schaltung (PPL) mit niedrigem
Leistungsbedarf, die aus einem spannungsgesteuerten Oszillator, zwei verschiedenen
Phasen-Komparatoren und einer internen 5,2 V-Spannungsregelung besteht.

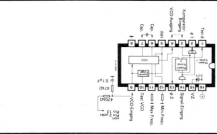

Betrieb:
Die Frequenz des spannungsgesteuerten Oszillators wird durch die Spannung an Pin 9 bestimmt, dem Kondensator zwischen Pin 6 und 7 (10pF min), dem Widerstand für die
maximale Frequenz an Pin 11 (1kΩ bis 1MΩ) und dem Widerstand für die Minimal-Fre-
quenz an Pin 12 (1kΩ bis unendlich — größer als der Widerstand an Pin 11). Die Ausgangsspannung erscheint an Pin 4 und wird gewöhnlich zum Komparator-Eingang geführt,
entweder direkt oder über einen Frequenzteiler. Der Oszillator läuft nur, wenn INH auf
Low liegt. INH auf High schaltet den Oszillator ab.

Es gibt zwei Phasen-Detektoren. Das φ1-System ist ein Exklusiv-ODER-System, das gute
Rausch-Eigenschaften bietet, jedoch empfindlich gegen Harmonische ist und Rechteck-
Spannungen an dem Pins 3 und 14 haben muß. Es ist auf einen schmalen Frequenzbereich
beschränkt.

Das φ2-System ist ein Logik-Frequenz/Phasen-Detektor, der über einen weiten Frequenzbereich (bis 1000:1 oder mehr) arbeitet, Impulse mit jedem Tastverhältnis annimmt und
nicht empfindlich gegen Harmonische ist. Er besitzt eine relativ schlechte Rauschunter-
drückung.

Der gewählte Phasen-Detektor wird zum VCO-Eingang über ein Schleifenfilter geführt.
Der Serien-Widerstand und der Kondensator bestimmen die Zeitkonstante der Schleife,
während der Shunt-Widerstand die Dämpfung festlegt. Normalerweise ist der Dämpfungs-
widerstand wesentlich kleiner als der Serienwiderstand.

Bei ordnungsgemäßer Beschaltung wird die Frequenz des VCO (Voltage-Controlled-Oscil-
lator = spannungsgesteuerter Oszillator) der Eingangsfrequenz folgen, die dem Pin 14 zugeführt wird. Wenn ein Frequenzteiler mit einem Teilerverhältnis von n zwischen Pin 3
und Pin 4 gelegt wird, arbeitet der VCO mit der n-fachen Frequenz der Eingangsfrequenz.

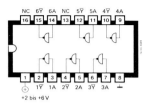

```
        NC  6Y̅ 6A  NC  5Y̅ 5A  4Y̅ 4A
        16  15  14  13  12  11  10   9
```

```
         1   2   3   4   5   6   7   8
        (+) 1Y̅  1A  2Y̅  2A  3Y̅  3A   ⏚
        +2 bis +6 V
```

Beschreibung:

Dieser Baustein enthält 6 invertierende Puffer. Sie können als einfache Inverter, als Pegel-Umsetzer oder als Strom-Treiber für Interfacing mit TTL oder anderer Logik verwendet werden.

Betrieb:

Alle sechs Puffer können unabhängig voneinander eingesetzt werden. Bei jedem Puffer steuert ein Low am Eingang den Ausgang auf High und umgekehrt.

Die Spannung an Pin 1 bestimmt den Spannungshub nur am Ausgang. Eingangsspannungen bis zu 15 V werden ordnungsgemäß verarbeitet, unabhängig von der gewählten Ausgangsspannung.

Mit einer Betriebsspannung von +5 V an Pin 1 sind die Ausgänge TTL-kompatibel. Sie sind in der Lage, bis zu 15 LS TTL-Gatter zu treiben.

Beachten Sie die ungewöhnliche Zuführung der Betriebsspannung. Dieser Baustein sollte normalerweise nicht mit Eingangssignalen mit großen Anstiegszeiten in Impuls-Formern, monostabilen und astabilen Schaltungen etc. verwendet werden. Die interne Verlustleistung kann in diesen und anderen linearen Anwendungen auch zu groß werden, speziell bei hohen Frequenzen und hohen Betriebsspannungen.

Ein ähnlicher Baustein mit 6 nicht invertierenden Puffern ist der '4050.

Anwendung:

CMOS/TTL-Pegelwandler, Treiber

Daten:

Durchlauf-Verzögerung	11	ns

Sechs invertierende Puffer und TTL-Treiber

'4049

'4050

Sechs nicht-invertierende Puffer und TTL-Treiber

Anwendung:
CMOS/TTL-Pegelwandler, Treiber

Daten:
Durchlauf-Verzögerung 11 ns

Beschreibung:
Dieser Baustein enthält 6 nicht invertierende Puffer. Sie können zur Verbesserung der Anstiegszeiten, als Pegel-Umsetzer oder als Stromtreiber für ein Interface mit TTL und anderer Logik verwendet werden.

Betrieb:
Alle sechs Puffer können unabhängig voneinander verwendet werden. Bei jedem Puffer ergibt ein Eingang Low einen Ausgang Low und umgekehrt.
Die Spannung an Pin 1 bestimmt den Spannungshub nur am Ausgang. Eingangsspannungen bis +15V werden ohne Beschädigung angenommen, unabhängig von der gewählten Ausgangsspannung.
Mit einer Betriebsspannung von +5V an Pin 1 ist der Ausgang TTL-kompatibel. Er kann bis zu 15 LS TTL-Gatter treiben.
Beachten Sie die ungewöhnliche Zuführung der Betriebsspannung. Dieser Baustein sollte normalerweise nicht mit Eingangssignalen mit großer Anstiegszeit bei Impulsformern, monostabilen und astabilen Schaltungen etc. verwendet werden. Die interne Verlustleistung kann in diesen und anderen linearen Anwendungen zu groß werden, speziell bei hohen Frequenzen und hohen Betriebsspannungen.
Ein ähnlicher Baustein mit 6 invertierenden Puffern ist der '4049.

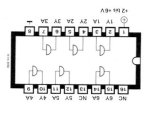

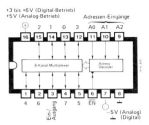

Beschreibung:

Dieser Baustein enthält einen 8-Kanal-Multiplexer/Demultiplexer mit drei Adressen- und einem Freigabe-Eingang.

Betrieb:

Im Analog-Betrieb werden −5V dem Pin 7 und digitale Steuersignale mit Low = Masse und High = +5V den Eingängen A0, A1, A2 und EN zugeführt. Wenn EN (Freigabe) High ist, wird kein Kanal ausgewählt. Wenn EN Low ist, wird der gewählte Kanal durch das Binärwort an A0—A2 bestimmt. Analoge Signale können jeden Wert zwischen +5V und −5V besitzen.

Bei Digital-Betrieb wird Pin 7 auf Masse gelegt und digitale Steuersignale mit Low = Masse und High = Spannung an Pin 16 werden den Eingängen A0, A1, A2 und EN zugeführt.

Bei jeder Betriebsart ist der AUS-Zustand eine offene Schaltung und der EIN-Zustand ein Widerstand mit 40Ω. Pin 3 kann als Eingang oder als Ausgang verwendet werden, abhängig davon, ob die Informationen von acht möglichen Quellen zu sammeln, oder zu acht möglichen Stellen zu verteilen sind.

Der minimale zulässige Lastwiderstand ist 100Ω und es können nicht mehr als 25mA über einen Kanal geleitet werden.

Ein ähnlicher Baustein, jedoch mit einem Adressen-Zwischenspeicher, ist der '4351.

Adresse A2 A1 A0			EN	Durchgeschalteter Kanal
L	L	L	L	0
L	L	H	L	1
L	H	L	L	2
L	H	H	L	3
H	L	L	L	4
H	L	H	L	5
H	H	L	L	6
H	H	H	L	7
X	X	X	H	keiner

Anwendung:

Analog- und Digital-Multiplexen/Demultiplexen, A/D und D/A-Wandlung

Daten:

Durchlauf-Verzögerung	5	ns
Max. Schaltfrequenz	100	MHz

Multiplexer, 8 Kanäle, analog/digital

'4051

'4052

Multiplexer, 2 x 4 Kanäle, analog/digital

Daten:
Durchlauf-Verzögerung 5 ns
Max. Schaltfrequenz 100 MHz

Anwendung:
Analog- und Digital-Multiplexen/Demultiplexen, A/D- und D/A-Wandlung

Adresse		EN	Durchgeschalteter Kanal
A1	A0		
L	L	L	0 und 4
L	H	L	1 und 5
H	L	L	2 und 6
H	H	L	3 und 7
X	X	H	Keiner

Ein ähnlicher Baustein, jedoch mit einem Adressen-Zwischenspeicher, ist der '4352.

Beschreibung:
Dieser Baustein enthält zwei 4-Kanal-Multiplexer/Demultiplexer mit zwei gemeinsamen Adressen- und einem gemeinsamen Freigabe-Eingang.

Betrieb:
Im Analog-Betrieb werden −5V dem Pin 7, digitale Steuersignale mit Low = Masse und High = +5V den Anschlüssen A0, A1 und EN zugeführt. Wenn EN (Enable) High ist, wird kein Kanal ausgewählt. Wenn EN Low ist, werden die gewählten Kanäle durch das Binärwort an den Eingängen A0 und A1 bestimmt. Die Analogsignale können jeden Wert zwischen +5V und −5V besitzen.
Im Digital-Betrieb wird Pin 7 auf Masse gelegt und digitale Steuersignale mit Low = Masse und High = Spannung an Pin 16 werden den Anschlüssen A0, A1 und EN zugeführt.
In jeder Betriebsart stellt der AUS-Zustand eine offene Schaltung und der EIN-Zustand einen Widerstand mit 400Ω dar. Die Anschlüsse 3 und 13 können entweder als Eingang oder als Ausgang verwendet werden, abhängig davon, ob die Informationen von vier möglichen Quellen zu sammeln oder zu vier möglichen Stellen zu verteilen sind.
Der minimale zulässige Lastwiderstand ist 100Ω und es können nicht mehr als 25mA über einen Kanal geleitet werden.

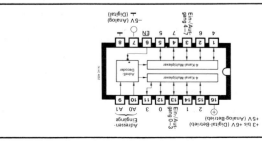

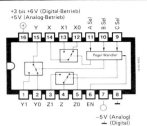

+3 bis +6 V (Digital-Betrieb)
+5 V (Analog-Betrieb)

16	15	14	13	12	11	10	9
Y	X	X1	X0	A Sel	B Sel	C Sel	

Pegel-Wandler

1	2	3	4	5	6	7	8
Y1	Y0	Z1	Z	Z0	EN		

−5 V (Analog)
⏚ (Digital)

Beschreibung:
Dieser Baustein enthält drei 2-Kanal-Multiplexer/Demultiplexer mit getrennten Steuer-Eingängen und einem gemeinsamen Freigabe-Eingang.

Betrieb:
Beim Analog-Betrieb werden −5 V dem Pin 7, digitale Steuersignale mit Low = Masse und High = +5 V den Anschlüssen EN, ASel, BSel und CSel zugeführt. Wenn EN High ist, werden keine Kanäle ausgewählt. Wenn EN Low ist, hängen die gewählten Kanäle von den Eingangssignalen an A, B und CSel ab. Wenn zum Beispiel ASel Low ist, wird X0 mit X verbunden. Wenn ASel High ist, wird X1 mit X verbunden. Ähnliches gilt für die Y- und Z-Kanäle.

Beim Digital-Betrieb wird Pin 7 auf Masse gelegt und digitale Steuersignale mit Low = Masse und High = Spannung an Pin 16 werden den Anschlüssen ASel, BSel, CSel und EN zugeführt.

Bei jeder Betriebsart ist der AUS-Zustand eine offene Schaltung und der EIN-Zustand ein Widerstand mit 40 Ω. Die Pins 4, 14 und 15 können entweder als Eingang oder als Ausgang verwendet werden, abhängig davon, ob die Informationen von zwei möglichen Quellen zu sammeln oder auf zwei mögliche Stellen zu verteilen sind.

Der minimale zulässige Lastwiderstand beträgt 100 Ω und es dürfen nicht mehr als 25 mA über einen Kanal geleitet werden.

Ein ähnlicher Baustein, jedoch mit einem Adressen-Zwischenspeicher ist der '4353.

Steuer-Eingänge			EIN-Schalter
EN	Auswahl (Select) C B A		
L	L	L L	Z0 Y0 X0
L	L	L H	Z0 Y0 X1
L	L	H L	Z0 Y1 X0
L	L	H H	Z0 Y1 X1
L	H	L L	Z1 Y0 X0
L	H	L H	Z1 Y0 X1
L	H	H L	Z1 Y1 X0
L	H	H H	Z1 Y1 X1
H	X	X X	keiner

Anwendung:
Analog- und Digital-Multiplexen/Demultiplexen, A/D- und D/A-Wandlung

Daten:
Durchlauf-Verzögerung	5	ns
Max. Schaltfrequenz	100	MHz

Multiplexer, 3 x 2 Kanäle, analog/digital

'4053

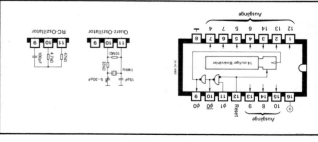

'4060

Binärzähler, 14-stufig (÷ 16348) asynchron (mit internem Oszillator)

Daten:
Maximale Zählfrequenz   60 MHz

Anwendung:
Zähler-Steuerungen, Zeitgeber, Frequenz-Teiler, Zeitverzögerungs-Schaltungen

ϕ1	Reset	Funktion
X	H	Zähler wird gelöscht
⌐	L	ϕ0 geht auf High ϕ0 geht auf Low zählt um einen Schritt weiter
⌐	L	keine Änderung

Beschreibung:
Dieser Baustein enthält einen Binärzähler, der in 14 Stufen aufwärts zählt, wobei jedoch nicht alle Stufen herausgeführt sind.

Betrieb:
Der Reset-Eingang wird normalerweise auf Low gehalten. Bei jedem HL-Übergang (negative Flanke) des Taktes, schreitet der Zähler um eine Zählung weiter. Der Ausgang 4 teilt den Eingangstakt durch 2^4 = 16, bis zum Ausgang 14, der durch 2^{14} = 16348 teilt. Es sind keine Ausgänge für die Teilung durch 2, 4 8 und 2048 verfügbar.

Die beiden Inverter am Eingang können zum Aufbau eines internen Oszillators verwendet werden.

Die Beschaltung für einen Quarz-Oszillator und einen RC-Oszillator sind in der obigen Schaltung dargestellt.

Bei Verwendung eines externen Taktes sorgt eine Schmitt-Trigger-Funktion am Taktein-gang ϕ1 dafür, daß auch Taktsignale mit großen Anstiegs- und Abfallzeiten verwendet werden können.

Wird der Reset-Eingang auf High gebracht, werden alle Zählerstufen auf Null zurückge-setzt. Während dieser Zeit wird der interne Oszillator gesperrt.

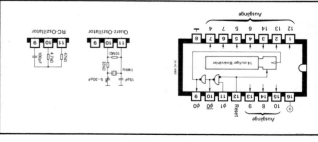

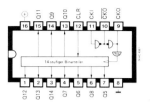

Beschreibung:
Dieser Baustein enthält einen 14-stufigen Binärteiler, sowie die aktiven Elemente für einen Oszillator.

Betrieb:
Von den 14 Stufen des Binärteilers sind die ersten 4 Stufen nicht herausgeführt. Alle übrigen Stufen sind jedoch zugänglich, so daß an den Ausgängen Q5—Q14 eine um den Faktor $2^5 - 2^{14}$ geteilte Eingangsfrequenz entnommen werden kann.
Der Teiler kann extern vom Takteingang CKI aus betrieben werden, wobei ein HL-Übergang an diesem Eingang den Zähler, bzw. Teiler, weiterstellt.
Mit $\overline{CKO}$ und CKI kann entweder ein RC-Oszillator oder ein quarzgesteuerter Oszillator aufgebaut werden.
Ein High an CLR löscht den Zähler (alle Ausgänge auf L), besitzt jedoch keinen Einfluß auf den Oszillator.

Anwendung:
Frequenzteiler, Zeitgeber

Daten:

Max. Taktfrequenz	45	MHz

Binärzähler, 14-stufig, asynchron, mit Oszillator

'4061

'4066

Vier digitale oder analoge Schalter (4x1 Schließer)

Daten:

Durchlauf-Verzögerung	5	ns
Max. Schaltfrequenz	30	MHz

Anwendung:

Schalten oder Multiplexen von analogen oder digitalen Signalen, Ausführung von CMOS-Logikfunktionen (z.B. Inverter), A/D- und D/A-Wandlung, digitale Steuerung von Frequenz, Impedanz, Phase oder Verstärkung von Analog-Signalen

Steuer-Eingang	Schalter
L	Aus
H	Ein

Die Schalter können in jeder beliebigen Weise zusammengeschlossen werden und es besteht kein Unterschied zwischen den Eingangs- und Ausgangs-Anschlüssen jedes Schalters. Wenn zum Beispiel alle vier Schalter mit einem einzigen Anschluß verbunden werden, kann der Baustein als ein 1-aus-4-Datenwähler oder als ein 1-aus-4-Datenverteiler, ein 1-aus-4-Analog-Kommutator oder als ein 1-aus-4-Analog-Multiplexer verwendet werden. Wenn mehr als ein Schalter mit einem gemeinsamen Punkt verbunden wird, muß die externe Logik dafür garantieren, daß jeweils nur ein Schalter zur selben Zeit eingeschaltet ist. Es handelt sich hier um eine verbesserte Version des '4016, und besitzt einen niedrigeren EIN-Widerstand. Der '4016 bleibt jedoch die bessere Wahl für Anwendungen mit extrem niedrigem Reststrom, wie etwa für Sample/Hold-Schaltungen.

Betrieb:

Alle vier Schalter können getrennt oder kombiniert verwendet werden.

Jeder Schalter verbleibt auf AUS, wenn die Steuerspannung gleich der Spannung an Pin 7 ist, und verhält sich wie eine sehr hohe Impedanz. Wenn die Steuerspannung gleich der Spannung an Pin 14 ist, geht der Schalter auf EIN und verhält sich wie ein nahezu linearer bilateraler Widerstand von 90Ω.

Die über den Schalter geführten Signale können entweder digital oder analog sein, dürfen jedoch niemals die Spannung an Pin 14 überschreiten oder unter die Spannung von Pin 7 gehen.

Beschreibung:

Dieser Baustein enthält vier getrennte bilaterale Schalter für stromrichtungsunabhängige Schaltanwendungen.

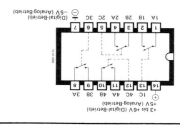

+3 bis +6V (Digital-Betrieb)
+5V (Analog-Betrieb)
(Digital-Betrieb)
−5V (Analog-Betrieb)

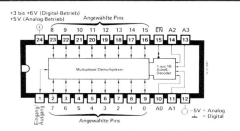

Beschreibung:
Dieser Baustein enthält einen Multiplexer/Demultiplexer mit 16 Kanälen für analoge und digitale Daten.

Betrieb:
Beim Analog-Betrieb wird −5V Pin 12 zugeführt und +5V Pin 24. Der gewählte Kanal wird durch die Logikpegel an A0−A3 bestimmt. Hierbei wird Low als −5V und High als +5V definiert.

Beim Digital-Betrieb legt man Pin 12 an Masse und +3 bis +12V an Pin 24. Low ist dann Masse und High die Spannung an Pin 24.

In beiden Fällen bewirkt ein Low an $\overline{EN}$ (Enable), daß der ausgewählte Kanal durchgeschaltet ist. Ein High an $\overline{EN}$ schaltet alle Kanäle auf AUS, unabhängig von A0−A1.

Beim Umschalten der Adresse können sich zwei Kanäle kurzzeitig (einige ns) überlappen.

Adresse				$\overline{EN}$	Durchgeschalteter Kanal
A3	A2	A1	A0		
L	L	L	L	L	0
L	L	L	H	L	1
L	L	H	L	L	2
L	L	H	H	L	3
L	H	L	L	L	4
L	H	L	H	L	5
L	H	H	L	L	6
L	H	H	H	L	7
H	L	L	L	L	8
H	L	L	H	L	9
H	L	H	L	L	10
H	L	H	H	L	11
H	H	L	L	L	12
H	H	L	H	L	13
H	H	H	L	L	14
H	H	H	H	L	15
X	X	X	X	H	keiner

Anwendung:
Analog- und Digital-Multiplexen und Demultiplexen, A/D- und D/A-Wandlung, Signalverarbeitung

Daten:
Auswahl- und Sperr-Verzögerungszeiten   15   ns

Multiplexer/Demultiplexer, 16 Kanäle, analog/digital

'4067

'4072

Zwei ODER-Gatter mit je 4 Eingängen

Daten:
Durchlauf-Verzögerung 8 ns

Anwendung:
Realisierung von ODER-Funktionen

Eingänge				Ausgang
A	B	C	D	Y
H	X	X	X	H
X	H	X	X	H
X	X	H	X	H
X	X	X	H	H
L	L	L	L	L

Betrieb:
Beide ODER-Gatter können unabhängig voneinander verwendet werden.
Bei jedem Gatter ist mit einem oder mehreren Eingängen auf High der Ausgang High. Sind
alle 4 Eingänge Low, wird der Ausgang Low sein.

Beschreibung:
Dieser Baustein enthält zwei getrennte ODER-Gatter mit je 4 Eingängen.

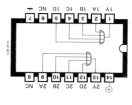

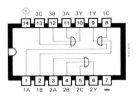

Beschreibung:
Dieser Baustein enthält drei getrennte ODER-Gatter mit je 3 Eingängen.

Betrieb:
Alle drei ODER-Gatter können unabhängig voneinander verwendet werden.
Bei jedem Gatter liefert ein oder mehrere Eingänge mit High einen Ausgang mit High.
Sind alle drei Eingänge Low, wird der Ausgang Low sein.

Eingänge			Ausgang
A	B	C	Y
H	X	X	H
X	H	X	H
X	X	H	H
L	L	L	L

Anwendung:
Realisierung von ODER-Funktionen

Daten:
Durchlauf-Verzögerung　　　　　　　　　　　　　　11　　ns

Drei ODER-Gatter mit je 3 Eingängen

'4075

'4078

ODER/NOR-Gatter mit 8 Eingängen

Daten:
Durchlauf-Verzögerung   12   ns

Anwendung:
Realisierung von NOR-Funktionen

Eingänge	Ausgänge	
	NOR	**ODER**
Ein oder mehrere Eingänge H	L	H
Alle Eingänge L	H	L

Beschreibung:
Dieser Baustein enthält ein einzelnes NOR-Gatter mit 8 Eingängen.

Betrieb:
Wenn einer oder mehrere Eingänge High sind, wird der NOR-Ausgang Low sein. Wenn alle 8 Eingänge Low sind, wird der NOR-Ausgang High sein.
Der ODER-Ausgang ist dagegen High, wenn ein oder mehrere Eingänge High sind. Sind alle 8 Eingänge Low, so ist der ODER-Ausgang ebenfalls Low.

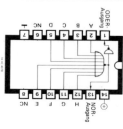

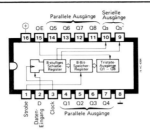

Beschreibung:
Dieser Baustein enthält ein achtstufiges Schieberegister, ein 8-Bit-Speicherregister sowie Tristate-Ausgänge.

Betrieb:
Die Daten werden dem Eingang D zugeführt. Bei jedem LH-Übergang (positive Flanke) des Taktes an Pin 3 werden die an D befindlichen Daten übernommen und die bereits im Schieberegister befindlichen Daten um eine Stelle weitergeschoben.

Wenn der Strobe-Eingang High ist, werden die Daten zum Speicherregister übertragen. Wenn der Anschluß Output-Enable (OE) auf High liegt, erscheinen die Daten an den Ausgängen Q1–Q8. Liegt dieser Anschluß auf Low, so werden die Ausgänge Q1–Q8 hochohmig.

Zwei serielle Ausgänge Qs und Q's dienen zum Kaskadieren mehrerer '4094. Am seriellen Ausgangs-Anschluß Qs sind die Daten an den positiven Taktflanken verfügbar, wodurch eine hohe Arbeitsgeschwindigkeit in kaskadierten Systemen möglich ist. Die gleichen seriellen Informationen sind am Q's-Anschluß bei der nächsten negativen Taktflanke verfügbar.

	Eingänge			Ausgänge			
Clock	OE	Strobe	D	Q1	Qn	Qs	Q's
⌐	H	H	L	L	Qn-1	Q7	k.Ä.
⌐	H	H	H	H	Qn-1	Q7	k.Ä.
⌐	H	L	X	k.Ä.	k.Ä.	Q7	k.Ä.
⌐	L	X	X	Z	X	Q7	k.Ä.
⌐	H	X	X	k.Ä.	k.Ä.	k.Ä.	Qs
⌐	L	X	X	Z	Z	k.Ä.	Qs

k.Ä. = keine Änderung

Anwendung:
Umwandlung serieller in parallele Daten, Fernsteuerung von Zwischenregistern, Speicher-Anwendungen in Bus-Systemen

Daten:
Maximale Taktfrequenz	40	MHz

Schieberegister, 8-stufig, mit Zwischenspeicher (TS)

'4094

'4102

8-stufiger voreinstellbarer synchroner Abwärtszähler (2 BCD-Zähler)

Daten:
Maximale Taktfrequenz   47   MHz

Anwendung:
Zähler mit einem Teilerfaktor von N, programmierbare Zeitgeber, Zeitgeber für Unterbrechungen, Zyklus/Befehls-Zähler

Steuer-Eingänge				Voreinstellung	Aktion
CLR	APE	SPE	CI/CE		
H	H	H	H	Synchron	Zähler gesperrt
H	H	H	L	Synchron	Abwärtszählung
H	H	L	X	Synchron	Voreinstellung bei der nächsten pos. Taktfl.
H	L	X	X	Asynchron	Asynchrone Voreinstllg.
L	X	X	X	Asynchron	Löschen auf max. Zählg.

Dieser Baustein ist pin- und funktionskompatibel mit dem '40102.

Beschreibung:
Dieser Baustein enthält einen 8-stufigen synchronen, voreinstellbaren Abwärtszähler, der ein Signal abgibt, wenn die Zählung Null erreicht.

Betrieb:
Alle Steuereingänge und der Ausgang Carry-Out/Zero Detect ($\overline{CO/ZD}$) sind aktiv Low.
Der Zähler wird um 1 bei jeder positiven Taktflanke dekrementiert (um 1 verringert). Der Takt ist gesperrt, wenn der Anschluß Carry-In/Counter-Enable ($\overline{CI/CE}$) High ist. Wenn der Zähler 0 erreicht, so geht der Ausgang $\overline{CO/ZD}$ auf Low und verbleibt während einer vollen Taktperiode auf Low.
Die an den Anschlüssen PO–P7 liegenden Daten werden in den Zähler bei der nächsten Taktflanke geladen, wenn der Anschluß Synchronous-Preset-Enable ($\overline{SPE}$) Low ist, unabhängig vom Zustand des $\overline{CI/CE}$-Einganges. Ist der Anschluß Asynchronous-Preset-Enable ($\overline{APE}$) Low, so werden die an den Eingängen PO–P7 liegenden Daten in den Zähler geladen, unabhängig vom Zustand von $\overline{SPE}$, $\overline{CI/CE}$ oder Takt.
Die Eingänge PO–P7 stellen zwei BCD-Worte dar. Macht man Clear ($\overline{CLR}$) Low, so wird der Zähler asynchron auf seine maximale Zählung (99_{10}) geladen, unabhängig vom Zustand der anderen Eingänge. Wenn in dem Augenblick, in dem die Zählung Null erreicht, alle Steuereingänge High sind, wird der Zähler auf seine maximale Zählung springen, wodurch sich eine Zählsequenz von 100 ergibt.

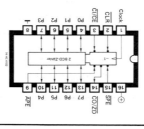

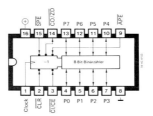

Beschreibung:
Dieser Baustein enthält einen 8-stufigen synchronen, voreinstellbaren Abwärtszähler, der ein Signal abgibt, wenn die Zählung Null erreicht.

Betrieb:
Alle Steuereingänge und der Ausgang Carry-Out/Zero Detect ($\overline{CO/ZD}$) sind aktiv Low. Der Zähler wird um 1 bei jeder positiven Taktflanke dekrementiert (um 1 verringert). Der Takt ist gesperrt, wenn der Anschluß Carry-In/Counter-Enable ($\overline{CI/CE}$) High ist. Wenn der Zähler 0 erreicht, so geht der Ausgang $\overline{CO/ZD}$ auf Low und verbleibt während einer vollen Taktperiode auf Low.

Die an den Anschlüssen P0—P7 liegenden Daten werden in den Zähler bei der nächsten Taktflanke geladen, wenn der Anschluß Synchronous-Preset-Enable ($\overline{SPE}$) Low ist, unabhängig vom Zustand des $\overline{CI/CE}$-Einganges. Ist der Anschluß Asynchronous-Preset-Enable ($\overline{APE}$) Low, so werden die an den Eingängen P0—P7 liegenden Daten in den Zähler geladen, unabhängig vom Zustand von $\overline{SPE}$, $\overline{CI/CE}$ oder Takt.

Die Eingänge P0—P7 stellen ein einzelnes 8-Bit-Binärwort dar. Macht man Clear ($\overline{CLR}$) Low, so wird der Zähler asynchron auf seine maximale Zählung (255_{10}) geladen, unabhängig vom Zustand der anderen Eingänge. Wenn in dem Augenblick, in dem die Zählung Null erreicht, alle Steuereingänge High sind, wird der Zähler auf seine maximale Zählung springen, wodurch sich eine Zählsequenz von 256 ergibt.

Dieser Baustein ist pin- und funktionskompatibel mit dem '40103.

$\overline{CLR}$	Steuer-Eingänge			Voreinstellung	Aktion
	$\overline{APE}$	$\overline{SPE}$	$\overline{CI/CE}$		
H	H	H	H		Zähler gesperrt
H	H	H	L	Synchron	Abwärtszählung
H	H	L	X		Voreinstellung bei der nächsten pos. Taktfl.
H	L	X	X	Asynchron	Asynchrone Voreinstllg.
L	X	X	X		Löschen auf max. Zählg.

Anwendung:
Zähler mit einem Teilerfaktor von N, programmierbare Zeitgeber, Zeitgeber für Unterbrechungen, Zyklus/Befehls-Zähler

Daten:

Maximale Taktfrequenz	47	MHz

8-stufiger voreinstellbarer synchroner Abwärtszähler (8-Bit-Binärzähler)

'4103

'4316

Vier digitale oder analoge Schalter (4x1 Schließer) mit Pegelwandler

Max. Strom je Schalter	±25	mA
Max. Schaltfrequenz	100	MHz
Daten:		
EIN-Widerstand: Digital (+5V)	50	Ω
Analog (±5V)	30	Ω

Anwendung:

Schalten oder Multiplexen von analogen oder digitalen Signalen, Ausführung von CMOS-Logikfunktionen (z.B. Inverter), A/D- und D/A-Wandler, digitale Steuerung von Frequenz, Impedanz, Phase oder Verstärkung von Analogsignalen.

Steuer-Eingang C	Freigabe G̅	Schalter A—B
L	L	Aus
H	L	Ein
X	H	Aus

Beschreibung:

Dieser Baustein enthält vier getrennte bilaterale Schalter (4 Schließer) zum Schalten digitaler und analoger Signale.

Betrieb:

Alle vier Schalter können getrennt oder kombiniert verwendet werden.

Die Funktion der Schalter ähnelt der der Bausteine '4016 und '4066. Ein High an den Steuereingängen schließt den Schalter, der hierbei einen relativ geringen Widerstand von 30—50Ω besitzt. Ein Low öffnet den Schalter, der einen sehr hohen Isolationswiderstand aufweist.

Gegenüber dem '4016 und '4066 besitzt dieser Baustein einen zusätzlichen Anschluß für die negative Betriebsspannung beim Schalten analoger Signale. Durch Pegelwandler in den Steuerleitungen können auch in diesem Fall die Schalter mit einem Digitalsignal mit High am jeweiligen Steuereingang und Masse als Bezugspotential (an Pin 8) betätigt werden.

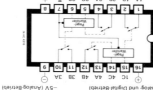

+5V (Analog- und Digital-Betrieb)   −5V (Analog-Betrieb)

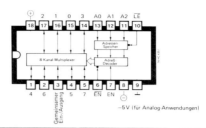

Beschreibung:

Dieser Baustein enthält einen 8-Kanal-Multiplexer für analoge oder digitale Signale mit einem Adressen-Zwischenspeicher.

Betrieb.

A0, A1 und A2 bestimmt, welcher der 8 Kanäle durchgeschaltet ist.

Die Signale an den Adressen-Eingängen können gespeichert werden. Dieser Speicher ist transparent, wenn $\overline{LE}$ High ist. Legt man $\overline{LE}$ auf Low, so wird die Adresse gespeichert.

Für die Adressen-Signale gilt Low = Masse (Pin 9) und High = +5 V. Dies gilt auch zum Schalten von Analog-Signalen. Hierbei legt man Pin 8 an −5 V. Der Eingangs-Spannungsbereich der Analog-Signale beträgt dann ±5 V.

Mit den Freigabe-Eingängen $\overline{EN}$ und EN lassen sich alle Kanäle gleichzeitig auf AUS schalten, egal welche Adresse anliegt, wenn entweder $\overline{EN}$ auf High oder EN auf Low gelegt wird.

Ein ähnlicher Baustein, jedoch ohne Adressen-Zwischenspeicher, ist der '4051.

EN	$\overline{EN}$	$\overline{LE}$	A2	A1	A0	Durchgeschalteter Kanal
H	X	X	X	X	X	keiner
X	L	X	X	X	X	keiner
L	H	H	L	L	L	0
L	H	H	L	L	H	1
L	H	H	L	H	L	2
L	H	H	L	H	H	3
L	H	H	H	L	L	4
L	H	H	H	L	H	5
L	H	H	H	H	L	6
L	H	H	H	H	H	7
L	H	L	X	X	X	letzter gewählter Kanal EIN
X	X	⌐_	X	X	X	gewählter Kanal gespeichert

Anwendung:

Analog- und Digital-Multiplexer/Demultiplexer, A/D- und D/A-Wandler

Daten:

EIN-Widerstand: Digital (+5 V)	50	Ω
Analog (±5 V)	30	Ω
Max. Schaltfrequenz	100	MHz
Max. Strom je Kanal	±25	mA

Multiplexer, 8 Kanäle, analog/digital, mit Adressen-Zwischenspeicher

'4351

'4352

Multiplexer, 2 x 4 Kanäle, analog/digital, mit Adressen-Zwischenspeicher

Daten:

EIN-Widerstand: Digital (+5V)	50	Ω	
Analog (±5V)	30	Ω	
Max. Schaltfrequenz	100	MHz	
Max. Strom je Kanal	±25	mA	

Anwendung:

Analog- und Digital-Multiplexen/Demultiplexen, A/D- und D/A-Wandler

Durchgeschalteter Kanal	EN	EN	LE	A1	A0
keiner	H	X	X	X	X
keiner	X	L	X	X	X
0 und 4	H	H	L	L	L
1 und 5	H	H	L	L	H
2 und 6	H	H	L	H	L
3 und 7	H	H	L	H	H
letzter gewählter Kanal EIN	L	L	H	X	X
gewählter Kanal gespeichert	X	X	H	X	X

Ein ähnlicher Baustein, jedoch ohne Adressen-Zwischenspeicher, ist der '4052.

Beschreibung:

Dieser Baustein enthält zwei 4-Kanal-Multiplexer für analoge und digitale Signale mit gemeinsamer Adressierung und Adressen-Zwischenspeicher.

Betrieb:

Die Adressen A0 und A1 bestimmen, welcher Kanal der beiden Multiplexer zur gleichen Zeit ausgewählt wird. Die Signale an den Adressen-Eingängen können gespeichert werden. Dieser Speicher ist transparent, wenn LE High ist. Legt man LE auf Low, so wird die Adresse gespeichert.

Für die Adressen-Signale gilt Low = Masse (Pin 9) und High = +5V. Dies gilt auch zum Schalten von Analog-Signalen. Hierbei legt man Pin 8 an –5V. Der Eingangs-Spannungsbereich der Analogsignale beträgt dann ±5V.

Mit den Freigabe-Eingängen EN und EN lassen sich alle Kanäle gleichzeitig auf AUS schalten, egal welche Adresse anliegt, wenn EN auf High oder EN auf Low ge-legt wird.

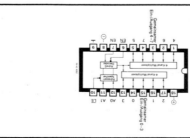

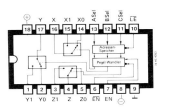

Beschreibung.
Dieser Baustein enthält drei 2-Kanal-Multiplexer für analoge und digitale Signale mit getrennten Auswahl-Eingängen und einem Zwischenspeicher für die Auswahl-Signale.

Betrieb:
Der Pegel an den jeweiligen Auswahl- (Select)Eingängen bestimmt, welcher der zugehörigen Kanäle durchgeschaltet wird. Z.B. verbindet ein Low an ASel X0 mit X, ein High an ASel verbindet X1 mit X. Dasselbe gilt für die Y- und Z-Kanäle.
Die Signale an den Auswahl-Eingängen können gespeichert werden. Dieser Speicher ist transparent, wenn $\overline{LE}$ High ist. Legt man $\overline{LE}$ auf Low, so werden die Auswahl-Signale gespeichert.
Für die Auswahl-Signale gilt Low = Masse (Pin 9) und High = +5V. Dies gilt auch zum Schalten von Analog-Signalen. Hierbei legt man Pin 8 auf −5V. Der Eingangs-Spannungsbereich der Analogsignale beträgt dann ±5V.

Mit den Freigabe-Eingängen $\overline{EN}$ und EN lassen sich alle Kanäle gleichzeitig auf AUS schalten, egal welche Adresse anliegt, wenn entweder $\overline{EN}$ auf High oder EN auf Low gelegt wird.
Ein ähnlicher Baustein, jedoch ohne Speicher für die Auswahl-Signale, ist der '4053.

Freigabe			Auswahl			
$\overline{EN}$	EN	$\overline{LE}$	C	B	A	EIN-Schalter
H	X	X	X	X	X	keiner
X	L	X	X	X	X	keiner
L	H	H	L	L	L	Z0 Y0 X0
L	H	H	L	L	H	Z0 Y0 X1
L	H	H	L	H	L	Z0 Y1 X0
L	H	H	L	H	H	Z0 Y1 X1
L	H	H	H	L	L	Z1 Y0 Y0
L	H	H	H	L	H	Z1 Y0 X1
L	H	H	H	H	L	Z1 Y1 X0
L	H	H	H	H	H	Z1 Y1 X1
L	H	L	X	X	X	letzter gewählter Kanal EIN
X	X	⎍	X	X	X	gewählter Kanal gespeichert

Anwendung:
Analog- und Digital-Multiplexen/Demultiplexen, A/D- und D/A-Wandler

Daten:

EIN-Widerstand: Digital (+5V)	50	Ω
Analog (±5V)	30	Ω
Max. Schaltfrequenz	100	MHz
Max. Strom je Kanal	±25	mA

Multiplexer, 3 x 2 Kanäle, analog/digital, mit Adressen-Zwischenspeicher

'4353

4511

7-Segment-Decoder/Speicher/Treiber

Beschreibung:
Dieser Baustein übernimmt einen BCD-Eingangscode, speichert ihn und wandelt ihn in ein Treibersignal mit positiver Logik für 7-Segment-Anzeigen mit hohem Strom um.

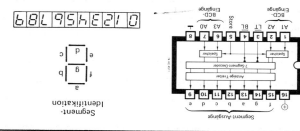

Segment-Identifikation

Betrieb:
Im Normalbetrieb werden LT und BL High gemacht und Store auf Low gelegt. Ein BCD-Eingangscode an den Anschlüssen A0–A3 erscheint als 7-Segment-Ausgangscode mit positiver Logik. Beispielsweise wird 0110 (oder BCD Sechs) an den Eingängen die Ausgänge c, d, e, f und g High machen, und die Ausgänge a und b auf Low. An der "6" oben und "9" unten sind keine Querbalken.

Den Ausgängen können Ströme bis zu 25mA entnommen werden. **Wenn mit diesem Baustein LED-Anzeigen betrieben werden, muß eine Strombegrenzung vorgesehen werden.** Bei einer Betriebsspannung von 5V sind 150Ω ein typischer Wert. Kurzschlüsse an den Ausgängen werden den Baustein zerstören.

Wenn der Store-(Speicher) Eingang High gemacht wird, wird der Wert des BCD-Einganges, der zum Zeitpunkt anliegt, in dem Store auf High geht, intern aufbewahrt. Mit Store auf High wird der letzte Wert für die Anzeige aufbewahrt. Mit Store auf Low wird den Eingangs-Änderungen gefolgt.

Wenn der Blanking-(Austast) Eingang (BL) auf Low geht, gehen alle Ausgänge auf Low, wodurch die Anzeige dunkel gesteuert wird. Dieser Blanking-Eingang kann auch als Helligkeits-Steuerung verwendet werden, indem das Tastverhältnis der impulsförmigen Steuerspannung geändert wird.

Wird der Anschluß Lamp Test (LT) an Masse gelegt, so werden alle Segmente leuchten, unabhängig vom Eingangscode und dem Zustand von BL. Führende Nullen werden nicht automatisch unterdrückt, obwohl jeder ungültige Eingangscode (BCD 10–15) zu einem Verlöschen der Anzeige führt.

Anwendung:
Ansteuerung von LED-Anzeigen mit gemeinsamer Kathode, Multiplexen von LED-Anzeigen mit gemeinsamer Kathode, Ansteuerung von Fluoreszenz-Anzeigen

Daten:
Einschalt-Verzögerung 46 ns
Stromverbrauch abhängig von der Belastung, muß auf max. 25mA je Segment begrenzt werden.

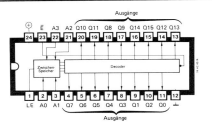

Beschreibung:
Dieser Baustein enthält einen Zwischenspeicher, gefolgt von einem 1-aus-16-Decoder. Er kann verwendet werden, um als Decoder einen von sechzehn Ausgängen High zu machen, oder er kann zur Verteilung von Daten mit positiver Logik auf einen von sechzehn Ausgängen eingesetzt werden.

Betrieb:
Bei normalem Betrieb wird der Eingang LE (Latch Enable) auf High und der Freigabe-Eingang Ē (Enable) auf Low gelegt. Dann geht der über die Adresse A0–A3 gewählte Ausgang auf High.
Legt man LE auf Low, wird die zuletzt an den Adressen-Eingängen A0–A3 liegende Adresse gespeichert und die Ausgänge bleiben auf ihren entsprechenden logischen Pegeln.
Legt man Ē auf High, so gehen alle Ausgänge auf Low. Der Freigabe-Eingang Ē beeinflußt den Inhalt des Adressenspeichers nicht.
Wenn der Baustein als Demultiplexer verwendet wird, ist Ē der Daten-Eingang und A0–A3 sind die Adressen-Eingänge.

Eingänge					Ausgänge															
Ē	A0	A1	A2	A3	Q0	Q1	Q2	Q3	Q4	Q5	Q6	Q7	Q8	Q9	Q10	Q11	Q12	Q13	Q14	Q15
H	X	X	X	X	L	L	L	L	L	L	L	L	L	L	L	L	L	L	L	L
L	L	L	L	L	H	L	L	L	L	L	L	L	L	L	L	L	L	L	L	L
L	H	L	L	L	L	H	L	L	L	L	L	L	L	L	L	L	L	L	L	L
L	L	H	L	L	L	L	H	L	L	L	L	L	L	L	L	L	L	L	L	L
L	H	H	L	L	L	L	L	H	L	L	L	L	L	L	L	L	L	L	L	L
L	L	L	H	L	L	L	L	L	H	L	L	L	L	L	L	L	L	L	L	L
L	H	L	H	L	L	L	L	L	L	H	L	L	L	L	L	L	L	L	L	L
L	L	H	H	L	L	L	L	L	L	L	H	L	L	L	L	L	L	L	L	L
L	H	H	H	L	L	L	L	L	L	L	L	H	L	L	L	L	L	L	L	L
L	L	L	L	H	L	L	L	L	L	L	L	L	H	L	L	L	L	L	L	L
L	H	L	L	H	L	L	L	L	L	L	L	L	L	H	L	L	L	L	L	L
L	L	H	L	H	L	L	L	L	L	L	L	L	L	L	H	L	L	L	L	L
L	H	H	L	H	L	L	L	L	L	L	L	L	L	L	L	H	L	L	L	L
L	L	L	H	H	L	L	L	L	L	L	L	L	L	L	L	L	H	L	L	L
L	H	L	H	H	L	L	L	L	L	L	L	L	L	L	L	L	L	H	L	L
L	L	H	H	H	L	L	L	L	L	L	L	L	L	L	L	L	L	L	H	L
L	H	H	H	H	L	L	L	L	L	L	L	L	L	L	L	L	L	L	L	H

Anwendung:
Digitales Multiplexen, Adressen-Decodierung, Hexadezimal/BCD-Decodierung, Befehls-zähler-Decodierung, Steuerungs-Decodierung

Daten:

Durchlauf-Verzögerung	23	ns

1-aus16-Decoder/Demultiplexer mit Eingangs-Speicher (High-Ausgang)

'4514

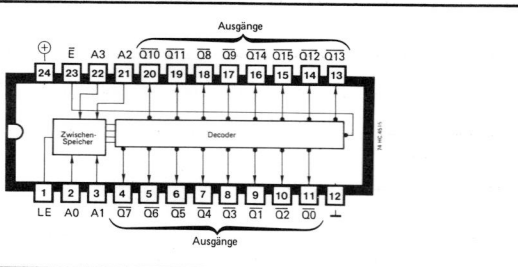

Beschreibung:

Dieser Baustein enthält einen Zwischenspeicher, gefolgt von einem 1-aus-16-Decoder. Er kann verwendet werden, um als Decoder einen von sechzehn Ausgängen Low zu machen, oder er kann zur Verteilung von Daten mit positiver Logik auf einen von sechzehn Ausgängen eingesetzt werden.

Betrieb:

Bei normalem Betrieb wird der Eingang LE (Latch Enable) auf High und der Freigabe-Eingang $\overline{E}$ (Enable) auf Low gelegt. Dann geht der über die Adresse A0–A3 gewählte Ausgang auf Low.

Legt man LE auf Low, wird die zuletzt an den Adressen-Eingängen A0–A3 liegende Adresse gespeichert und die Ausgänge bleiben auf ihren entsprechenden logischen Pegeln. Legt man $\overline{E}$ auf High, so gehen alle Ausgänge auf High. Der Freigabe-Eingang $\overline{E}$ beeinflußt den Inhalt des Adressenspeichers nicht.

Wenn der Baustein als Demultiplexer verwendet wird, ist $\overline{E}$ der Daten-Eingang und A0–A3 sind die Adressen-Eingänge.

Eingänge					Ausgänge															
$\overline{E}$	A0	A1	A2	A3	$\overline{Q0}$	$\overline{Q1}$	$\overline{Q2}$	$\overline{Q3}$	$\overline{Q4}$	$\overline{Q5}$	$\overline{Q6}$	$\overline{Q7}$	$\overline{Q8}$	$\overline{Q9}$	$\overline{Q10}$	$\overline{Q11}$	$\overline{Q12}$	$\overline{Q13}$	$\overline{Q14}$	$\overline{Q15}$
H	X	X	X	X	H	H	H	H	H	H	H	H	H	H	H	H	H	H	H	H
L	L	L	L	L	L	H	H	H	H	H	H	H	H	H	H	H	H	H	H	H
L	H	L	L	L	H	L	H	H	H	H	H	H	H	H	H	H	H	H	H	H
L	L	H	L	L	H	H	L	H	H	H	H	H	H	H	H	H	H	H	H	H
L	H	H	L	L	H	H	H	L	H	H	H	H	H	H	H	H	H	H	H	H
L	L	L	H	L	H	H	H	H	L	H	H	H	H	H	H	H	H	H	H	H
L	H	L	H	L	H	H	H	H	H	L	H	H	H	H	H	H	H	H	H	H
L	L	H	H	L	H	H	H	H	H	H	L	H	H	H	H	H	H	H	H	H
L	H	H	H	L	H	H	H	H	H	H	H	L	H	H	H	H	H	H	H	H
L	L	L	L	H	H	H	H	H	H	H	H	H	L	H	H	H	H	H	H	H
L	H	L	L	H	H	H	H	H	H	H	H	H	H	L	H	H	H	H	H	H
L	L	H	L	H	H	H	H	H	H	H	H	H	H	H	L	H	H	H	H	H
L	H	H	L	H	H	H	H	H	H	H	H	H	H	H	H	L	H	H	H	H
L	L	L	H	H	H	H	H	H	H	H	H	H	H	H	H	H	L	H	H	H
L	H	L	H	H	H	H	H	H	H	H	H	H	H	H	H	H	H	L	H	H
L	L	H	H	H	H	H	H	H	H	H	H	H	H	H	H	H	H	H	L	H
L	H	H	H	H	H	H	H	H	H	H	H	H	H	H	H	H	H	H	H	L

Anwendung:

Digitales Multiplexen, Adressen-Decodierung, Steuerungs-Decodierung

Daten:

Durchlauf-Verzögerung	23	ns

1-aus-16-Decoder/Demultiplexer mit Eingangs-Speicher (Low-Ausgang)

'4515

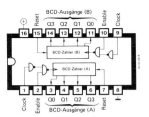

Beschreibung:
Dieser Baustein enthält zwei getrennte synchrone Zähler mit einem Teilerfaktor von 10 unter Verwendung des BCD-1-2-4-8-Ausgangscodes. Sie zählen nur in der Aufwärts-Richtung und sind nicht voreinstellbar. Jeder Zähler kann einzeln verwendet werden.

Betrieb:
Normalerweise liegt Reset auf Masse und Enable auf High. Mit diesen Verbindungen schreitet der Zähler um eine Zählung bei jedem LH-Übergang (positive Flanke) des Taktes fort. Die Ausgänge folgen dem 1-2-4-8-BCD-Code und ändern synchron ihren Zustand ohne wesentliche Verzögerungen.

Als Option können Reset und Clock auf Masse gelegt werden. Bei dieser Bedingung wird der HL-Übergang (negative Flanke) des Enable-Eingangs den Zähler um eine Zählung weiterstellen. Dies ist nützlich bei Triggerung mit der negativen Flanke und beim Kaska-dieren von Dekaden.

Wenn Reset High gemacht wird, geht der Zähler in seinen 0000-Zustand und verbleibt dort, auch wenn Reset wieder zu einem Low-Zustand zurückkehrt. Das Löschen des Zählers erfolgt asynchron, d.h. unabhängig vom Takt.

Man kann mehrere Zähler kaskadieren, indem man Q3 mit dem Enable-Eingang der fol-genden Stufe verbindet und deren Takteingang auf Low legt.

Diese Zähler dagegen werden synchron kaskadiert, indem sie gemeinsam getaktet werden und ein positiver Logik-Zustand 9 (8 UND 1) des ersten Zählers festgestellt und dieser dem Enable-Eingang des nächsten Zählers zugeführt wird.

Der '4520 ist ein ähnlicher Zähler, der im Binärcode arbeitet.

Clock	Enable	Reset	Operation
⌐_	H	L	Zählung
L	⌐⌐	L	Zählung
⌐⌐	X	L	keine Änderung
X	⌐_	L	keine Änderung
⌐_	L	L	keine Änderung
H	⌐⌐	L	keine Änderung
X	X	H	Q0−Q3 = Low

Anwendung:
Mehrstufige Zähler, Frequenzteiler

Daten:
Maximale Taktfrequenz 60 MHz

Zwei synchrone Dezimalzähler

'4518

'4520

Zwei synchrone Binärzähler (Teilung durch 16)

Anwendung:
Mehrstufige Zähler, Frequenzteiler

Daten:
Maximale Taktfrequenz   60   MHz

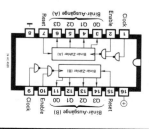

Clock	Reset	Enable	Operation
⌐_	H	L	Zählung
_⌐	L	⌐_	Zählung
X	X	L	Keine Änderung
_⌐	L	_⌐	Keine Änderung
⌐_	L	⌐_	Keine Änderung
H	L	_⌐	Keine Änderung
X	X	H	Q0–Q3 = Low

Der '4518 ist ein ähnlicher Zähler, der im BCD-Code arbeitet.

Beschreibung:
Dieser Baustein enthält zwei getrennte Zähler mit einem Teilerfaktor von 16 unter Verwendung des binären 1-2-4-8-Ausgangscodes. Sie zählen nur aufwärts und sind nicht voreinstellbar. Jeder Zähler kann einzeln verwendet werden.

Betrieb:
Normalerweise liegt Reset auf Masse und Enable auf High. Bei diesen Verbindungen schreitet der Zähler um eine Zählung bei jedem LH-Übergang (positive Flanke) des Taktes fort. Die Ausgänge folgen dem 1-2-4-8-Binärcode und ändern alle ihren Zustand synchron, ohne wesentliche Verzögerung.

Als Option können Reset und Clock auf Masse gelegt werden. Bei dieser Bedingung wird der HL-Übergang (negative Flanke) des Enable-Eingangssignales den Zähler um 1 weiterstellen. Dies ist nützlich für Triggerung mit einer negativen Flanke und für das Kaskadieren von Dekaden.

Wenn Reset auf High gelegt wird, nimmt der Zähler den Zustand 0000 an und verbleibt dort, auch wenn Reset wiederum in Low-Zustand gebracht wird. Das Löschen des Zählers erfolgt asynchron, d.h. unabhängig vom Takt.

Man kann mehrere Zähler kaskadieren, indem man Q3 mit dem Enable-Eingang der folgenden Stufe verbindet und deren Takteingang auf Low legt.

Diese Zähler werden synchron kaskadiert, indem sie gemeinsam getaktet werden und ein positiver Logik-Zustand 15 (1 UND 2 UND 4 UND 8) am ersten Zähler festgestellt und dieser zum Enable-Eingang des nächsten Zählers geführt wird.

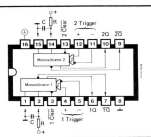

Beschreibung:
Dieser Baustein enthält zwei retriggerbare Präzisions-Monovibratoren mit komplementären Ausgängen und Lösch-Eingängen.

Betrieb:
Die Dauer des abgegebenen Impulses (EIN-Zeit) hängt von der Zeitkonstanten RxC ab:
t = 0.7 x R.C. Bei +5V Betriebsspannung sollte R nicht unter 1 kΩ liegen.
Am Eingang "−Trigger" wird der Monovibrator mit der negativen Flanke des Eingangssignals getriggert. Der "+Trigger"-Eingang muß hierbei auf High liegen.
Am Eingang "+Trigger" kann mit der positiven Flanke (LH-Übergang) des Eingangssignals getriggert werden. Der "−Trigger"-Eingang muß hierbei auf Low liegen.
Der Baustein kann in bereits getriggertem Zustand jederzeit erneut getriggert werden, d.h. wenn mehr als eine Triggerflanke während der EIN-Zeit eintrifft, bestimmt das RC-Produkt die Länge der Verzögerung nach der letzten Triggerflanke.
Beide Eingänge besitzen eine Schmitt-Trigger-Funktion, so daß auch mit langsam ansteigenden Signalen getriggert werden kann.
Der Lösch- (Clear)Eingang liegt normalerweise auf High. Wird er auf Low gelegt, so bringt er die Schaltung in einen Zustand mit Q = Low und $\overline{Q}$ = High.

Eingänge		Ausgänge	
Trigger	**Clear**	**Q**	**$\overline{Q}$**
+ −			
⎍ H	H	⎍	⎍
L ⎍	H	⎍	⎍
X L	H	keine Triggerung	
H X	H	keine Triggerung	
X X	L	L	H

Anwendung:
Impuls-Verzögerung und Zeitgeber, Impuls-Formung

Daten:
Minimale Breite des Eingangsimpulses	8	ns
Minimale Breite des Ausgangsimpulses	150	µs

Zwei retriggerbare Präzisions-Monovibratoren, mit Löschen

'4538

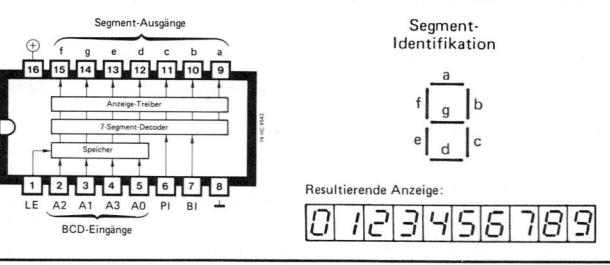

Segment-Identifikation

Resultierende Anzeige:

Beschreibung:
Dieser Baustein enthält einen BCD-zu-7-Segment-Decoder und Treiber mit Eingangsregister (Speicher) für LC- oder LED-Anzeigen.

Betrieb:
Wenn der Eingang LE (Latch Enable = Speicher-Freigabe) High ist, wird der Zustand der Segment-Ausgänge (a–g) durch die Daten an dem BCD-Eingängen A0–A3, sowie durch das Potential am Eingang PI (Phasen-Eingang) bestimmt.

Zur Ansteuerung von Flüssigkristall-Anzeigen (LCD) muß Pin 6 (PI) eine Rechteckspannung zugeführt werden. Für LED-Anzeigen mit gemeinsamer Kathode muß Pin 6 Low, und für LED-Anzeigen mit gemeinsamer Anode High sein. Geht LE auf Low, so werden die zuletzt an A0–A3 liegenden Daten gespeichert.

Ein High am Austast-Eingang BI (Blanking Input) bringt alle Segment-Ausgänge auf Low, hat aber keinen Einfluß auf den Inhalt des Eingangsregisters.

Bei Zuführung eines illegalen Codes (binär A–F) wird die Anzeige dunkel gesteuert.

Eingänge							Ausgänge							Anzeige
LE	BI	PI	A3	A2	A1	A0	a	b	c	d	e	f	g	
X	H	L	X	X	X	X	L	L	L	L	L	L	L	dunkel
H	L	L	L	L	L	L	H	H	H	H	H	H	L	0
H	L	L	L	L	L	H	L	H	H	L	L	L	L	1
H	L	L	L	L	H	L	H	H	L	H	H	L	H	2
H	L	L	L	L	H	H	H	H	H	H	L	L	H	3
H	L	L	L	H	L	L	L	H	H	L	L	H	H	4
H	L	L	L	H	L	H	H	L	H	H	L	H	H	5
H	L	L	L	H	H	L	H	L	H	H	H	H	H	6
H	L	L	L	H	H	H	H	H	H	L	L	L	L	7
H	L	L	H	L	L	L	H	H	H	H	H	H	H	8
H	L	L	H	L	L	H	H	H	H	H	L	H	H	9
H	L	L	H	X	H	X	L	L	L	L	L	L	L	dunkel
H	L	L	H	H	X	X	L	L	L	L	L	L	L	dunkel
L	L	L	X	X	X	X	—	—	—	—	—	—	—	
↑	↑	H		↑			Invers zu obigen Ausgangspegeln							Anzeige wie oben

↑ = gleich wie obige Kombinationen
– – = hängt von dem BCD-Code ab, der vorher bei LE = H zugeführt wurde.

Anwendung:
Anzeigensteuerung für Zähler, Uhren etc.

Daten:
Maximaler Ausgangsstrom je Segment   10   mA

BCD-zu-7-Segment-Decoder/Speicher/Treiber für LC- oder LED-Anzeigen

'4543

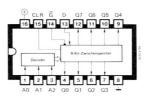

Beschreibung:
Dieser Baustein enthält einen 8-Bit-Zwischenspeicher, der als Speicherregister mit serieller Eingabe und paralleler Ausgabe dienen kann. Ferner ist eine Verwendung als Decoder oder Demultiplexer mit aktiv High möglich.

Betrieb:
Über die Eingänge Clear (CLR) und Freigabe ($\overline{G}$) sind vier Betriebsarten möglich.
1. Adressierbarer Zwischenspeicher: Die Daten am Eingang D werden in den adressierten Speicher geschrieben. Die nicht adressierten Speicher bleiben dabei in ihrem vorherigen Zustand.
2. Speicherbetrieb: Alle Speicherplätze bleiben unverändert, unabhängig vom Zustand des Daten-Eingangs oder der Adressen-Eingänge.
3. Demultiplexen: Der adressierte Ausgang folgt dem Daten-Eingang. Alle übrigen Ausgänge bleiben auf Low.
4. Löschen: Alle Ausgänge gehen auf Low, unabhängig von den Adressen- und Daten-Eingängen.

Adressen-Eingänge			Adressierter
A2	A1	A0	Speicher
L	L	L	0
L	L	H	1
L	H	L	2
L	H	H	3
H	L	L	4
H	L	H	5
H	H	L	6
H	H	H	7

Eingänge		Ausgang des	übrige	Funktion
CLR	$\overline{G}$	adr. Speichers	Ausgänge	
L	L	D	Q_{io}	Adressierbarer Speicher
L	H	Q_{io}	Q_{io}	Speicherung
H	L	D	L	1-zu-8-Demultiplexer
H	H	L	L	Löschen

Anwendung:
Arbeitsregister, Decoder oder Demultiplexer

Daten:
Durchlauf-Verzögerung   18   ns

Adressierbarer 8-Bit-Zwischenspeicher

'4724

'7001

Vier UND-Gatter mit je 2 Schmitt-Trigger-Eingängen

Daten:

Durchlauf-Verzögerung	13	ns

Anwendung:
Realisierung von UND-Funktionen und nicht invertierenden Puffern bei unsauberen Eingangssignalen

Eingänge		Ausgang
A	**B**	**Y**
H	H	H
L	X	L
X	L	L

Beschreibung:
Dieser Baustein enthält vier getrennte UND-Gatter mit je 2 Eingängen, wobei jeder Eingang eine Schmitt-Trigger-Funktion besitzt.

Betrieb:
Alle vier UND-Gatter können unabhängig voneinander betrieben werden.
Bei jedem Gatter wird mit einem oder beiden Eingängen auf Low der Ausgang Low sein.
Sind beide Eingänge High, so wird der Ausgang High sein.
Durch die Schmitt-Trigger-Funktion besitzen die Eingänge unterschiedliche Schwellenspannung für ansteigende und abfallende Eingangssignale. Dadurch ist jedoch ein sicheres Schalten auch bei flachen Flanken oder verrauschten Signalen gewährleistet.
Der Baustein ist pinkompatibel mit dem '08.

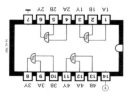

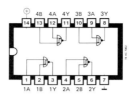

Beschreibung:
Dieser Baustein enthält vier getrennte NOR-Gatter mit je zwei Eingängen, wobei jeder Eingang eine Schmitt-Trigger-Funktion besitzt.

Betrieb:
Alle vier NOR-Gatter mit positiver Logik können unabhängig voneinander verwendet werden. Bei jedem Gatter wird der Ausgang auf Low sein, wenn einer oder beide Eingänge High sind. Sind beide Eingänge Low, so ist der Ausgang High.
Durch die Schmitt-Trigger-Funktion besitzen die Eingänge unterschiedliche Schwellenspannung für ansteigende und abfallende Eingangssignale. Dadurch ist jedoch ein sicheres Schalten auch bei flachen Flanken oder verrauschten Signalen gewährleistet.
Der Baustein ist pinkompatibel mit dem '36.

Eingänge		Ausgang
A	B	Y
H	X	L
X	H	L
L	L	H

Anwendung:
Realisierung von NOR-Funktionen, besonders bei unsauberen Eingangssignalen

Daten:
Durchlauf-Verzögerung   13   ns

Vier NOR-Gatter mit je 2 Schmitt-Trigger-Eingänge

'7002

'7003

Vier NAND-Gatter mit je 2 Schmitt-Trigger-Eingängen

Daten:
Durchlauf-Verzögerung   13   ns

Anwendung:
Realisierung von NAND-Funktionen und invertierenden Puffern bei unsauberen Eingangs-signalen.

Eingänge		Ausgang
A	B	Y
L	X	H
X	L	H
H	H	L

Beschreibung:
Dieser Baustein enthält vier getrennte NAND-Gatter mit je 2 Eingängen, wobei jeder Eingang eine Schmitt-Trigger-Funktion besitzt.

Betrieb:
Alle vier NAND-Gatter können unabhängig voneinander verwendet werden.
Bei jedem Gatter wird mit einem oder beiden Eingängen auf Low der Ausgang High sein.
Sind beide Eingänge High, wird der Ausgang Low sein.
Einen Ausgang mit High erhält man jedoch nur, wenn der Ausgang über einen externen Widerstand an die positive Betriebsspannung gelegt wird.
Damit ist eine verdrahtete ODER-Funktion (Wired-OR) realisierbar. Ferner ist ein direktes Ansteuern einer LED möglich.
Durch die Schmitt-Trigger-Funktion besitzen die Eingänge unterschiedliche Schwellen-spannung für ansteigende und abfallende Eingangssignale. Dadurch ist jedoch ein sicheres Schalten auch bei flachen Flanken oder verrauschten Signalen gewährleistet.
Der Baustein ist pinkompatibel mit dem '03.

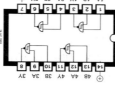

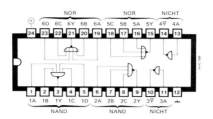

Beschreibung:
Dieser Baustein enthält insgesamt ein NAND-Gatter mit 3 Eingängen, ein NAND-Gatter mit 4 Eingängen, ein NOR-Gatter mit 4 Eingängen, ein NOR-Gatter mit 3 Eingängen, sowie 2 Inverter.

Betrieb:
Alle angeführten Gatter und Inverter können unabhängig voneinander verwendet werden.
Für die NAND-Gatter gilt: Ein oder mehrere Eingänge auf Low ergibt einen Ausgang mit High. Alle Eingänge auf High ergeben einen Ausgang mit Low.
Für die NOR-Gatter gilt: Ein High an einem oder mehreren Eingängen ergibt einen Ausgang mit Low. Sind alle Eingänge auf Low, so geht der Ausgang auf High.

NAND-Gatter mit 3 Eingängen

Eingänge			Ausgang
A	B	C	Y
L	L	L	H
L	L	H	H
L	H	H	H
H	H	H	L

NOR-Gatter mit 3 Eingängen

Eingänge			Ausgang
A	B	C	Y
L	L	L	H
L	L	H	L
L	H	H	L
H	H	H	L

NAND-Gatter mit 4 Eingängen

Eingänge				Ausgang
A	B	C	D	Y
L	X	X	X	H
X	L	X	X	H
X	X	L	X	H
X	X	X	L	H
H	H	H	H	L

NOR-Gatter mit 4 Eingängen

Eingänge				Ausgang
A	B	C	D	Y
H	X	X	X	L
X	H	X	X	L
X	X	H	X	L
X	X	X	H	L
L	L	L	L	H

Anwendung:
Realisierung von NAND-, UND-, NOR-, ODER- und NICHT-Funktionen

Daten:
Durchlauf-Verzögerung   13   ns

Sechs Mehrfunktionsgatter (NAND, NOR, NICHT)

'7006

7022

Oktalzähler mit 8 decodierten Ausgängen und "power-up-reset"

Daten:

Max. Taktfrequenz   50   MHz

Anwendung:

Zähler, Decoder, Frequenzteiler, Teiler durch N

CLK	CLKEN	CLR	Funktion
X	X	H	Löschen, Q0 = H, Q1–Q7 = L
⌐	L	L	Zähler wird weitergestellt
H	⌐	L	Zähler wird weitergestellt

Beschreibung:

Dieser Baustein enthält einen 8-stufigen Johnson-Zähler mit 8 decodierten Ausgängen, einem Übertrags-Ausgang, sowie einem automatischen Löschen beim Einschalten der Betriebsspannung.

Betrieb:

Der Zähler wird beim Einschalten der Betriebsspannung gelöscht, d.h. Q0 = H, Q1–Q7 = L. Die Impulsdauer dieser Löschung kann durch einen externen Kondensator an XCAP festgelegt werden. Nach Ablauf dieses Zeitintervalles geht CLROUT auf High und kann zum Löschen externer Schaltungen verwendet werden (CLROUT ist ein Ausgang mit offenem Drain). Legt man XCAP an die positive Betriebsspannung, so wird diese sogenannte "power-up-reset"-Funktion unwirksam. Ferner ist ein asynchrones Löschen möglich, wenn man CLR kurzzeitig auf High legt.

Jeder der acht decodierten Ausgänge geht so lange auf High, bis der nächste Taktimpuls eintrifft. Takten ist mit der positiven Flanke an CLK oder mit der negativen Flanke an CLKEN möglich. Der Übertrags-Ausgang CO ist High, wenn Q0, Q1, Q2 oder Q3 High ist, und Low, wenn Q4, Q5 Q6 oder Q7 High ist.

Die Arbeitsweise dieses Zählers stimmt bis auf das automatische Löschen beim Einschalten der Betriebsspannung mit dem '4022 überein.

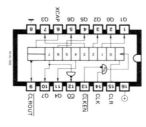

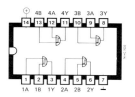

Beschreibung:
Dieser Baustein enthält vier getrennte ODER-Gatter mit je 2 Eingängen, wobei jeder Eingang eine Schmitt-Trigger-Funktion besitzt.

Betrieb:
Alle vier ODER-Gatter können unabhängig voneinander betrieben werden.
Bei jedem Gatter wird mit einem oder beiden Eingängen auf High der Ausgang High sein.
Sind beide Eingänge Low, so wird der Ausgang Low sein.
Durch die Schmitt-Trigger-Funktion besitzen die Eingänge unterschiedliche Schwellenspannung für ansteigende und abfallende Eingangssignale. Dadurch ist jedoch ein sicheres Schalten auch bei flachen Flanken oder verrauschten Signalen gewährleistet.
Der Baustein ist pinkompatibel mit dem '32.

Eingänge		Ausgang
A	B	Y
H	X	H
X	H	H
L	L	L

Anwendung:
Realisierung von ODER-Funktionen und nicht invertierenden Puffern bei unsauberen Eingangssignalen

Daten:
Durchlauf-Verzögerung   13   ns

Vier ODER-Gatter mit je 2 Schmitt-Trigger-Eingängen

'7032

'7074

Multifunktionsbaustein (NAND, NOR, NICHT, Flipflop)

Daten:

Durchlauf-Verzögerung (Gatter)	10	ns
Max. Taktfrequenz (Flipflop)	50	MHz

Anwendung:

Realisierung von ODER-, NOR-, NAND-, UND- und NICHT-Funktionen, Register, Zähler, Steuerschaltungen

NOR-Gatter mit 3 Eingängen

Eingänge			Ausgang
A	B	C	Y
H	X	X	L
X	H	X	L
X	X	H	L
L	L	L	H

D-Flipflop

Eingänge				Ausgänge	
Preset	Reset	Clock	D	Q	Q̄
L	H	X	X	H	L
H	L	X	X	L	H
L	L	X	X	H.*	H.*
H	H	⌐	H	H	L
H	H	⌐	L	L	H
H	H	L	X	keine Änderung
H	H	H	X	keine Änderung
H	H	⌐	X	keine Änderung

*Instabiler Zustand

NAND-Gatter mit 2 Eingängen

Eingänge		Ausgang
A	B	Y
L	X	H
X	L	H
H	H	L

Betrieb:

Alle Inverter, Gatter und Flipflops können unabhängig voneinander verwendet werden.

1. NAND-Gatter: Mit einem oder beiden Eingängen auf Low wird der Ausgang High. Sind beide Eingänge High, so wird der Ausgang Low.
2. NOR-Gatter: Der Ausgang ist Low, wenn einer oder beide Eingänge High sind. Sind beide Eingänge Low, so ist der Ausgang High.
3. Flipflop: Siehe Beschreibung '74.

Beschreibung:

Dieser Baustein enthält zwei Inverter, ein NAND-Gatter mit 2 Eingängen, ein NOR-Gatter mit 2 Eingängen, sowie zwei D-Flipflops mit Voreinstellung und Löschen.

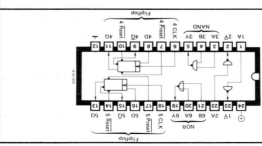

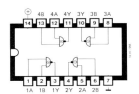

Beschreibung:
Dieser Baustein enthält vier getrennte Exklusiv-NOR-Gatter mit je 2 Eingängen.

Betrieb:
Alle vier Exklusiv-NOR-Gatter können unabhängig voneinander verwendet werden.
Bei jedem Gatter ist, wenn ein Eingang, jedoch nicht beide High sind, der Ausgang Low.
Wenn beide Eingänge High oder beide Eingänge Low sind, wird der Ausgang High sein.
Das Gatter kann als Komparator verwendet werden, der bei identischen Eingangssignalen
einen Ausgang mit High ergibt, und bei unterschiedlichen Eingangssignalen einen Ausgang
mit Low. Er kann auch als steuerbarer Inverter verwendet werden, indem ein High an
einem Eingang durchläßt, was am anderen Eingang liegt, ein Low invertiert das Eingangssignal.
Ein ähnlicher Baustein, jedoch mit Ausgängen mit offenem Drain, ist der '266.

Eingänge		Ausgang
A	B	Y
L	L	H
L	H	L
H	L	L
H	H	H

Anwendung:
Realisierung von Exklusiv-NOR-Funktionen, Erzeugung und Prüfung von gerader und ungerader Parität, Addierer/Subtrahierer, logische Komparatoren

Daten:
Durchlauf-Verzögerung   13   ns

Vier Exklusiv-NOR-Gatter mit je 2 Eingängen

'7266

'7340

8-Bit-Bus-Treiber mit bidirektionalem Register

Daten:
Max. Taktfrequenz   25   MHz

Anwendung:
Transfer und Speicherung von Daten zwischen 8-Bit-Bussen

Eingänge				Ein/Ausgang	Ausgang
CLR	CLK	$\overline{GA}$	$\overline{GB}$	A	B
L	X	L	L	L	H
L	X	L	H	L	Z
L	X	H	L	Z	H
L	X	H	H	Z	Z
H	↑	L	L	Q_0	$\overline{Q}_0$
H	↑	L	H	Q_0	Z
H	↑	H	L	L	H
H	↑	H	L	H	L
H	↑	H	H	X	Q_0
H	L	L	L	Q_0	Z
H	L	L	H	Q_0	Z
H	L	H	L	Z	$\overline{Q}_0$
H	L	H	H	Z	Z

Beschreibung:
Dieser Baustein enthält 8-Bit-Bus-Treiber mit internem 8-Bit-Register.

Betrieb:
Die Bus-Treiber dieses Bausteins sind mit Tristate-Ausgängen versehen. Das interne Speicherregister besitzt einen Takt-Eingang (CLK), sowie einen Lösch-Eingang (CLR). Hiermit lassen sich Daten direkt vom A-Bus oder vom internen Register übertragen. Der A-Bus ist bidirektional, d.h. er kann entweder zum Laden des internen Registers oder zum Lesen dessen Inhalts verwendet werden.
Das Laden des Registers geschieht beim LH-Übergang (positive Flanke) des Taktes. Die bei einem Transfer an Bus B ausgegebenen Daten werden invertiert.
$\overline{GA}$ oder $\overline{GB}$ auf High macht die Ausgänge des zugehörigen Busses hochohmig.

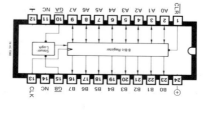

Beschreibung:
Dieser Baustein enthält einen schnellen 16 Bit x 16 Bit-Multiplizierer und Akkumulator.

Betrieb:
Der Baustein besteht aus drei Registern, einem 16-Bit-X-Eingang, einem 16-Bit-Y-Eingang und einem Eingangs-Steuerregister. Das 35-Bit-Ausgangsprodukt-Register besteht aus einem 16-Bit-Most-Significant-Product-Bus (MSP), einem 16-Bit-Least-Significant-Product -Bus (LSP), der sich die Pins mit dem 16-Bit-Y-Eingangs-Bus teilt, einem 3-Bit-Extended-Product-Bus (XTP, PR32–PR34).

Die Eingangsregister werden unabhängig von den Takteingängen CLKX und CLKY gesteuert, die Produkt-Register sind positiv-flankengetriggerte D-Flipflops. Jedes Ausgangsprodukt-Register besitzt separate Tristate-Ausgänge. Zusammen mit den unabhängigen Takteingängen ist dadurch ein Arbeiten an einem Mikroprozessor-Bus möglich.

Der Baustein besitzt einen Eingang zum Aufrunden (Round Control, RND), der das Produkt auf die 19 höchstwertigen Bits aufrundet. Der Steuereingang Preload (PRE) wird zusammen mit der Ausgangsfreigabe zum Initialisieren des Inhaltes der Ausgangsregister verwendet.

Mit diesem Baustein lassen sich Multiplikationen und Additionen, Multiplikationen und Subtraktionen, sowie reine Multiplikationen ausführen, abhängig vom Zustand des Accumulate-Control (ACC) und Subtractor-Control (SUB)-Eingangs.

Dieser Baustein ist pin- und funktionskompatibel mit dem TRW TDC1010J und AM 29510. Er ist gleich schnell wie diese Bausteine, benötigt jedoch nur etwa 1/20 deren Leistung.

Nähere Einzelheiten dieses sehr komplexen Bausteines entnehmen Sie bitte den entsprechenden Datenblättern.

Anwendung:
Digitale Signalverarbeitung, digitale Filter, schnelle Fourier-Transformationen, Array-Processing, Erhöhung des Durchsatzes von Mikroprozessoren

Daten:

Max. Multiplikationszeit	100	ns

16 x 16-Bit-Multiplizierer/Akkumulator

'9510

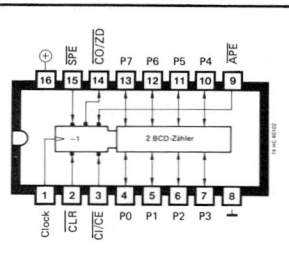

Beschreibung:
Dieser Baustein enthält einen 8-stufigen synchronen, voreinstellbaren Abwärtszähler (BCD-Zähler), der ein Signal abgibt, wenn die Zählung Null erreicht.

Betrieb:
Alle Steuereingänge und der Ausgang Carry-Out/Zero Detect ($\overline{CO/ZD}$) sind aktiv Low. Der Zähler wird um 1 bei jeder positiven Taktflanke dekrementiert (um 1 verringert). Der Takt ist gesperrt, wenn der Anschluß Carry-In/Counter-Enable ($\overline{CI/CE}$) High ist. Wenn der Zähler 0 erreicht, so geht der Ausgang $\overline{CO/ZD}$ auf Low und verbleibt während einer vollen Taktperiode auf Low.

Die an den Anschlüssen P0–P7 liegenden Daten werden in den Zähler bei der nächsten Taktflanke geladen, wenn der Anschluß Synchronous-Preset-Enable ($\overline{SPE}$) Low ist, unabhängig vom Zustand des $\overline{CI/CE}$-Einganges. Ist der Anschluß Asynchronous-Preset-Enable ($\overline{APE}$) Low, so werden die an den Eingängen P0–P7 liegenden Daten in den Zähler geladen, unabhängig vom Zustand von $\overline{SPE}$, $\overline{CI/CE}$ oder Takt.

Die Eingänge P0–P7 stellen zwei BCD-Worte dar. Macht man Clear ($\overline{CLR}$) Low, so wird der Zähler asynchron auf seine maximale Zählung (99_{10}) geladen, unabhängig vom Zustand der anderen Eingänge. Wenn in dem Augenblick, in dem die Zählung Null erreicht, alle Steuereingänge High sind, wird der Zähler auf seine maximale Zählung springen, wodurch sich eine Zählsequenz von 100 ergibt.

Ein ähnlicher Baustein, jedoch mit einem 8-Bit-Binärzähler, ist der '40103.

	Steuer-Eingänge				
$\overline{CLR}$	$\overline{APE}$	$\overline{SPE}$	$\overline{CI/CE}$	Voreinstellung	Aktion
H	H	H	H		Zähler gesperrt
H	H	H	L	Synchron	Abwärtszählung
H	H	L	X		Voreinstellung bei der nächsten pos. Taktfl.
H	L	X	X	Asynchron	Asynchrone Voreinstllg.
L	X	X	X		Löschen auf max. Zählg.

Anwendung:
Zähler mit einem Teilerfaktor von N, programmierbare Zeitgeber, Zeitgeber für Unterbrechungen, Zyklus/Befehls-Zähler

Daten:

Maximale Taktfrequenz	60	MHz

8-stufiger voreinstellbarer synchroner Abwärtszähler (2 BCD-Stellen)

'40102

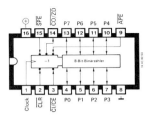

Beschreibung.
Dieser Baustein enthält einen 8-stufigen synchronen, voreinstellbaren Abwärtszähler (Binärzähler), der ein Signal abgibt, wenn die Zählung Null erreicht.

Betrieb:
Alle Steuereingänge und der Ausgang Carry-Out/Zero Detect ($\overline{CO}/\overline{ZD}$) sind aktiv Low. Der Zähler wird um 1 bei jeder positiven Taktflanke dekrementiert (um 1 verringert). Der Takt ist gesperrt, wenn der Anschluß Carry-In/Counter-Enable ($\overline{CI}/\overline{CE}$) High ist. Wenn der Zähler 0 erreicht, so geht der Ausgang $\overline{CO}/\overline{ZD}$ auf Low und verbleibt während einer vollen Taktperiode auf Low.

Die an den Anschlüssen P0–P7 liegenden Daten werden in den Zähler bei der nächsten Taktflanke geladen, wenn der Anschluß Synchronous-Preset-Enable ($\overline{SPE}$) Low ist, unabhängig vom Zustand des $\overline{CI}/\overline{CE}$-Einganges. Ist der Anschluß Asynchronous-Preset-Enable ($\overline{APE}$) Low, so werden die an den Eingängen P0–P7 liegenden Daten in den Zähler geladen, unabhängig vom Zustand von $\overline{SPE}$, $\overline{CI}/\overline{CE}$ oder Takt.

Die Eingänge P0–P7 stellen ein einzelnes 8-Bit-Binärwort dar. Macht man Clear ($\overline{CLR}$) Low, so wird der Zähler asynchron auf seine maximale Zählung (255_{10}) geladen, unabhängig vom Zustand der anderen Eingänge. Wenn in dem Augenblick, in dem die Zählung Null erreicht, alle Steuereingänge High sind, wird der Zähler auf seine maximale Zählung springen, wodurch sich eine Zählsequenz von 256 ergibt.

Ein ähnlicher Baustein, jedoch mit zwei BCD-Zählern ist der '40102.

| | Steuer-Eingänge | | | | |
$\overline{CLR}$	$\overline{APE}$	$\overline{SPE}$	$\overline{CI}/\overline{CE}$	Voreinstellung	Aktion
H	H	H	H		Zähler gesperrt
H	H	H	L	Synchron	Abwärtszählung
H	H	L	X		Voreinstellung bei der nächsten pos. Taktfl.
H	L	X	X	Asynchron	Asynchrone Voreinstllg.
L	X	X	X		Löschen auf max. Zählg.

Anwendung:
Zähler mit einem Teilerfaktor von N, programmierbare Zeitgeber, Zeitgeber für Unterbrechungen, Zyklus/Befehls-Zähler

Daten:
Maximale Taktfrequenz   60   MHz

8-stufiger voreinstellbarer synchroner Abwärtszähler (8-Bit-Binärzähler)

'40103

'40104

4-Bit-Rechts/Links-Schieberegister mit synchroner Parallel-Eingabe (TS)

Daten:

Maximale Schiebefrequenz	20	MHz

Anwendung:

Schieberegister, Datenspeicher, Seriell/Parallel- und Parallel/Seriell-Umwandlung

Clock	Mode Control		Output Enable	Funktion
	S0	S1		
⎍	L	L	H	Reset
⎍	H	L	H	Rechtsverschiebung (Q0—Q3)
⎍	L	H	H	Linksverschiebung (Q3—Q0)
⎍	H	H	H	Paralleles Laden
X	X	X	L	Funktionen wie oben, jedoch Ausgänge hochohmig

Beschreibung:

Dieser Baustein enthält ein bidirektionales 4-Bit-Schieberegister für parallele und serielle Ein- und Ausgabe mit Tristate-Ausgängen.

Betrieb:

Die Betriebsart wird durch die beiden Mode-Control-Eingänge (S0, S1) bestimmt. Mit S0 und S1 auf Low wird das Register bei der nächsten positiven Taktflanke (L-H-Übergang) an Clock gelöscht.

Mit S0 auf High und S1 auf Low erfolgt bei jeder positiven Taktflanke eine Rechtsverschiebung, wobei die seriellen Daten dem Eingang DSR zugeführt werden.

Mit S0 auf Low und S1 auf High gilt dasselbe für eine Linksverschiebung, wobei die seriellen Daten DSL zugeführt werden.

Liegt S0 und S1 auf High werden bei der nächsten positiven Taktflanke die an P0—P3 liegenden parallelen Daten in das Register übernommen.

Wird der Eingang Output Enable (Ausgangs-Freigabe) auf Low gelegt, so arbeitet das Schieberegister in einer der obigen vier Betriebsarten, die Ausgänge Q0—Q3 gehen jedoch in den hochohmigen Zustand. Dadurch ist ein Arbeiten an Bus-Systemen möglich.

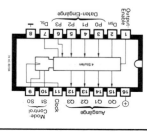

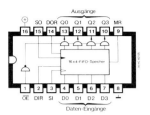

Beschreibung:
Dieser Baustein enthält einen Speicher, in den 16 Worte zu je 4 Bit eingespeichert und nur in derselben Reihenfolge wieder ausgelesen werden können.

Betrieb:
Dieser Baustein ist im Prinzip ein Schieberegister, das jedoch einen zusätzlichen Steuerteil enthält, mit dessen Hilfe die eingeschriebenen Daten zum ersten freien Speicherplatz "durchfallen". Daher sind im Speicher vorhandene Daten am Ausgang verfügbar, auch wenn nicht alle Stufen gefüllt sind. Es handelt sich also effektiv um ein Schieberegister mit variabler Länge, wobei die Länge immer den gerade im Speicher enthaltenen Daten entspricht.

Das Einschreiben und Auslesen der Daten kann mit unterschiedlichen Geschwindigkeiten (asynchron) erfolgen.

Die an D0–D3 liegenden Daten werden beim LH-Übergang (positive Flanke) des Ladetaktes an SI (Shift In) in den Speicher geschrieben. Das DIR-Flag (Data-In-Ready) geht sofort auf Low, bis die Daten zum zweiten Speicherplatz transferiert worden sind. Das Flag bleibt auf Low, wenn alle 16 Speicherplätze mit gültigen Daten gefüllt sind. Weitere Flanken am SI-Eingang werden ignoriert, bis DIR wieder auf High geht.

Sobald das erste Wort bis zum Ausgang durchgeschoben wurde, geht das DOR-Flag (Data-Out-Ready) auf High und die Daten können mit einem HL-Übergang am Eingang SO (Shift-Out) über Q0–Q3 entnommen werden, wobei das nächste Wort sich zum Ausgang bewegt.

DOR bleibt High, solange gültige Daten im FIFO verfügbar sind. Ist das FIFO leer, geht DOR auf Low und weitere Flanken an SO werden ignoriert.

Wenn $\overline{OE}$ (Output Enable) High ist, wird die Ausgabe der Daten gesperrt, Q0–Q3 wird hochohmig.

Ein High an MR (Master Reset) bringt DOR auf Low und DIR auf High (SI muß hierbei Low sein). Der Inhalt des FIFOs wird nicht geändert, sondern für ungültig erklärt und mit dem ersten neuen Wort überschrieben.

Anwendung:
Schnelle Zwischenspeicher

Daten:

Max. Taktfrequenz	60	MHz

FIFO-Register, 4 Bit x 16 Wort

'40105

8. Hersteller

HIT	=	Hitachi
MIT	=	Mitel
MOT	=	Motorola
NS	=	National Semiconductor
PLE	=	Plessey
RCA	=	RCA
SHA	=	Sharp
SGS	=	SGS-Ates
SPI	=	Semi Processes Inc.
SUP	=	Supertex
TI	=	Texas Instruments
TOS	=	Toshiba
VA	=	Valvo

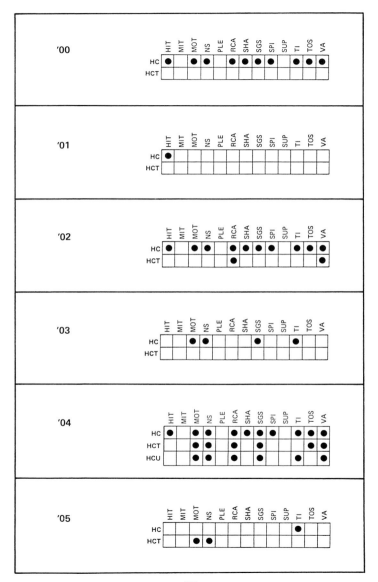

'00

	HIT	MIT	MOT	NS	PLE	RCA	SHA	SGS	SPI	SUP	TI	TOS	VA
HC	●		●	●		●	●	●	●		●	●	●
HCT													

'01

	HIT	MIT	MOT	NS	PLE	RCA	SHA	SGS	SPI	SUP	TI	TOS	VA
HC	●												
HCT													

'02

	HIT	MIT	MOT	NS	PLE	RCA	SHA	SGS	SPI	SUP	TI	TOS	VA
HC	●		●	●		●	●	●	●		●	●	●
HCT						●							●

'03

	HIT	MIT	MOT	NS	PLE	RCA	SHA	SGS	SPI	SUP	TI	TOS	VA
HC			●	●				●			●		
HCT													

'04

	HIT	MIT	MOT	NS	PLE	RCA	SHA	SGS	SPI	SUP	TI	TOS	VA
HC	●		●	●		●		●	●		●	●	●
HCT			●	●		●		●				●	●
HCU			●	●		●		●			●		●

'05

	HIT	MIT	MOT	NS	PLE	RCA	SHA	SGS	SPI	SUP	TI	TOS	VA
HC											●		
HCT			●	●									

289

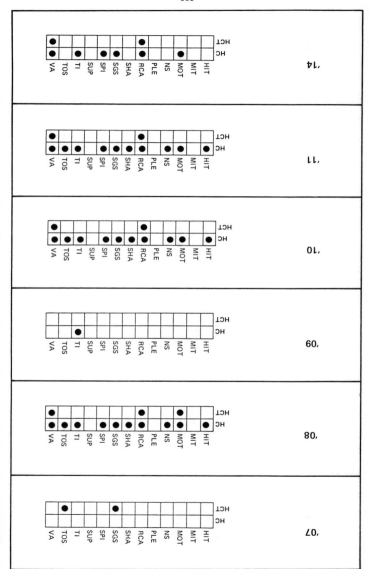

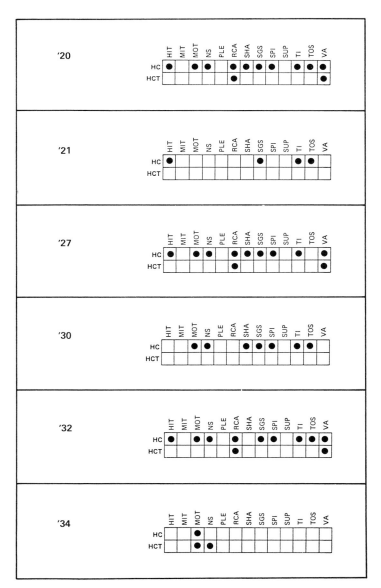

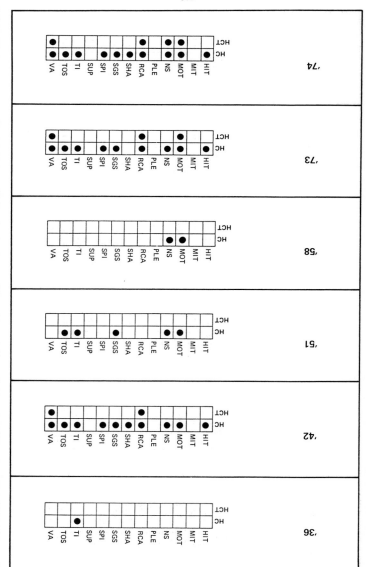

'75

	HIT	MIT	MOT	NS	PLE	RCA	SHA	SGS	SPI	SUP	TI	TOS	VA
HC	●		●	●		●		●	●		●	●	●
HCT			●			●							

'76

	HIT	MIT	MOT	NS	PLE	RCA	SHA	SGS	SPI	SUP	TI	TOS	VA
HC	●		●	●			●	●	●		●	●	
HCT			●	●									

'77

	HIT	MIT	MOT	NS	PLE	RCA	SHA	SGS	SPI	SUP	TI	TOS	VA
HC	●							●	●		●	●	
HCT													

'78

	HIT	MIT	MOT	NS	PLE	RCA	SHA	SGS	SPI	SUP	TI	TOS	VA
HC	●										●	●	
HCT													

'80

	HIT	MIT	MOT	NS	PLE	RCA	SHA	SGS	SPI	SUP	TI	TOS	VA
HC									●				
HCT													

'82

	HIT	MIT	MOT	NS	PLE	RCA	SHA	SGS	SPI	SUP	TI	TOS	VA
HC									●				
HCT													

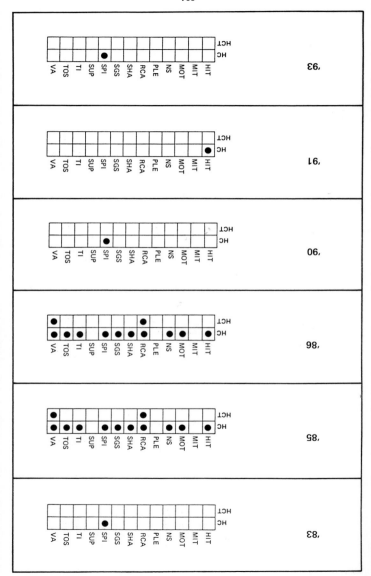

'97

	HIT	MIT	MOT	NS	PLE	RCA	SHA	SGS	SPI	SUP	TI	TOS	VA
HC									●				
HCT													

'107

	HIT	MIT	MOT	NS	PLE	RCA	SHA	SGS	SPI	SUP	TI	TOS	VA
HC	●		●	●		●		●	●		●	●	●
HCT			●	●		●							●

'108

	HIT	MIT	MOT	NS	PLE	RCA	SHA	SGS	SPI	SUP	TI	TOS	VA
HC	●												
HCT													

'109

	HIT	MIT	MOT	NS	PLE	RCA	SHA	SGS	SPI	SUP	TI	TOS	VA
HC			●	●		●		●	●		●	●	●
HCT			●	●		●							●

'112

	HIT	MIT	MOT	NS	PLE	RCA	SHA	SGS	SPI	SUP	TI	TOS	VA
HC	●		●	●		●	●	●	●		●	●	●
HCT			●	●		●							●

'113

	HIT	MIT	MOT	NS	PLE	RCA	SHA	SGS	SPI	SUP	TI	TOS	VA
HC	●		●	●				●	●		●	●	
HCT													

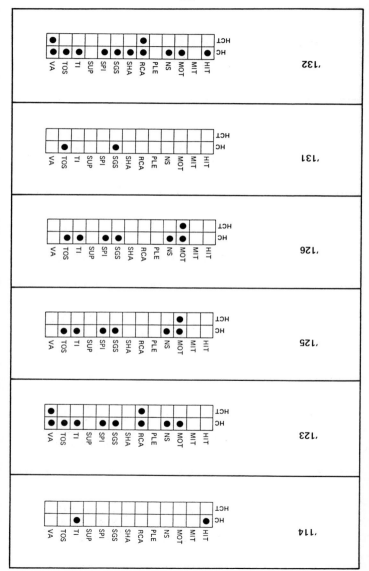

	HIT	MIT	MOT	NS	PLE	RCA	SHA	SGS	SPI	SUP	TI	TOS	VA
'133													
HC			●	●				●	●		●	●	
HCT													
'137													
HC			●	●				●	●		●	●	
HCT					●			●		●	●	●	
'138													
HC	●		●	●		●	●	●	●		●	●	●
HCT	●	●	●	●	●	●		●		●	●	●	●
'139													
HC			●	●		●	●	●	●		●	●	
HCT		●	●	●	●					●			●
'147													
HC			●	●		●		●	●		●	●	
HCT						●							
'148													
HC								●	●		●	●	
HCT													

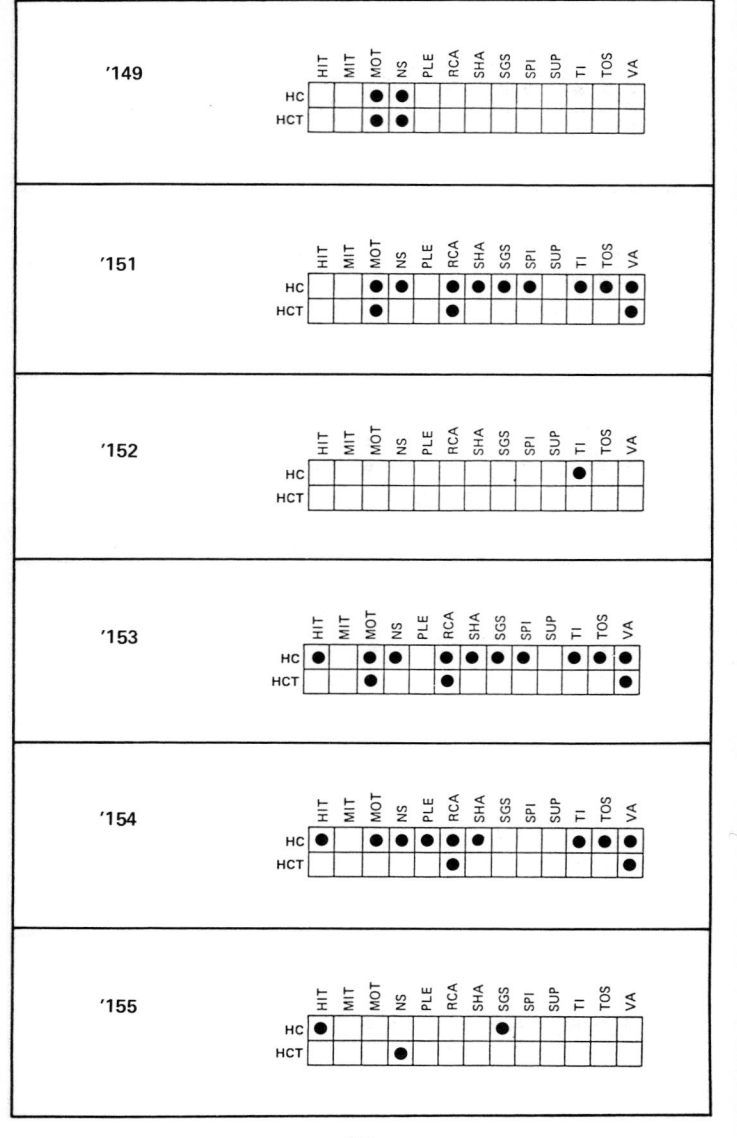

'157

	HIT	MIT	MOT	NS	PLE	RCA	SHA	SGS	SPI	SUP	TI	TOS	VA
HC	●		●	●		●	●	●	●		●	●	●
HCT			●	●		●							

'158

	HIT	MIT	MOT	NS	PLE	RCA	SHA	SGS	SPI	SUP	TI	TOS	VA
HC	●		●	●		●	●	●	●		●	●	●
HCT			●	●		●							●

'160

	HIT	MIT	MOT	NS	PLE	RCA	SHA	SGS	SPI	SUP	TI	TOS	VA
HC	●		●	●		●	●	●	●		●	●	●
HCT			●	●		●							●

'161

	HIT	MIT	MOT	NS	PLE	RCA	SHA	SGS	SPI	SUP	TI	TOS	VA
HC	●		●	●		●	●	●	●		●	●	●
HCT			●	●		●							●

'162

	HIT	MIT	MOT	NS	PLE	RCA	SHA	SGS	SPI	SUP	TI	TOS	VA
HC	●		●	●		●		●	●		●	●	●
HCT			●	●		●							●

'163

	HIT	MIT	MOT	NS	PLE	RCA	SHA	SGS	SPI	SUP	TI	TOS	VA
HC	●		●	●		●		●	●		●	●	●
HCT			●	●		●							●

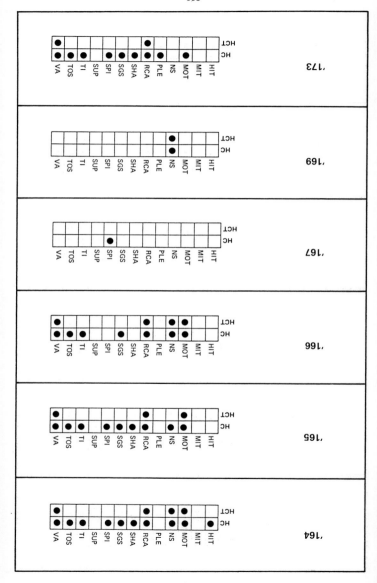

'174

	HIT	MIT	MOT	NS	PLE	RCA	SHA	SGS	SPI	SUP	TI	TOS	VA
HC	●		●	●		●	●	●	●		●	●	●
HCT			●	●		●							●

'175

	HIT	MIT	MOT	NS	PLE	RCA	SHA	SGS	SPI	SUP	TI	TOS	VA
HC	●		●	●		●	●	●	●		●	●	●
HCT			●			●							●

'176

	HIT	MIT	MOT	NS	PLE	RCA	SHA	SGS	SPI	SUP	TI	TOS	VA
HC									●				
HCT													

'177

	HIT	MIT	MOT	NS	PLE	RCA	SHA	SGS	SPI	SUP	TI	TOS	VA
HC								●					
HCT													

'180

	HIT	MIT	MOT	NS	PLE	RCA	SHA	SGS	SPI	SUP	TI	TOS	VA
HC											●		
HCT													

'181

	HIT	MIT	MOT	NS	PLE	RCA	SHA	SGS	SPI	SUP	TI	TOS	VA
HC			●	●				●			●	●	
HCT													

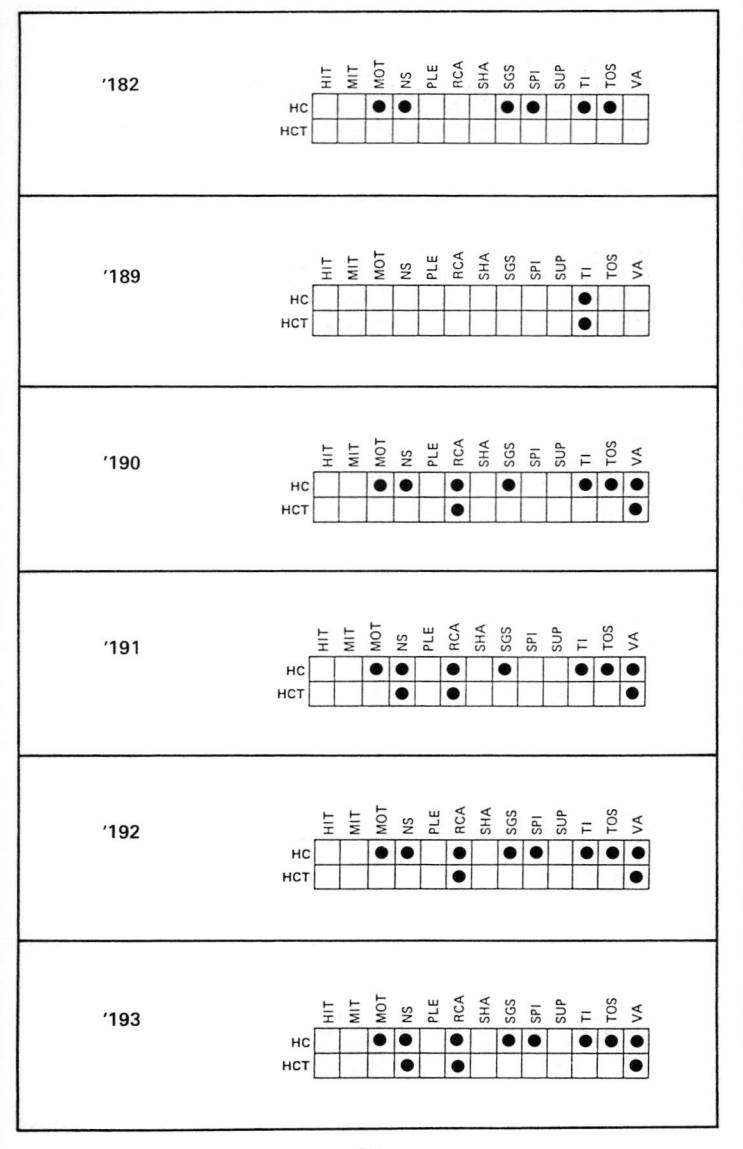

'194

	HIT	MIT	MOT	NS	PLE	RCA	SHA	SGS	SPI	SUP	TI	TOS	VA
HC	●		●	●		●	●	●	●		●	●	●
HCT						●							●

'195

	HIT	MIT	MOT	NS	PLE	RCA	SHA	SGS	SPI	SUP	TI	TOS	VA
HC	●		●	●		●	●	●	●		●	●	
HCT						●							●

'219

	HIT	MIT	MOT	NS	PLE	RCA	SHA	SGS	SPI	SUP	TI	TOS	VA
HC											●		
HCT											●		

'221

	HIT	MIT	MOT	NS	PLE	RCA	SHA	SGS	SPI	SUP	TI	TOS	VA
HC			●	●		●		●			●	●	●
HCT						●							●

'237

	HIT	MIT	MOT	NS	PLE	RCA	SHA	SGS	SPI	SUP	TI	TOS	VA
HC			●	●				●			●	●	
HCT					●					●	●		

'238

	HIT	MIT	MOT	NS	PLE	RCA	SHA	SGS	SPI	SUP	TI	TOS	VA
HC						●	●	●	●		●		●
HCT					●	●				●	●		●

'239

	VA	TOS	TI	SUP	SPI	SGS	SHA	RCA	PLE	NS	MOT	MIT	HIT
HCT				●					●				
HC		●	●		●								

'240

	VA	TOS	TI	SUP	SPI	SGS	SHA	RCA	PLE	NS	MOT	MIT	HIT
HCT	●	●	●	●		●		●		●	●	●	●
HC	●	●	●		●	●	●	●		●		●	

'241

	VA	TOS	TI	SUP	SPI	SGS	SHA	RCA	PLE	NS	MOT	MIT	HIT
HCT	●	●	●	●		●		●	●	●	●	●	●
HC	●	●	●		●	●	●	●		●	●		●

'242

	VA	TOS	TI	SUP	SPI	SGS	SHA	RCA	PLE	NS	MOT	MIT	HIT
HCT	●	●	●	●				●					●
HC	●	●	●		●	●	●	●		●	●		

'243

	VA	TOS	TI	SUP	SPI	SGS	SHA	RCA	PLE	NS	MOT	MIT	HIT
HCT	●		●	●				●					●
HC	●	●	●		●	●	●	●		●	●		●

'244

	VA	TOS	TI	SUP	SPI	SGS	SHA	RCA	PLE	NS	MOT	MIT	HIT
HCT	●	●	●	●		●		●	●	●	●	●	●
HC	●	●	●		●	●	●	●		●	●		●

'245

	HIT	MIT	MOT	NS	PLE	RCA	SHA	SGS	SPI	SUP	TI	TOS	VA
HC	●		●	●		●	●	●			●	●	●
HCT	●	●	●	●	●	●		●		●	●	●	●

'251

	HIT	MIT	MOT	NS	PLE	RCA	SHA	SGS	SPI	SUP	TI	TOS	VA
HC			●	●		●	●	●	●		●	●	
HCT			●			●							●

'253

	HIT	MIT	MOT	NS	PLE	RCA	SHA	SGS	SPI	SUP	TI	TOS	VA
HC	●		●	●		●		●	●		●	●	●
HCT			●			●							●

'257

	HIT	MIT	MOT	NS	PLE	RCA	SHA	SGS	SPI	SUP	TI	TOS	VA
HC	●		●	●		●	●	●	●		●	●	●
HCT			●	●		●							●

'258

	HIT	MIT	MOT	NS	PLE	RCA	SHA	SGS	SPI	SUP	TI	TOS	VA
HC	●							●	●		●	●	
HCT													

'259

	HIT	MIT	MOT	NS	PLE	RCA	SHA	SGS	SPI	SUP	TI	TOS	VA
HC			●	●		●		●	●		●	●	●
HCT						●							●

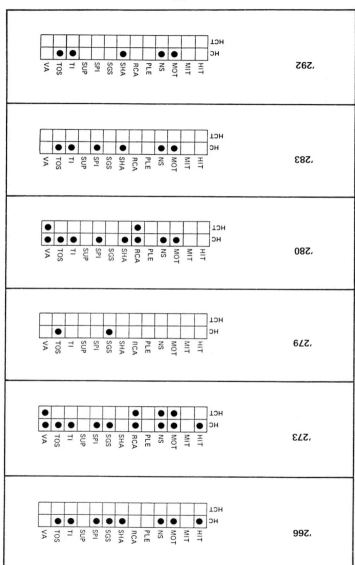

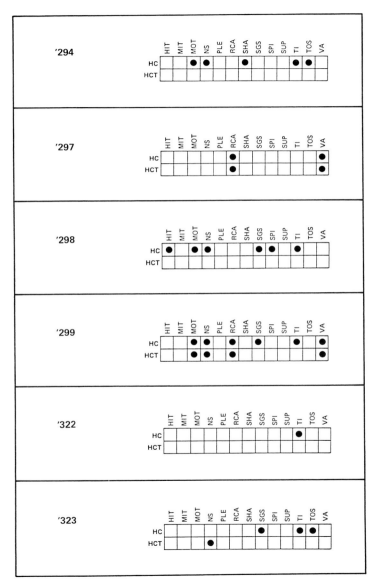

'294

	HIT	MIT	MOT	NS	PLE	RCA	SHA	SGS	SPI	SUP	TI	TOS	VA
HC			●	●			●				●	●	
HCT													

'297

	HIT	MIT	MOT	NS	PLE	RCA	SHA	SGS	SPI	SUP	TI	TOS	VA
HC						●							●
HCT						●							●

'298

	HIT	MIT	MOT	NS	PLE	RCA	SHA	SGS	SPI	SUP	TI	TOS	VA
HC	●		●	●				●	●		●		
HCT													

'299

	HIT	MIT	MOT	NS	PLE	RCA	SHA	SGS	SPI	SUP	TI	TOS	VA
HC			●	●		●		●			●		
HCT			●	●		●							●

'322

	HIT	MIT	MOT	NS	PLE	RCA	SHA	SGS	SPI	SUP	TI	TOS	VA
HC											●		
HCT													

'323

	HIT	MIT	MOT	NS	PLE	RCA	SHA	SGS	SPI	SUP	TI	TOS	VA
HC								●			●	●	
HCT				●									

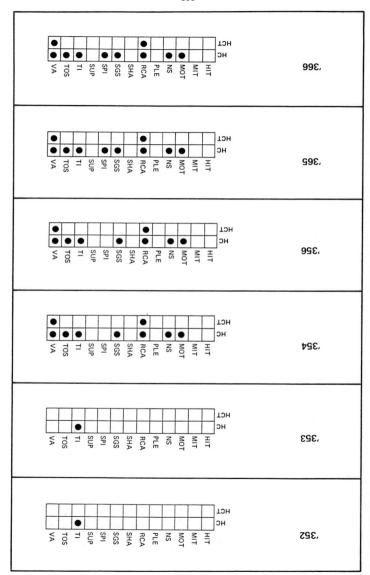

'367

	HIT	MIT	MOT	NS	PLE	RCA	SHA	SGS	SPI	SUP	TI	TOS	VA
HC			●	●		●		●	●		●	●	
HCT						●							●

'368

	HIT	MIT	MOT	NS	PLE	RCA	SHA	SGS	SPI	SUP	TI	TOS	VA
HC			●	●		●		●	●		●	●	
HCT						●							●

'373

	HIT	MIT	MOT	NS	PLE	RCA	SHA	SGS	SPI	SUP	TI	TOS	VA
HC	●	●	●	●		●	●	●	●	●	●	●	●
HCT	●		●		●	●		●		●	●	●	●

'374

	HIT	MIT	MOT	NS	PLE	RCA	SHA	SGS	SPI	SUP	TI	TOS	VA
HC	●	●	●		●	●	●	●	●	●	●	●	●
HCT	●		●		●	●		●		●	●	●	●

'375

	HIT	MIT	MOT	NS	PLE	RCA	SHA	SGS	SPI	SUP	TI	TOS	VA
HC	●		●	●				●			●	●	
HCT			●										

'377

	HIT	MIT	MOT	NS	PLE	RCA	SHA	SGS	SPI	SUP	TI	TOS	VA
HC						●		●			●	●	●
HCT						●							

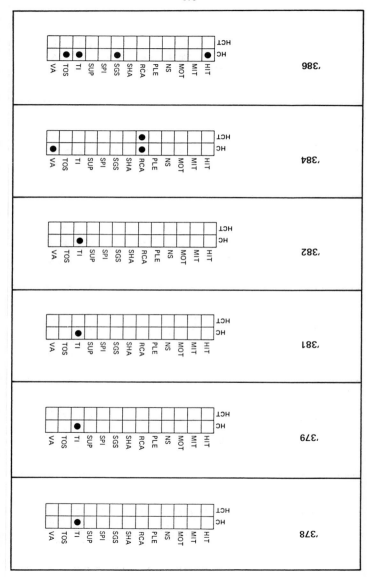

'390

	HIT	MIT	MOT	NS	PLE	RCA	SHA	SGS	SPI	SUP	TI	TOS	VA
HC	●		●	●				●	●		●	●	●
HCT						●							●

'393

	HIT	MIT	MOT	NS	PLE	RCA	SHA	SGS	SPI	SUP	TI	TOS	VA
HC	●		●	●				●	●		●	●	
HCT						●							●

'423

	HIT	MIT	MOT	NS	PLE	RCA	SHA	SGS	SPI	SUP	TI	TOS	VA
HC			●	●		●		●			●	●	●
HCT						●							●

'490

	HIT	MIT	MOT	NS	PLE	RCA	SHA	SGS	SPI	SUP	TI	TOS	VA
HC	●										●		
HCT													

'515

	HIT	MIT	MOT	NS	PLE	RCA	SHA	SGS	SPI	SUP	TI	TOS	VA
HC													
HCT					●								

'521

	HIT	MIT	MOT	NS	PLE	RCA	SHA	SGS	SPI	SUP	TI	TOS	VA
HC				●									
HCT				●									

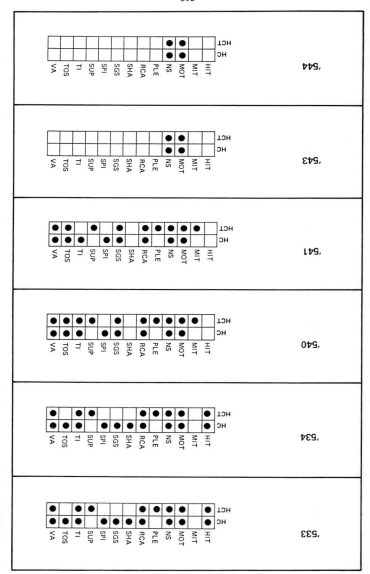

	HIT	MIT	MOT	NS	PLE	RCA	SHA	SGS	SPI	SUP	TI	TOS	VA
'545													
HC													
HCT					●								
'550													
HC			●	●									
HCT			●	●									
'551													
HC			●	●									
HCT			●	●									
'563													
HC			●			●		●			●	●	●
HCT			●	●	●			●		●	●	●	●
'564													
HC			●	●		●		●			●	●	●
HCT			●	●	●	●		●		●	●	●	●
'573													
HC			●	●		●		●	●		●	●	●
HCT		●	●	●	●	●		●		●	●	●	●

313

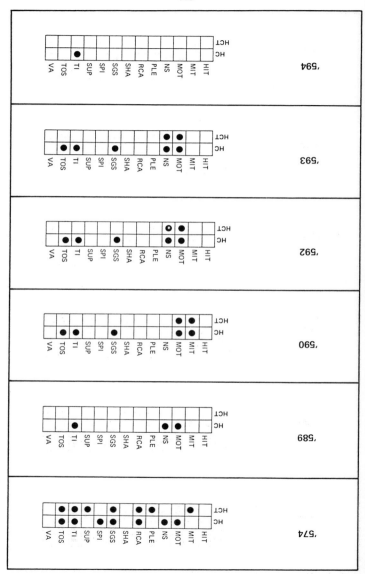

'595

	HIT	MIT	MOT	NS	PLE	RCA	SHA	SGS	SPI	SUP	TI	TOS	VA
HC			●	●				●			●	●	
HCT													

'597

	HIT	MIT	MOT	NS	PLE	RCA	SHA	SGS	SPI	SUP	TI	TOS	VA
HC			●	●				●			●	●	
HCT													

'598

	HIT	MIT	MOT	NS	PLE	RCA	SHA	SGS	SPI	SUP	TI	TOS	VA
HC											●		
HCT													

'604

	HIT	MIT	MOT	NS	PLE	RCA	SHA	SGS	SPI	SUP	TI	TOS	VA
HC											●		
HCT													

'620

	HIT	MIT	MOT	NS	PLE	RCA	SHA	SGS	SPI	SUP	TI	TOS	VA
HC								●			●	●	
HCT											●		

'623

	HIT	MIT	MOT	NS	PLE	RCA	SHA	SGS	SPI	SUP	TI	TOS	VA
HC								●			●	●	
HCT											●		

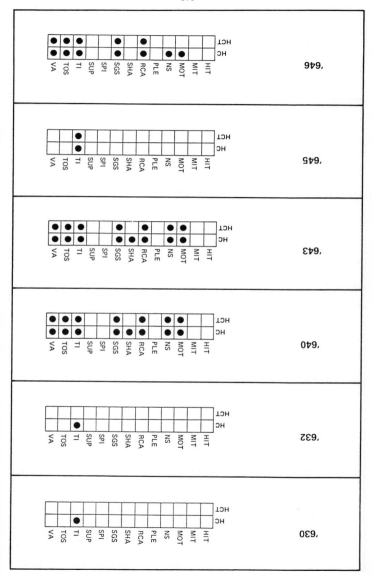

'648

	HIT	MIT	MOT	NS	PLE	RCA	SHA	SGS	SPI	SUP	TI	TOS	VA
HC			●	●		●		●			●	●	●
HCT						●		●			●	●	●

'651

	HIT	MIT	MOT	NS	PLE	RCA	SHA	SGS	SPI	SUP	TI	TOS	VA
HC								●			●	●	
HCT								●			●	●	

'652

	HIT	MIT	MOT	NS	PLE	RCA	SHA	SGS	SPI	SUP	TI	TOS	VA
HC								●			●	●	
HCT								●			●	●	

'658

	HIT	MIT	MOT	NS	PLE	RCA	SHA	SGS	SPI	SUP	TI	TOS	VA
HC											●		
HCT											●		

'659

	HIT	MIT	MOT	NS	PLE	RCA	SHA	SGS	SPI	SUP	TI	TOS	VA
HC											●		
HCT											●		

'664

	HIT	MIT	MOT	NS	PLE	RCA	SHA	SGS	SPI	SUP	TI	TOS	VA
HC											●		
HCT											●		

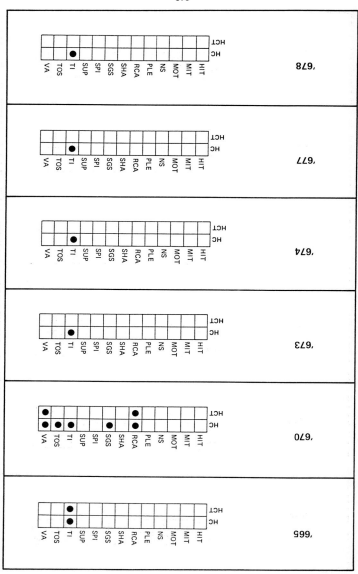

'679

	HIT	MIT	MOT	NS	PLE	RCA	SHA	SGS	SPI	SUP	TI	TOS	VA
HC										●			
HCT													

'680

	HIT	MIT	MOT	NS	PLE	RCA	SHA	SGS	SPI	SUP	TI	TOS	VA
HC											●		
HCT													

'682

	HIT	MIT	MOT	NS	PLE	RCA	SHA	SGS	SPI	SUP	TI	TOS	VA
HC											●		
HCT													

'684

	HIT	MIT	MOT	NS	PLE	RCA	SHA	SGS	SPI	SUP	TI	TOS	VA
HC											●		
HCT													

'686

	HIT	MIT	MOT	NS	PLE	RCA	SHA	SGS	SPI	SUP	TI	TOS	VA
HC											●		
HCT													

'688

	HIT	MIT	MOT	NS	PLE	RCA	SHA	SGS	SPI	SUP	TI	TOS	VA
HC			●	●		●		●			●	●	●
HCT			●	●		●							●

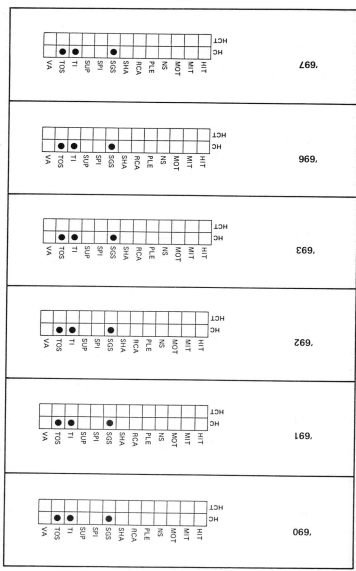

'698

	HIT	MIT	MOT	NS	PLE	RCA	SHA	SGS	SPI	SUP	TI	TOS	VA
HC								●			●	●	
HCT													

'699

	HIT	MIT	MOT	NS	PLE	RCA	SHA	SGS	SPI	SUP	TI	TOS	VA
HC								●			●	●	
HCT													

'804

	HIT	MIT	MOT	NS	PLE	RCA	SHA	SGS	SPI	SUP	TI	TOS	VA
HC											●		
HCT													

'805

	HIT	MIT	MOT	NS	PLE	RCA	SHA	SGS	SPI	SUP	TI	TOS	VA
HC											●		
HCT													

'808

	HIT	MIT	MOT	NS	PLE	RCA	SHA	SGS	SPI	SUP	TI	TOS	VA
HC											●		
HCT													

'832

	HIT	MIT	MOT	NS	PLE	RCA	SHA	SGS	SPI	SUP	TI	TOS	VA
HC											●		
HCT													

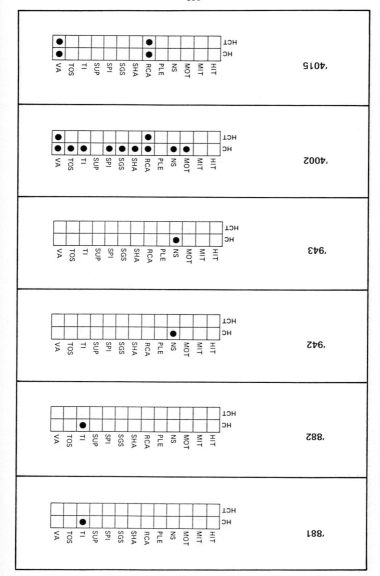

	HIT	MIT	MOT	NS	PLE	RCA	SHA	SGS	SPI	SUP	TI	TOS	VA
'4016													
HC			●	●		●					●		●
HCT						●							●
'4017													
HC			●	●		●		●	●		●	●	
HCT						●							●
'4020													
HC			●	●		●		●	●		●	●	●
HCT						●							●
'4022													
HC											●	●	
HCT													
'4024													
HC			●	●		●		●			●	●	●
HCT						●							●
'4028													
HC								●				●	
HCT													

323

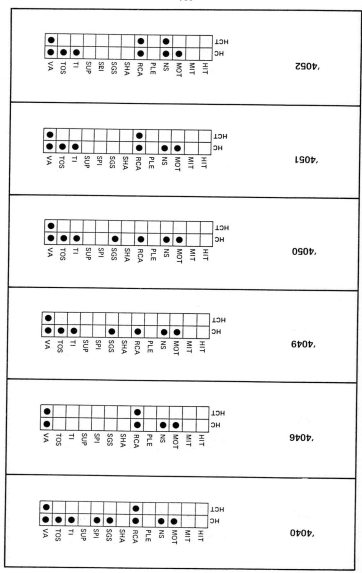

'4053

	HIT	MIT	MOT	NS	PLE	RCA	SHA	SGS	SPI	SUP	TI	TOS	VA
HC			●	●		●					●	●	●
HCT						●							●

'4060

	HIT	MIT	MOT	NS	PLE	RCA	SHA	SGS	SPI	SUP	TI	TOS	VA
HC			●	●		●		●			●	●	●
HCT						●							●

'4061

	HIT	MIT	MOT	NS	PLE	RCA	SHA	SGS	SPI	SUP	TI	TOS	VA
HC										●			
HCT													

'4066

	HIT	MIT	MOT	NS	PLE	RCA	SHA	SGS	SPI	SUP	TI	TOS	VA
HC			●	●		●		●				●	●
HCT						●							●

'4067

	HIT	MIT	MOT	NS	PLE	RCA	SHA	SGS	SPI	SUP	TI	TOS	VA
HC						●							●
HCT						●							●

'4072

	HIT	MIT	MOT	NS	PLE	RCA	SHA	SGS	SPI	SUP	TI	TOS	VA
HC								●				●	
HCT													

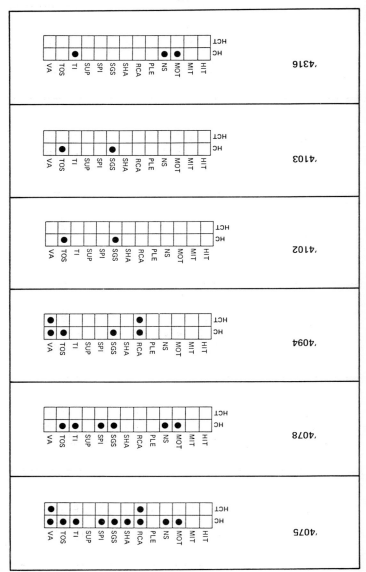

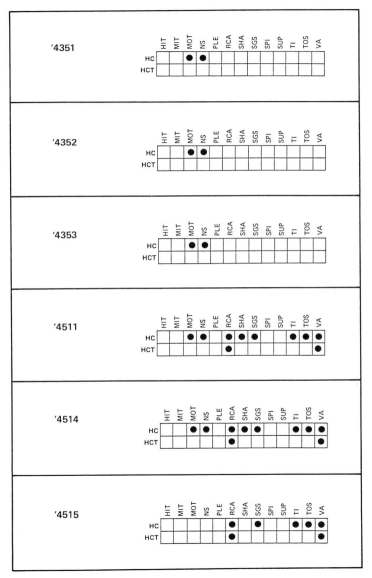

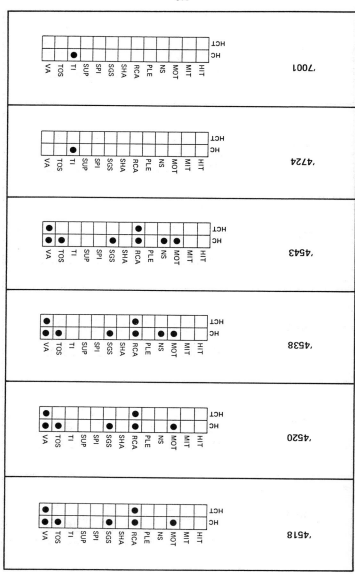

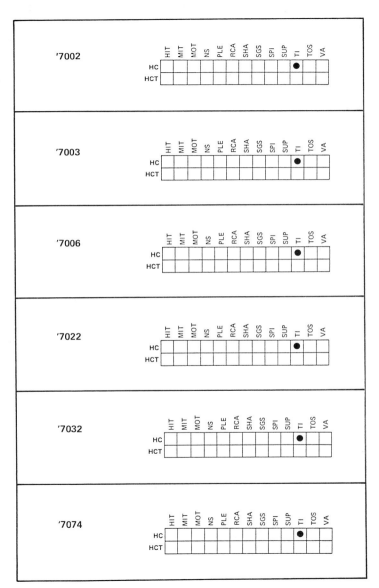

'7002

	HIT	MIT	MOT	NS	PLE	RCA	SHA	SGS	SPI	SUP	TI	TOS	VA
HC											●		
HCT													

'7003

	HIT	MIT	MOT	NS	PLE	RCA	SHA	SGS	SPI	SUP	TI	TOS	VA
HC											●		
HCT													

'7006

	HIT	MIT	MOT	NS	PLE	RCA	SHA	SGS	SPI	SUP	TI	TOS	VA
HC											●		
HCT													

'7022

	HIT	MIT	MOT	NS	PLE	RCA	SHA	SGS	SPI	SUP	TI	TOS	VA
HC											●		
HCT													

'7032

	HIT	MIT	MOT	NS	PLE	RCA	SHA	SGS	SPI	SUP	TI	TOS	VA
HC											●		
HCT													

'7074

	HIT	MIT	MOT	NS	PLE	RCA	SHA	SGS	SPI	SUP	TI	TOS	VA
HC											●		
HCT													

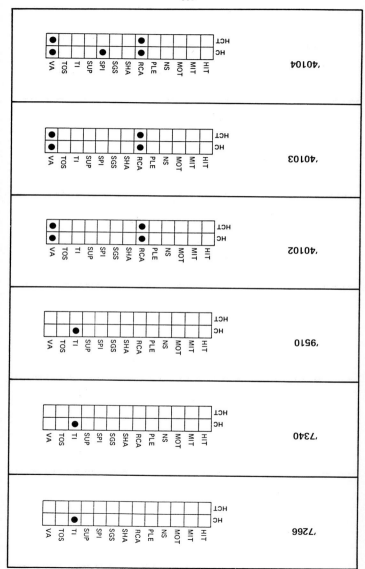

'40104

'40103

'40102

'9510

'7340

'7266

'40105

	HIT	MIT	MOT	NS	PLE	RCA	SHA	SGS	SPI	SUP	TI	TOS	VA
HC						●							●
HCT						●							●

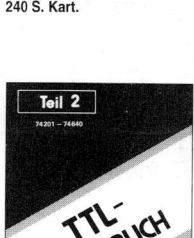